KB249328

북한이탈주민 현황과 문제

- 사례와 지원 방안

북한이탈주민 현황과 문제

- 사례와 지원 방안

곽 해 룡 著

한국학술정보[주]

책머리에

남북한의 관계는 늘 긴장과 이완을 반복하는 특징이 있다. 원만하게 추진되던 관계가 새로운 요인에 의해 경색되는 과정을 반복하면서 이산가족을 비롯한 북한에 고향을 둔 사람들을 제외한 대다수 남한 사람들의 의식 속에는 당사자적인 관점보다는 무관심한 제3자적인 관점이 형성된 것으로 보인다. 특히 청소년 세대들에게는 당위성만으로는 '남북관계', '통일'문제를 설명할 수 없으며 적극적 호응을 기대하기 어려운 실정이다. 이런 상황 하에서 북한이탈주민(=탈북자)문제는 남북한 정부 모두에게 화해 협력을 가속화하는 데에 방해가 되는 요소로 인식되고 있다. 그러나 남한 정부가 남북간의 다양한 문제에 대해 주도적인 역할을 담당하기 원한다면 북한이탈주민 문제에 대해 소극적인 자세에서 벗어나 적극적인 해결의지를 보여야 한다. 그렇지 않다면 남북한문제의 궁극적인 해결을 도모하기는 어려울 것이다.

이 책은 이러한 문제의식의 바탕위에 국내외 북한이탈주민의 지원 및 적응 문제를, 현지조사(field study)를 비롯한 실증적 방법으로 분석하고 있다. 사실 북한이탈주민의 발생에서 제3국에서의 체류를 거쳐 한국에 입국하고, 정착하기까지의 전 과정이 긴밀히 연결된 하나의 과정임을 인식해야 한다. 이들에 대해 종합적이고 연계된 관점에서 지원 방안이 강구됨으로써 북한이탈주민들의 남한사회에의 성공적인 정착을 유도하는 것이 남북한 사회통합을 보다 용이하게 이룰 수 있다는 점에서 소중히 다루어져야 한다.

그러나 현재까지 북한 이탈주민에 대한 기존의 연구들은 대부분 이러한 과정들의 연결고리를 찾지 못하고 개별적인 과정들로 분리하는 방식을 취하여 왔다. 또한 이러한 연구물들은 현실 가능성이 적은 난민

인정에 초점을 맞추는 경우가 대부분인데 대해, 이 책에서는 보다 현실적이고 구체적인 방안제시 등 연구의 폭을 확대할 필요성에 기인하여 가능한 다양한 방법들을 점검해 나가는 것이 국제사회로부터 난민인정을 위한 노력과는 별개로 절실하다는 점을 강조하였다. 구체적으로 북한이탈주민들의 탈북과정을 단계별, 유형별로 분석하여 종합적인 지원방안을 강구하였는데, 그 주요 내용은 다음과 같다.

우선 재외 북한이탈주민의 규모 및 인권실상, 최근의 탈북 양상, 지원사업 주체별 역할 등을, 재중 북한이탈주민을 중심으로 분석하였다. 그 중 난민 협약에 따른 정치적 난민 인정여부와 관계없이 생명의 위협과 고문이 존재하는 곳으로의 강제송환이 금지되어야 하는 근거를 파악하였다. 이에 북한이탈주민의 유형별, 단계별 과정에 따른 지원방안의 강구가 필요하다고 판단하여 이를 세밀하게 살펴보았다. 또한 국내 북한이탈주민 현황 및 적응 상태를 분석하는 데에 재외 북한이탈주민이 한국에 입국하여 처음으로 받게 되는 사회적응 교육으로 하나원 교육의 특징과 문제점 및 해결방안을 제시하였다.

대안적 측면에서 종합적인 정책방향을 제시하기 위해 이주민에 대한 해외이주사례를 검토하였다. 동서독 통합과정까지 이르는 동안 동독인의 이주에 관한 서독의 정책과 이스라엘 건국이후 지금까지 지속해온 이주민 정책의 특징 및 베트남 통일 이후 대량으로 발생한 베트남 난민 처리과정에서 나타난 유엔난민고등판무관(UNHCR)과 베트남정부의 협력과정 및 정착방안을 검토하여 북한이탈주민 정착방향 설정에 참고하였다.

결론적으로 북한이탈주민 문제해결에 대해 시간이 촉박한 가운데 현실의 실현가능성이 희박한 난민협약에 따른 국제사회의 난민인정에만 주력하기보다는 유형별, 단계별 과정에 따른 일시적 보호(Temporary Protection), 자발적 귀환을 포함하는 보다 현실적이고 구체적인 다양한 방안제시를 통해 국제사회로부터 난민인정을 위한 노력과는 별개로 해결방안의 폭을 확대하였다. 따라서 북한이탈주민 문제를 성공적으로 해결하느냐 하는 것이 앞으로의 남북한 사회통합의 시금석이 될 수 있으리라 생각하였다.

이 책은 필자의 학위 논문을 보완한 것이다. 중국의 탈북자 정책을 다룬 보론은 2005년 '민족연구'에 발표한 논문을 수정·보완했다. 탈북자 문제는 남북관계에 당면한 현안문제, 예를 들어 북핵문제와 이를 위한 6자회담 등에 밀려서 언제나 정책당국자의 관심사에서 벗어나 있다. 때로 해결의 기미가 전혀 보이지 않는 문제를 붙잡고 고민하는 것은 탈북자 자신과 관련된 NGO들과 일부 관련 전문가들뿐인 것 같아 안타깝다. 아무쪼록 이 책이 남북한 화해 협력의 분위기하에서 실종될 수 있는 탈북자 문제 해결의 실마리를 푸는데 조금이나마 도움이 되었으면 하고, 이 책을 쓰는 동안 지켜주신 하나님께 감사하며, 원고를 늘 세심하게 검토하고 조언을 아끼지 않았던 명지대 정외과 신율 교수님과 동아대 이헌경 교수님에게 감사를 드린다. 항상 이해하고 믿어주는 아내에게 감사함을 전하며, 어려운 여건 속에서도 이 책을 출판해준 한국학술정보(주)에 감사드린다. 독자 여러분들의 많은 비판을 바란다.

2005년 10월

곽 해 룡

목 차

표 목차

I. 서 론

1. 연구목적

남북이 분단된 지 반세기가 지난 현 시점은 과거 어느 때보다 남북 관계에 있어 변화가 심하게 나타남으로 인해 많은 사람들이 통일에 대한 긍정적인 변화를 기대해 왔다. 북한의 경제적 침체와 국제적으로 공산권 체제의 붕괴 등 북한에 영향을 미치는 국내외적인 요인들이 남한 정부의 햇볕정책과 결부되어 과거보다 외견상 남북관계가 긴밀한 방향으로 진행되어 왔으나 미국의 2001년 9월 11일 테러 이후 미국 대통령 부시의 '악의 축'[1] 발언이 나온 뒤 북미 관계는 더욱 경색되었다. 이로 인해 남북관계에 영향을 끼칠 수밖에 없어 이산가족 상봉을 비롯한 남북교류가 정체된 상태였으나 최근 들어 특사를 통한 남북한 접촉을 통해 이산가족 상봉이 재개되는 등 관계 개선이 시도되고 있다.[2]

햇볕정책의 일환으로 남북의 교류와 협력이 강화되면서 화해 무드를 조성하였고 이러한 분위기 속에서 북한이탈주민[3]들의 위치는 남북한

---

1) 조지 부시 미 대통령은 2002년 1월 29일 새해 국정연설 중, 북한, 이라크, 이란을 "대량살상무기 개발하고 있다"고 경고하면서, 이들 대량파괴무기 위협 국가들을 9.11 테러 배후 세력과 마찬가지로 '악의 축'으로 규정하였다.(동아일보 2002. 01. 30)

2) 임동원 대통령 특사의 북한 방문 이후 북측의 미국에 대한 비난 보도 횟수가 대폭 감소되었다는 보도가 있다.(연합뉴스, 2002. 4. 19)

3) '북한이탈주민'이란 「북한이탈주민의 보호 및 정착지원에 관한 법률」에 따라 "북한에 주소·직계가족·배우자·직장 등을 두고 있는 자로서

어디에도 수용되기 어려운 불안한 상태에 놓여 있다. 왜냐하면 북한에서는 북한이탈주민들이 조국을 배반한 반역자로 취급되는 실정이며 남한당국의 경우 북한과의 대화에 있어 불협화음이 나지 않게 유지하려는 조용한 외교를 추진하는 입장에서 북한이탈주민 존재의 부각은 장애가 되기 때문에 조심스럽고 소극적일 수밖에 없다. 게다가 대다수의 북한이탈주민들이 있는 중국이나 러시아도 북한과의 전통적인 우호관계로 인해 북한이탈주민들에게 안정적인 거주상황을 제공하지 못하고 있는 실정이다.

특히 중국의 경우 여러 가지 탈북의 용이성으로 인해 대다수의 북한주민들이 선택하는 곳인데 반하여 중국정부의 태도는 북한이탈주민에 대해 엄격히 규제하며 탄압하고 있다. 그 이유는 첫째, 중국정부가 북한과의 오랜 우호관계를 붕괴시키고 싶지 않기 때문이라고 할 수 있다. 비록 중국이 남북한 모두의 수교 국가이며 남한과의 경제적 교류가 큰 폭으로 증가하고 있지만, 중국은 여전히 북한을 가장 가까운 동맹국으로 간주하고 있다. 따라서 1960년에 체결한 '조·중 밀입국자 범죄자 상호 인도 협정'과 1986년 체결된 '국경지역 업무협정'에 따라 북한이탈주민을 강제 송환하고 있다. 둘째, 북·중 간 국경이 개방될 경우 수백만의 북한이탈주민들이 중국으로 유입될지 모른다는 두려움 때문[4]이기도 하다. 이와 같은 맥락에서 중국은 자국의 경제가 자본주의 체제로 전환되어 감에도 불구하고 남북한의 통일로 인한 미국세력의 국경선 근접

북한을 탈출한 후, 외국의 국적을 취득하지 아니한 자"를 의미하며 이 책에서는 국·내외에 있는 북한 탈출 주민을 함께 일컫는 말이다. 2장에서 상세하게 후술함.

4) Harald Maass, "The Forgatten Refugees-North Koreans at the Chinese Border", The 2nd International Conference on North Korean Human Rights & Refugees, p.34.

에 대해 상당히 불편해 하고 있어 완충지대로써의 북한의 공존을 바랄
수 있으며 이를 위해 현 북한체제의 건재와 친밀한 유대를 지속함이
필요하다. 2000년대에 들어서면서 중국은 외형적으로는 한·중 수교 이
전의 대북 관계 회복을 추구하지만 완충지대로의 북한의 필요성이 이
전처럼 강조되는 것은 아닌 것 같다. 왜냐하면 한·중 관계의 중요성
증대와 WTO가입에 따른 서방국과의 협력 필요성 증대 등의 요인으로
인해 북한과의 '혈맹'관계의 회복은 어려울 것5)으로 판단되기 때문이다.
이러한 미묘한 북·중 관계의 변화에도 불구하고 2001년 1월의 김정일
방중(1. 15~20)과 9월의 장쩌민의 평양방문(9. 3~5)을 통해 북·중 우
호친선 관계 확인 등 외형적 성과를 나타내고 있다. 이런 맥락에서 국
제사회도 세계무대에 새로운 경제 강국으로 등장하고 있는 중국과의
관계개선에 관심을 두고 있기 때문에 북한이탈주민의 인권침해에 대해
적극적인 목소리를 내지 못하고 있는 실정이다.

이런 상황에서 해외 체류 북한이탈주민의 인권침해에 대한 적극적인
보호 및 지원방안의 모색이 요구되며 한편으로는 국내에 입국한 북한
이탈주민의 남한사회 적응문제가 심각하게 대두되고 있다. 왜냐하면 체
류국에서 재외 북한이탈주민에 대한 인권침해 정도가 날로 심각해지고
있으며, 한편으로 끊임없는 강제송환의 불안 속에 생활함에 따라 해결
방안으로 국내 입국을 시도하여 성공한 북한이탈주민의 수가 급증하고
있기 때문이다.

분명한 것은 북한이탈주민이 남북한이 아닌 제3국에 존재하든, 남한에
입국하여 있든 오늘날 그 숫자가 증가하고 있다는 것이다.6) 2000년 6월

---

5) 연례정세보고서01, 『통일환경 및 남북한 관계: 2001~2002』, 통일연구원,
  2002, p.58.

6) 북한이탈주민의 국내 숫자는 1953년 이래 계속 증가하고 있으며 특히

15일 역사적인 남북한 정상의 만남을 통해 이루어진 남북한 공동선언은 과거와는 다른 역사적 정치적 상황을 초래하였다. 급격한 상황 변화 속에서 남북한은 대립과 대결 구도에서 그 결과에 대한 예측은 불확실하지만 분명 화해와 화합을 추진하는 쪽으로 방향을 잡고 있다고 본다. 이런 상황하에서 북한이탈주민의 존재는 남북한 정부 당국 모두에게 부담스러운 존재로 부각될 수 있다. 왜냐하면 북한당국은 북한이탈주민 발생의 근본적인 책임이 있지만 해결하기 어려운 입장이고 또한 송환된 북한이탈주민에 대한 탄압이 북한 국내의 경제적 문제를 해결하기 위해 서구사회와의 협력을 추구하는 입장에서 인권탄압국가로 인식될 가능성이 많기 때문이다. 따라서 북한당국은 북한이탈주민의 난민 인정을 피하고 인권탄압국가라는 오명을 벗기 위해 송환된 북한이탈주민에 대한 처벌 강도를 시기별로 다르게 완화와 단속을 조정한 것7)도 이런 맥락에서 이해할 수 있다.

또한 남한의 경우 북한이탈주민의 대량입국에 대한 두려움 즉 이에 따른 노동시장의 교란 등 국내에서 파생될 수 있는 문제점을 생각해

북한의 식량 및 경제상황이 악화됨으로 인해 북한이탈주민의 숫자가 늘어난 이후 남한에 입국하는 북한이탈주민의 숫자가 1999년도부터 급증하고 있는 추세이다. 중국을 비롯한 제3국의 북한이탈주민의 숫자는 정확한 파악이 불가능한 상황으로 식량문제가 일시 호전된 상황과 중국당국의 검문이 강화되어 북한이탈주민의 수가 일시 감소했다는 소식도 있으나 2002년도 역시 근본적인 해결책이 없어 식량 부족이 예측되고 있는 상황에서 북한이탈주민의 수가 증가하리라 여겨진다. <표 Ⅵ-1> 북한이탈주민 국내입국 현황 참조

7) 북한은 1998년 개정헌법에서 조국과 인민에 대한 배반죄(구헌법 제86조)를 삭제하는 등 처벌을 완화하기도 하고 시기별로 집중단속을 시도해 왔다.; 이금순, 『북한이탈주민 문제 해결 방안』, 통일연구원, 1999, p.27.

볼 수 있고, 남북한 사회의 통합에 대한 북한 및 중국당국의 입장에 대한 외교적 차원의 문제로 다가올 수 있기 때문이다. 이런 점이 북한이탈주민에 대해 남한 정부의 소극적이고 미온적인 입장으로 나타난다고 본다.

실제로 나타난 중국에 있는 북한이탈주민들은 남북한과 중국 어디에도 도움을 받을 수 없는 무국적자[8]와 같은 처지에 있다. 중국은 북한을 의식, 공안기관을 통해 검문을 강화하고 체포 즉시 북한으로 강제 송환하며 북한이 체포조[9]까지 동원하여 북한이탈주민을 체포하려는 데 협조하고 있다. 북한이탈주민들은 남한정부에 의해서도 특별한 도움이나 지원을 받지 못하고 있는 실정이다. 입국을 원하는 북한이탈주민들은 언제나 자유롭게 들어 올 수 있다고 남한 정부는 대내·외에 천명하고 있으나 실제로 제3국에서 남한으로 들어오기 위한 외교적 지원은 미흡하며 특별히 사회적 주목을 받은 경우[10]에 국한한 양상을 띠고 있다

---

8) 김명기, 『북한주민의 인권과 국제법』, 법서출판사, 2000. p.177.

9) 조교(북한국적의 중국거류민)에 의한 밀고 및 특무(북한의 정보원 내지 기관원)에 의해 북한이탈주민 체포가 증가하며 꽃제비 출신의 어린 소년까지 협박과 훈련을 통해 특무(체포조)로 활용 (조선일보)2001. 4. 1.

10) 2001년 장길수 가족의 경우 및 황장엽 등의 특별인사 등이 있다. 그밖에 중국과 베트남 국경선에서 지뢰지대에 버려졌던 1997년 말 발생한 13명의 북한이탈주민 국제미아사건이 있다. 중국으로 탈출한 이들은 주중(駐中) 한국 대사관에 남한행을 요구하였으나 주(駐) 베트남 한국 대사관으로 넘겨졌다가 베트남 정부에 의해 중월(中越) 국경에서 추방, 지뢰지대에서 7명이 실종된 사건이다.(조서영, "재외(在外) 북한이탈주민 인권보장에 관한 연구", 서강대 사회학 석사학위논문, 1998, p.50-51.)
http://nanum.jis.pe.kr/home/data/nk_refugee/data/html/1999_01/3-3.htm)

이러한 상황에서 북한이탈주민들은 정체성에 혼란을 가져오고 있으며 어디에도 소속감을 느끼기 어려운 상황이다. 앞서 언급한 바처럼 남북한 정부 모두 북한이탈주민에 대해 적극적인 관심을 표방하지 않고 있다. 그러나 명백히 국내외에 존재하고 있는 북한이탈주민들에 대해 해결 방안을 모색해야 함은 피해갈 수 없는 상황이다. 왜냐하면 최소 수만 명에서 수십만 명에 이르는 재외 북한이탈주민들을 방치하거나 해결에 소극적이라면 결과적으로 통일방향에 대한 근본적인 회의를 가져오기 때문이다.11)

부연하면 통일이 민족 구성원 모두의 번영과 발전에 둔다는 당위적 논리하에서 민족의 어느 특정집단 희생 위에 우리가 행복과 번영을 누린다면 이는 또 하나의 변형된 내부 식민의 결과를 초래할 수 있을 것이기 때문이다. 물론 당위적 논리만으로 통일의 문제를 해결하기는 어려울 것이다. 따라서 현실적 여건을 고려한 합리적인 방법을 강구하는 것이 필요하며 이는 정책당국자의 의지와도 관련이 있다고 생각한다. 장기적이고 합리적이며 일관성 있는 정책 수립 및 실행이 요구된다.

북한사회의 취약성과 남북관계의 특수성 때문에 북한인권 개선책을 찾기 어렵다. 더욱이 현 남한 정부가 북한과의 공식협상에 집착하여 북한의 인권문제를 회피하려 함으로써 사실이 은폐되고, 사안의 객관적 중요성이 간과되고 있다는 것은 심각한 사실이다. 이런 맥락에서 북한이탈주민 문제를 해결하려는 남한 정부의 정책적 의지는 매우 제한적일 수밖에 없을 것이다.

그런데 북한이탈주민에 대한 기존의 연구들은 주로 국내에 있는 북

---

11) 북한이탈주민에 대한 대책강구의 시급성에 대해; (이금순)은 수만 명의 북한이탈주민 존재는 한반도 국제정세의 안정에도 저해요소라고 봄.; (곽해룡)은 북한이탈주민 양산은 21세기 신이산가족의 발생을 초래한다고 봄.

한이탈주민의 남한사회 적응에 대한 연구가 대부분이며 수용정책 및 그 문제점을 지적하고 대안을 제시하는 데 초점을 맞추어 온 데 반해서 재외 북한이탈주민에 관한 연구는 북한이탈주민들의 참상과 그 인권적 침해를 국내에 소개하는 폭로성 기사 및 조사보고서가 주류를 형성하였다.

  여러 가지 현지 연구조사의 제약성으로 말미암아 재외 북한이탈주민에 관한 사회과학적인 조사 및 정책대안에 관한 연구물이 미흡한 실정이다. 정책대안을 강구하고 제시하는 연구물의 경우도 남북한 당국의 북한이탈주민들에 대한 정책적 무관심 내지는 소극적인 태도에서 북한이탈주민들의 인권침해를 해결하려는 방안이 벽에 부딪혀 심한 좌절감을 가져다주고 있다.

  특히 재외 북한 이탈주민에 대해 발표된 연구물의 경우도, 북한이탈주민이 탈북을 결심하고 중국이나 러시아 등지로 월경을 하고 일정 기간 체류를 한 다음 국내로 입국하고 국내에서 사회적응을 하는 과정들은 서로가 긴밀히 연결된 과정들임에도 불구하고 기존의 연구에서는 이러한 과정들의 연결고리를 연구하지 못하고 개별적인 과정들로 분리하여 연구하였다. 그래서 연구자들은 국외북한이탈주민 전문가와 국내 북한이탈주민 전문가로 양분되어 있는 상황이다[12].

  앞으로의 연구에서는 탈북 이전 단계의 요인들, 제삼국 체류단계의 요인들, 국내 입국과 정착단계의 요인들을 서로 긴밀하게 연관시켜 그것들 간의 관련성을 분석하고, 각 단계에서의 경험이 결과적으로 사회적응의 유형과 수준에 어떻게 영향을 미치는지를 분석할 필요가 있다.

---

12) 윤인진, "북한이탈주민 문제의 실태와 분석", 2000년 제39회 통일문제 학술세미나 「북한의 인권과 북한이탈주민 문제의 해결 방안」, 숙명여대 통일문제연구소, p.4.

특히 제삼국 체류단계의 요인들과 국내입국과 정착단계의 요인들은 남한 정부와 비정부기구(Non Governmental Organization: 이하 NGO로 칭함)의 북한이탈주민에 대한 지원사업의 강도와 효율성에 의해 영향을 받을 수 있는 가변적인 요소라고 보기 때문에 중점적인 검토대상이다.

본 연구는 북한 이탈주민을 탈북 이전부터 남한에 정착하여 적응과정에 이르기까지 관련된 제 요인을 검토하고 지원방안을 강구하며 북한이탈주민의 재사회화 과정에서 겪은 경험들이 국내에 들어온 북한이탈주민과 국외에 있는 북한 이탈주민을 지원하는 각 과정에 다시 피드백(feedback) 할 수 있는가를 분석하고자 한다.

따라서 탈북 지원주체(정부, 국내외 NGO 등)의 중심적 사고에서 벗어나 지원대상자 유형별로 지원방안의 신축적인 접근에 중점을 두어 국내외 북한이탈주민들의 유형을 보다 세밀하게 분석하며 이에 따른 적실성 있는 지원정책의 윤곽을 결정하는 데 기여하고자 한다.

2. 기존연구의 비판적 고찰 및 연구방법

국내의 북한이탈주민 문제를 다루고 있는 기존 연구 문헌은 대체적으로 국내에 있는 북한이탈주민 현황, 남한 사회에의 적응 양상 등을 다루거나, 최근 중국 및 러시아에 있는 북한이탈주민들을 인권 보호 차원에서 국제법상 난민으로 규정하는 문제와 실태 조사보고 등을 기술하고 있다. 그런데 이 연구의 대부분은 북한이탈주민들과의 직접적인 면접이나 조사가 바탕이 되지 않은 문헌 중심의 연구이며, 일부 남한 내 북한이탈주민을 중심으로 소수 설문 조사에 기인한 연구가 있으나 사회과학적 연구방법에 한계가 있을 뿐 아니라 남한 내 북한이탈주민에 국한한다는 문제를 지니고 있어 최근 대규모 인원이 존재하고 있는 중국 내의 북한이탈주민 문제 파악에는 한계가 있다.

중국에 있는 북한이탈주민들을 중심으로 조사한 몇 안 되는 선행 연구들13)중 윤여상의 보고서는 학술적인 군형 감각을 지니고 중국 내 북한이탈주민의 실태를 조사하려고 시도하였으나 조사 여건의 어려움과 한계로 표본의 대표성과 확대 해석의 문제점을 나타내 구체적인 실증 자료를 제공하는 데 미흡한 측면이 있고, 우리민족서로돕기 불교운동본부의 보고서는 방대한 수의 북한이탈주민들을 조사함으로 중국에 있는 북한이탈주민의 현황 및 문제를 알리는 데는 어느 정도 그 공과를 인정할 수 있으나 북한이탈주민을 통해 북한 사회를 모집단으로 추정하는 데에 있어 마찬가지로 임의 표본추출(random sampling)이 이루어지지 못했다든지 표본의 지역적 연령적, 직업적 편중 등을 고려하지 않고, 결과를 분석함으로 인해 사회과학적 접근으로의 신뢰에는 그 한계가 있다고 보여진다. 이러한 한계에도 불구하고 근본적으로 북한 사회가 안고 있는 연구의 제약을 고려한다면 이들 연구물들이 재외 북한이탈주민 문제에 관심을 갖도록 하는 데 나름의 공헌을 했다고 볼 수 있다.

최근 들어 총괄적인 연구에서 벗어나 구체적이고 개별적인 연구물들이 나타나고 있다.14) 북한이탈주민과 같은 구체적이고 현실적인 문제를 다루는 데 있어 북한이탈주민들이 국경을 넘어온 직후 직접 면담을 통해 제한적이나마 탈북 할 수밖에 없는 북한의 상황과 그들의 탈북 이

13) 윤여상, "중국에 있는 북한이탈주민 실태 조사 보고서", 「생명과 인권」 '98 겨울 No.10; Korean Buddhist Sharing Movement "The Food Crisis of North Korea 1,694 witnessed by Food Refugee(6th phase of the research: 97. 9. 30-98. 9. 15)"

14) 안승용, "북한이주민의 노동시장 경험에 대한 연구", 고려대 사회학 석사학위논문(2001. 8).

후의 실태를 알아내는 것은 북한 현지 조사가 불가능한 상황하에서 방법론상 택할 수 있는 중요한 차선책 중 하나일 것이다.

따라서 본 연구의 목적이 북한사회 자체를 인식하기 위한 것이 아니라 북한이탈주민 인권을 비롯한 제반문제, 특히 지원방안에 초점을 맞추고 있기 때문에 이를 위해 북한이탈주민들과의 면담을 통해 식량난 이후 대다수 북한이탈주민의 거주지였던 함경남·북도15)를 중심으로 한 북한의 실태와 북한이탈주민들의 탈북 이유 및 탈북 후의 인권 실태 및 문제를 파악하여 이들에 대한 대책을 추구하는 것이 가능하다고 생각한다. 이 목적을 위해 기존의 북한이탈주민에 대한 문헌 연구와, 필자가 중국에서 북한이탈주민과 가진 면담 형식의 현지조사16)를 중심으로 분석하고자 한다.

본 연구는 현지 조사를 실시함에 있어 계량적인 분석이 갖고 있는 한계에 따른 미흡한 점을 극복하기 위해 질적인 연구에 중점을 두고자 한다. 왜냐하면 지금까지 이루어진 북한이탈주민에 관한 계량적인 현지

---

15) 함경도 출신이 전체 북한이탈주민 중 어느 정도를 차지하는지 정확히 추계할 수 없으나 대부분을 차지하며 최근 하나원 입소자의 75%가 함경도 출신으로 알려져 있음(연합뉴스 2002. 3. 19); 윤여상, op. cit. pp.4-5; W Courtland Robinson, Myong Ken Lee, Kenneth Hill, Gilbert M Burnham, "Mortality in North Korean migrant households: a retrospective study", 『Lancet』1999; vol.354, p.5(조사대상자 중 함경남·북도 출신이 전체의 90%).
http://www.thelancet.com/newlancet/reg/issues/vol354no9175/article291.html

16) 필자가 직접 중국에서 몇 군데의 은신처(shelter)에 기거하는 북한이탈주민들과 숙식을 함께 하면서 21일간(1999. 12. 16~2000. 1. 7)에 걸쳐 심층면접(deep interview)을 실시하였다. 질문의 형태는 정해진 틀에 의해 규정하지 않고 가능한 자유롭게 자신의 이야기를 전개해 나갈 수 있도록 분위기를 조성하였다.

조사들이 표본 선정의 문제 즉 표본 선택에 있어 임의 표본추출
(random sampling)이 안 될 뿐 아니라 충분한 표본 확보의 어려움으로
인한 대표성의 문제를 해결하지 못하고 있기 때문이다. 또한 나타난 결
과를 확대 해석하는 경향을 보임으로 사회과학적 연구의 신뢰성을 상
실해 왔기 때문이다.

　그러나 현지 조사의 연구 대상은 북한이탈주민 중 접촉이 가능한 주
민들에 한정될 수밖에 없다. 이는 중국 내의 북한이탈주민이 국경을 무
단으로 월경한 범법자로 규정되어 있어 검거되면 북한으로 강제 송환
되는 것이 두려워 자신의 신분을 노출시키지 않기 때문이다. 따라서 북
한이탈주민을 통해 설명되어지는 북한 사회의 모습은 극히 한 단면에
불과할 것이다.

　그럼에도 불구하고 북한 사회 모습을 파악함에 있어 셀(cell)형태의
북한이탈주민을 통해 보편적인 북한 사회의 현상을 파악하는 것이 아
니라 북한이탈주민이 많이 발생한 지역, 특히 함경남·북도[17]의 탈북
할 수밖에 없는 상황을 알아보는 데에는 제한적이지만 의미가 있다고
생각한다. 따라서 본 연구의 분석된 결과물이 보편적인 북한 사회의 현
상으로 확대해석 해서는 안 될 것이다. 북한이탈주민과 관련하여 탈북
전 상황을 파악하고 이해하는 제한된 범위에서 해석되어야 할 것이다.

　본 연구의 의도는 기존의 북한이탈주민에 대한 해결 방안 연구물들

---

17) 북한이탈주민들은 식량난 초기(94년 전후)에는 대부분 함경도 출신이
　　대부분이었으나 이후 북한 전역으로 확대되는 모습을 보여주고 있다.
　　그러나 최근에도 국경과 접하고 있는 함경도 출신이 제일 많은 비중
　　을 차지하고 있다.; 탈북난민보호 유엔청원운동본부에서 1999. 10. 2~
　　11. 12 사이에 총 1383명의 북한이탈주민을 조사한 결과 함경도 출신
　　이 69.6%를 차지하는 것으로 조사되었다.

이 가능성이 낮은 난민인정에 초점을 맞추는 경우가 대부분인데 대해, 보다 현실적이고 구체적인 방안제시 등 연구의 폭을 확대할 필요성에 기인한다. 현실적으로 가능한 다양한 방법들을 다각도로 점검해 나가는 것이 필요하며 국제사회로부터 난민인정을 위한 노력과는 별개로 현실적인 방안의 모색이 절실한데, 이는 본 연구의 출발점이라 볼 수 있다.

북한이탈주민 문제해결에 있어 시간이 촉박한 가운데 현실의 실현가능성이 희박한 난민인정을 통한 해결 방안에서 벗어나 다양한 방안을 모색하고 그 해결 방안의 폭을 넓혔다는 점에 논문의 의의를 두고자 한다.

북한이탈주민 문제를 해결하기 위해서는 현재 및 미래 상황에 영향을 끼칠 수 있는 다양한 요인들을 가능한 최대한으로 분석함으로써 북한이탈주민에 대한 정확한 인식이 이루어질 것이며 이를 근거로 해결 방안을 모색하여야 할 것이다.

현재 북한이탈주민에 있어 직면해 있는 문제를 대별(大別)하면 첫째, 국외 북한이탈주민들의 생존 및 인권침해에 대한 보호 및 지원문제와, 둘째, 국내에 있는 북한이탈주민들의 남한 사회의 적응 문제이다.

이 문제들은 지금까지 별개로 연구되어 왔으나 통합차원에서 보면 탈북과정 전체가 깊은 연관성을 지닌 하나의 과정으로 이해될 수 있고 이러한 측면에서 탈북문제에 접근하는 것이 필요하다. 왜냐하면 탈북과정의 단계별 특성의 관련성에 대한 세밀한 분석은 문제해결의 방안을 강구함에 있어 효율성 있는 방안을 제시할 수 있기 때문이다.

이러한 시각에 입각하여 본 논문에서는 북한이탈주민에 영향력을 끼치는 요인을 크게 3가지로 보는데 첫째, 인접 국가들의 북한이탈주민에 대한 태도, 둘째, 북한이탈주민의 유형 및 탈북과정의 단계별 특성, 셋째, 북한이탈주민 문제 해결에 관여하는 기구 간의 역할 등이다.

  첫째 요인을 세분하여 다음과 같은 물음에 나름의 분석을 시도하고
자 한다. 북한이탈주민을 발생시키는 북한은 북한이탈주민에 대해 어떤
입장을 취하고 있으며 인접 국가에 대해 어떤 요구를 하고 있는가? 또
한 중국 및 러시아, 특히 대다수의 북한이탈주민이 체류하고 있는 중국
은 각각 북한이탈주민에 대한 어떤 입장을 표방하고 있으며 공식적인
입장과 실질적인 태도는 어떠하며, 남북한과의 관계 및 이에 따른 북한
이탈주민 처리방침의 변화가능성은 있는가? 남한 정부의 남북관계 설
정 방향에 따른 대북 입장 및 대 중국과의 외교적 관계에 따른 북한이
탈주민에의 실질적인 정책방향은 어떠한가?

  둘째 요인은 북한이탈주민 개개인의 특성 및 탈북과정의 단계별 특
성을 분석하여 이들에 대한 현실적이고 합리적인 지원방안은 무엇인
가? 즉 개인의 특성으로는 탈북 이전에 북한에서의 사회적 계층(직업),
탈북 목적, 제3국에서의 탈북기간, 탈북 시 동반 인원 등이며, 탈북과정
은 탈북의 이전단계에서 탈북을 결정하게 하는 근본원인으로 북한 사
회의 구조적 요인은 무엇이며, 탈북 후 제3국 체류단계 및 한국입국 및
정착단계에 있어 어떤 요인들이 서로에게 영향을 끼치는가?

  셋째 요인은 탈북문제에 참여하는 주체를 남한정부, 국내외 NGO(종
교단체 및 민간단체)로 분류 이들의 북한이탈주민에 대한 역할 및 우리
가 요청할 수 있는 바람직한 역할은 무엇인가 등의 요인들을 분석해보
고자 한다.

  또한 본 연구는 지원 정책을 강구함에 있어 해외 이주민 사례를 비
교연구의 방법을 사용하여 한반도 상황에 맞는 적실성 있는 북한이탈
주민 대책을 강구하고자 한다. 본 연구가 비교연구의 방법을 사용한다

하더라도 이론의 개발이나 타당성을 검증하는 연구는 아니다. 이론적인 측면보다는 북한이탈주민 문제에 관한 대책제시의 정책적 측면에서 접근하는 연구라 할 수 있다.

국내에 있는 북한이탈주민들이 남한사회 적응과정에서 나타나는 부적응 현상에 대한 각종 문헌 중심의 조사 및 개별적인 북한이탈주민과의 면담을 통해 연구를 진행하였다. 또한 재외 북한이탈주민에 관해서는 재중 북한이탈주민을 중심[18]으로 중국 현지조사(field study)로 실시했던 심층면접과 중국현지에서 탈북주민의 조력자로 활동하는 조선족, 관련 민간단체의 남한전문가, 북한이탈주민에 관심 있는 중국 연변지역의 조선족 학자들과의 대담을 토대로 분석하였다.

북한이탈주민의 남한 입국까지의 단계별 과정에 대한 분석을 위해서는 탈북 이후 입국까지의 전 과정을 추적하거나 아니면 재외 북한이탈주민들과 동행하여 입국까지의 과정에서 나타나는 문제점을 분석해야 하겠으나 현실적으로 실행하는 데 어려움이 많다고 본다. 실제로 한두 번의 탈북과정 동행이 가능하다 할지라도 이를 일반화하는 데에는 문제가 있을 수 있다는 점에서 분석이 가능한 기존 북한이탈주민들에 대한 개별면담 및 문헌조사를 중심으로 분석을 시도하였다.

북한이탈주민문제를 해결하고자 할 때 일반적인 난민문제와 다른, 남북분단이라는 특수성을 함께 생각해야 할 것이다. 왜냐하면 분단과 통일이라는 상황적 요인이 북한이탈주민 문제를 해결하고자 할 때 영향력을 행사하기 때문이다. 따라서 북한이탈주민 문제해결에 한국은 그

---

18) 북한이탈주민은 러시아에도 존재하고 있으나 대부분 중국에 체류하고 있기 때문에 본 연구에서는 재중 북한이탈주민만을 대상으로 하였다. 재러시아 북한이탈주민에 대한 연구로, 윤여상, "재러시아 북한난민의 실태 및 보호방안"『북한인권・난민문제 국제회의』, 북한동포의 생명과 인권을 지키는 시민연합, 1999를 참조할 것.

책임의 중요한 몫을 담당하고 있다. 게다가 국제사회에서 경제적 이유로 인한 이주민을 난민으로 인정하지 않으려는 난민인정의 엄격성을 유지하려는 추세와 결부하여 보다 전향적이고 적극적인 해결의지를 갖는 것이 한국정부와 국민, 모두에게 요구된다. 감성을 갖고 해결 방안을 모색하되 구체적이고 현실적인 방안을 추구함에 있어서는 냉철한 이성적 접근이 더욱 요구된다고 하겠다.

Ⅱ. 재외 북한이탈주민의 현황

1. 북한이탈주민 개념 규정

북한을 탈출하여 어디든 북한 이외의 지역에 체류하고 있는 북한주민을 북한이탈주민이라 규정한다. 관련 법률에 따르면 '북한이탈주민'이란 "북한에 주소·직계가족·배우자·직장 등을 두고 있는 자로서 북한을 벗어난 후, 외국의 국적을 취득하지 아니한 자"[19]를 의미하며, 통일부가 국회에 제출한 동 용어에 대한 해설 자료에 따르면 본인의 의지 여부를 불문하고 북한지역을 벗어나거나, 북한 이외의 지역에 특수목적을 위해 파견·투입되었으나 북한의 영향력이 미칠 수 없게 된 북한주민을 통칭하는 표현[20]이라 하고 있기 때문에 이와 같은 개념은 북한을 탈출한 상황에 대한 객관적이고 포괄적인 규정[21]이라 할 수 있다.

이와 유사한 개념으로 '월남 귀순자', '귀순북한동포', '탈북자', '북한이탈주민', '자유북한인', '자유이주민'[22] 등 다양하게 사용되고 있다 호칭은 그것을 사용하는 사람들의 가치관과 정치 경제적 이해관계를 내포한다. 이 중 귀순의 경우는 "반항하거나 반역하는 마음을 버리고 돌아

---

19) 「북한이탈주민의 보호 및 정착지원에 관한 법률」 제2조 1항.

20) 김학성, "북한이탈주민(탈북이주자)의 남한사회 적응에 관한 연구", 서울대 행정대학원 석사학위논문, 2000, p.9.

21) 이우영 외 『북한이탈주민 문제의 종합적 정책방안 연구』, 통일연구원, 2000, p.3.

22) 김성호 국회의원이 설문 조사를 통해 '자유이주민'으로 표현할 것을 제시.

서서 따라오거나 복종"한다는 의미를 내포하여, 남북 간의 체제경쟁 상황을 반영하였다. 따라서 기존의 '귀순자'라는 표현이 북한지역을 벗어나 자신의 의지에 의해 남한지역에 들어온 경우만을 지칭했다면, 북한이탈주민이라는 개념은 남한지역에 들어온 경우는 물론이고 국외에 체류하고 있는 경우까지 포함하고 있는 것이다. '북한이탈주민'이란 용어는 아직 대중적인 용어로 자리 잡지 못하고 있으며 대체로 '탈북자'를 많이 쓰고 있으나 '탈북자' 자신들은 이 표현에 거부감을 갖고 있어 호칭변경의 제안23)이 있었다.

본 연구에서는 '북한이탈주민'이 다양한 표현을 대신하는 공식적이고 법률적 용어이며, 연구목적상 국·내외에 있는 북한 탈출 주민을 포괄적으로 일컫는다는 의미에서 '북한이탈주민'을 사용하겠다. 이후 본 연구에서는 해외에 체류하는 북한이탈주민을 국내에 입국한 북한이탈주민과 구별할 경우에는 '국외(재외) 북한이탈주민'으로 표시하고자 한다.

---

23) 민주당 김성호 의원은 북한이탈주민을 대상으로 한 설문 조사에서 탈북 응답자의 68.3%가 북한이탈주민이라는 호칭이 적절하지 않다고 답변하여 '자유이주민'으로 명칭 변경을 제안했다.(연합뉴스 2002. 2. 27) 2005년 1월부터 북한이탈주민을 일컬었던 '탈북자' 용어가 '새터민'으로 바뀌었다. 통일부는 탈북자란 용어가 거부감을 주는 등 부작용이 있어 용어 대체 작업을 해왔고 공청회와 논의를 거친 후 올해부터 '새터민'를 공식용어로 사용하고 관계법령개정시 법률용어인 '북한이탈주민'을 '새터민'으로 변경할 방침이다. (연합뉴스 2005.1.9)

2. 재외 북한이탈주민의 규모
(재중 북한이탈주민을 중심으로)

재외 북한이탈주민은 대부분 신분상 불안으로 인해 은신해 있거나 자주 거처를 옮기고 있기 때문에 정확한 규모를 파악한다는 것은 어렵다. 따라서 지금까지 정확한 공식집계보다는 현장상황을 토대로 한 추산이 발표되어왔다. 발표주체에 따라 차이를 보였으며 특히 정부관계자와 민간단체 실무자 사이에 상당한 편차를 보이고 있다.

재외 북한이탈주민은 중국, 러시아, 그 밖에 태국, 베트남, 미얀마, 몽골 등에 존재하고 있으나 탈북이 용이하고 조선족 동포로부터 보호나 지원이 가능하며, 수심이 깊지 않다는 이유 때문에 두만강 지역이나 산세가 험준한 백두산지역을 중심으로 중국으로의 북한이탈주민이 가장 많이 발생하는 것으로 추정된다.24) 전체 재외 북한이탈주민을 추산하는 과정에서 주로 중국지역의 북한이탈주민 규모에 관심이 집중되어 왔으며 통일부가 지난 2월 국회에 제출한 자료에 따르면 북한이탈주민 규모는 중국정부가 1만 이하로 추정하고 있으나 정부의 관련부처 추산은 2~3만 명, 유엔난민고등판무관실(UNHCR)은 3만 명 정도로 추정25)하고 있다. 반면 중국에서 북한이탈주민을 돕고 있는 민간단체 관계자들은 약 10만 명 이상으로 추정하여 왔다.26)

추정 근거로 1998년 7월 윤여상 외 2인에 의해 시도된 중국 현지조

---

24) 정확한 전체 북한이탈주민의 수를 파악하고 있지 못하며, 또한 탈북 루트에 대한 정확한 통계 역시 없지만 필자가 조사한 바로 두만강 상류는 강폭(50-100m)이 좁아 겨울의 경우 강이 얼면 도보로 5분 이내 월경이 가능한 지역이 여러 있음을 발견하였고 국외 지역 중 중국 내 북한이탈주민이 가장 많이 있는 것은 사실이다.

25) 조선일보 2002. 3. 14.

사에 따르면 중국 내 북한이탈주민들은 대부분 신분에 따른 위협과 언어소통, 친척의 원조 등의 이유로 조선족이 집단 거주하는 연변자치주 지역에 밀집되어 있다는 판단하에, 조선족 거주 지역의 취락구조27)와 인구 분포 상황28)을 우선적으로 고려하였다. 농촌지역을 조사한 결과 조선족 마을29)의 규모에 따라 평균 4~7명씩 북한이탈주민이 은신하고 있으며 동일규모의 조선족과 한족 혼합마을은 평균 2~3명씩 북한이탈주민이 은신하고 있었다. 또한 농촌지역과 도심지역 간에도 큰 차이가 없는 것으로 나타났다. 이를 토대로 윤여상은 북한이탈주민의 규모를 대략 전체 조선족 인구 200만의 5% 수준으로 파악하여 10만 명 선으로 추정하였다.30)

「좋은벗들」31)에서 1998년 11월 16일부터 1999년 4월 3일까지 약 5개월 동안 중국 동북3성에 거주하는 북한이탈주민의 실태 및 인권침해

---

26) 이우영 외, op. cit.. p.5.

27) 조선족의 취락구조와 인구분포에 대한 구체적인 사항은 심혜숙, 「중국 조선족 취락지명과 인구분포」(연변대학출판사·서울대학교출판부, 1994)를 참조하고 있다. 윤여상, "북한이탈주민 실태와 지원체계: 중국 지역을 중심으로", 「통일연구논총」 제7권 2호, 1998. p.172 재인용.

28) 1990년 중국 제4차 인구조사자료에 의하면 다음과 같다. 중국조선족 총인구수 2,097,902명, 이 중 동북3성에 1,794,740명으로 이는 중국 조선족 총수의 97.1%를 차지하고 있다. 심혜숙, op. cit., pp.58-59.

29) 그 규모에서 남한의 촌락과 큰 차이가 없으며, 가구 수는 20~100여 가구 정도로 인구는 80~400명 정도이다

30) 윤여상, "중국에 있는 북한이탈주민 실태 조사 보고서", 「생명과 인권」 '98 겨울 No.10, p.3.

31) 1996년 설립된 「우리민족서로돕기 불교운동본부」가 1999년 4월 사단법인 「좋은벗들」로 재발족하였다.

양상에 대한 조사를 실시하였다. 조사지역은 동북3성 29개 시·현에 속한 총 2479개 마을(연변 조선족 자치주 내 1566개 마을, 연변을 제외한 동북3성 내 913개 마을)로, 조사는 조사대상 마을 내 거주민 3~5인과의 면담을 통하여 그 마을에 북한이탈주민 관련 현황을 파악한 후 조사 마을 내 북한이탈주민과 직접 인터뷰(총 872명)를 실시하는 방식으로 진행되었다.

조사가 진행된 2479개 마을에 총 주민수가 1,652,180명, 조사된 북한이탈주민의 수는 28,472명으로 북한이탈주민의 비율은 총 주민 수 와 대비할 때 전체의 1.7%라는 것을 근거로 조사마을이 속한 29개 시·현(총 주민 수 1181만 명)에만 분포하는 북한이탈주민의 수를 최소 14만 명, 최대 20만 명으로 추정하였다.[32] 또한 29개 시·현의 인구는 전체 동북3성 인구의 11.3%에 불과하며 중국의 동북3성 외 중국 관내지역과 몽고 자치구에도 상당수의 북한이탈주민이 있다는 점, 떠돌아다니는 꽃제비 어린이의 숫자가 파악되지 않은 점을 고려하여 중국에 거주하는 북한이탈주민의 수는 30만 명 이상이 될 것으로 평가하였다.[33]

'탈북난민보호유엔청원운동본부'는 1999년 10월 2일부터 11월 12일까지 5개 조사반이 1383명의 북한이탈주민을 직접 면담하여 「중국 내 탈북난민 현장 보고서」를 발표하고 북한이탈주민의 규모를 10만 명 이상으로 추정하였다.[34]

---

32) 좋은벗들 엮음. 「두만강을 건너온 사람들」, 정토출판, 1999, pp.11~29.

33) ibid., p30; 이금순, 『북한이탈주민 문제 해결 방안』 연구총서99-02, 통일연구원, 1999, p.10.

34) 김상철, "북한이탈주민 인권문제의 실상과 보호대책", 「21세기와 통일에 대비하는 인권보장 확립방안」 명지대학교 사회과학연구소 주최 1999년 한·불 국제학술대회, pp.17-19.

　북한이탈주민의 규모를 파악하는 데 있어 남한 당국과 민간단체와의 격차가 심한 이유는 북한이탈주민을 어떻게 규정하느냐에 따라 달라진다. 정부당국은 처음부터 의도적으로 탈북을 감행하고 다시 북한으로의 복귀를 원치 않는 장기간 탈북주민들만 대상에 국한하는 데 반하여 민간단체의 전문가들은 단지 식량 및 경제난으로 탈북 했다 다시 북한으로 돌아가는 단기간 탈북주민의 경우도 북한의 경제가 회복이 어렵기 때문에 복귀를 미루다가 장기간 탈북주민이 되거나 복귀했다 재탈북 하거나 복귀할 여건이 되지 못하는 경우가 많기 때문에 단기간 탈북주민의 경우도 전체 북한이탈주민 규모에 포함시켜야 한다는 주장을 펴고 있다.35)

　98년 이후 중국 공안들의 단속이 강화되고 북한 내 식량배급 사정이 나아지면서 중국 내 북한이탈주민들의 절대적인 숫자는 감소된 것으로 보고되고 있다. 그러나 필자가 현지에서 조사한 바로는 북한주민들에게 피부에 와 닿을 정도로 식량 사정이 개선된 것으로 보이지 않으며 구호단체 요원에 의하면 99년 겨울에 들어서 탈북인원의 수가 다시 증가하여 예년 정도를 나타낸다는 것이다. 보다 중요한 것은 정확하지 않은 북한이탈주민의 규모나 숫자의 증감이 아니라 북한이탈주민들이 처해 있는 구체적인 인권실태의 참상일 것이라는 주장36)이 있으나 정책과 지원방안을 세우는 데 있어 북한이탈주민의 규모와 분포는 기본적인 자료가 된다고 생각한다. 따라서 향후 북한이탈주민의 정확한 규모와 분포에 대한 학술적인 조사가 용이하도록 대책을 강구해야 할 것이다. 국외 지역 중 중국에 있는 북한이탈주민의 규모와 분포에 대해 현지에

---

35) 윤인진, op. cit., p.3.

36) 김영자, "중국 내 탈북여성들의 인권실태와 정책제안" 『제2회 북한인권·난민문제 국제회의』, 2000, p.44.

서 북한이탈주민 지원활동을 펴고 있는 관계자들에 따르면 중국 내 전체 조선족 200만 명 중 북한이탈주민이 최소 5% 수준으로 밝히고 있다.37) 미국난민위원회(USCR)의 보고에 의하면 지난 2000년 말을 기준으로 중국에 거주하는 북한이탈주민수가 5만 명으로 추산된다고 '2001년 세계 난민실태 조사보고서'에서 밝혔다.38) 본고에서는 이상의 추정치를 바탕으로 재중 북한이탈주민의 규고를 약 5만~10만 명 선으로 추산하고 논의하고자 한다.

3. 재외 북한이탈주민의 실상
(재중 북한이탈주민을 중심으로)

1) 강제송환

식량난 초기에는 북한이탈주민들이 자신이 원하는 식량이나 금품이 획득되면 바로 북한으로 자진 귀환하는 경우가 많았으나 식량난이 길어지면서 중국으로 수차례 재탈북 하거나 장기 체류하는 북한이탈주민의 수가 급격히 늘고 있다. 북한으로 자발적 귀환을 희망했던 북한이탈주민들이 귀환을 연기하거나 재탈북 하는 이유는 탈북 동기만큼이나 다양한데 그 이유는 다음과 같다.

---

37) 윤여상, "중국에 있는 북한이탈주민 실태 조사 보고서", 생명과 인권 '98 겨울, p.3.

38) 기독뉴스, 2001. 6. 19; WORLDWIDE REFUGEE INFORMATION 'COUNTRY REPORT: North Korea', http://www.refugees.org/world/countryrpt/easia_pacific/north_korea.htm

첫째, 그들이 탈북 전 북한에서 장사밑천을 마련하기 위해 계획한 만큼의 돈을 모으지 못했기 때문이다.

둘째, 자본주의 사회에 적응하다보니 식량난이 계속되고 있는 북한으로의 귀환을 두려워하기 때문이다.

셋째, 귀환하고 싶은 마음은 있으나 처벌이 두렵기 때문이다. 예를 들면 북한으로 돌아가기 위해서는 공민증과 같은 기본적인 신분증을 소지하고 있어야 하는데 최근 북한은 공민증을 교체하였기 때문에 귀환의사가 있음에도 불구하고 귀국하지 못하는 사람들이 다수 있다고 한다.

자발적 귀환을 하지 않게 된 사람들은 중국현지에 계속 체류하거나 남한으로의 이주를 생각하게 된다. 그러나 북한이탈주민이 중국에 영주하는 것은 쉽지 않다. 왜냐하면 중국 공안당국은 북한이탈주민을 1960년에 체결한 '조·중 밀입국자 범죄인 상호 인도 협정'(일명 '밀입국자 송환 협정')과 1986년 체결된 '국경지역 업무협정'에 따라 북한이탈주민을 불법 월경자로 규정하고 있어, 검거하는 즉시 북한으로 강제송환하기 때문에 계속적인 체류에는 끊임없는 신변의 위협을 느끼게 된다. 결국 재중 북한이탈주민의 신분이 불안한 점은 약점이 되어 모든 형태의 인권 침해의 근원이 된다.

한 탈북아동의 경우 배고픔 때문에 친구 따라 중국으로 탈북 했다가 며칠 지나지 않아 중국공안당국에 검거되어 강제 송환된 적이 있다. 이때 북한 사회안전원에게 심하게 매질을 당하고 풀려난 기억 때문에 북한에 있을 때 다시는 탈북 하지 않겠다고 결심했으나 가족이 모두 탈북 하는 바람에 할 수 없이 재탈북 하였다는 증언39)을 통해 볼 때 강제송환 된 이후에 투옥과 고문 심지어 생명의 위협을 당하는 것으로

---

39) 필자가 1999. 12. 27일 중국 연길시 어느 은신처에서 이모군(15세)과 인터뷰한 내용.

알려져 있다.

강제송환으로 인한 인권침해는 크게 2가지로 나타나는데

첫째, 강제송환을 당하지 않으려고 북한이탈주민들은 비인도적 대우에도 정당한 요구를 하지 못함으로 인해 노동력 착취나 인신매매를 당하기 쉽다. 극단적인 생존 본능에 따라 북한이탈주민들 중에는 절도, 강도, 살인과 같은 사회일탈행위를 할 가능성이 높아진다. 또한 탈북 후 중국인(조선족 또는 한족)과 새 가정을 꾸민 경우에도 중국 공안당국에 발각되면 강제송환이 이루어져 결국 새 가정이 붕괴됨으로 또 다른 형태의 이산가족을 양산하는 것이다.

둘째, 북한으로 강제 송환된 후 조사와 심문과정에서 구타와 고문이 이루어지고 처벌의 경우도 반역자로 엄격한 편이다. 최근에는 북한이탈주민이 아동이거나 식량 및 경제적 이유로 처음 탈북 한 경우 가벼운 처벌 후 훈방하는 경우도 있으나 매우 제한적이다. 문제는 탈북으로 인해 징역 1년을 선고받았다 하더라도 현 상황에서 북한 감옥에서 1년간 감옥 생활을 하는 것은 사형선고나 다름없다는 북한이탈주민의 증언으로 미루어 심각한 인권침해 현상이 발생한다 하겠다.

북한으로의 송환규모는 중국 측의 단속강도에 따라 차이가 나타난다. 조선족 북한이탈주민 보호자에 따르면 얼마 전까지 연말연시 경계령이나 김정일 방중을 앞두고 내려진 일제 검거 열풍과 같은 특별한 경우를 제외하고는 드러나지 않으면 묵인해주는 것으로 알려져 있다.

2) 노동력 착취

중국 내에서 북한이탈주민들의 취약한 법적 지위를 악용하여 약속한 임금을 미지급하고 노동력을 착취하는 경우가 상당하다. 연변조선족 자치주는 남한으로부터의 관광수입을 비롯한 자본주의 경제의 영향으로 소비풍조 및 한탕주의가 확산되면서 조선족의 기대수준은 높아졌는데, 남한의 국제통화기금(IMF)한파 영향을 받아 경제가 어려워지면서 소득이 이를 뒤따르지 않는 데서 오는 어려움이 심각하다. 실업률이 높아지고 한국에 가면 많은 재산을 모을 수 있다는 코리안 드림이 있는가하면 한국인에게 사기를 당하거나 취업했을 때 당한 폭력이나 모멸감으로 인한 반한(反韓)감정도 상당하다고 생각한다. 이런 상황하에서 중국에 있는 조선족들이 그동안 북한이탈주민을 도와준 것은 같은 동포로서 동정심에 기인한 바 크지만 이제는 그럴만한 여건도 안 되는데다가 지금까지 오랜 시간이 경과하는 과정에서 전반적으로 구제 피로감이 누적된 상태라 할 수 있다.

3) 건강악화

북한이탈주민들이 탈북 이전에 상당기간 동안 식량 및 경제난으로 어려운 경제생활을 영위해 왔기 때문에 신체적으로 영양실조나 질병에 걸려 있는 경우가 많으며, 탈북 과정에서 신체적 손상을 입은 경우도 많이 있다. 겨울철 강이 얼어붙어 도강이 용이한 시점에 혹한으로 인해 동상 또는 화상을 입는 경우가 많이 있다. 중국 연변 화룡의 어느 교회 여자 전도사는 다음과 같이 증언40)하고 있다.

> 도강하는 과정에서 추위 때문에 모닥불을 피워놓고 깜빡 잠이 들어 얼굴에 화상을 심하게 입은 북한이탈주민을 치료하기 위해 연길의 복지병원에 데려갔으나 치료비가 비싸게 들어 다시 데리고 돌아왔다. 어

---

40) 필자가 1999. 12. 28일 중국 화룡시 어느 교회에서 50대 전도사와 인터뷰한 내용.

떻게 이 지역 보건소에서 약을 타다 치로하여 다행스럽게도 치료결과
가 양호하다. 북한이탈주민의 구호사업에 있어 농촌에서는 단순한 의식
주 해결에 급급한 실정이며, 따라서 비용이 많이 드는 치료비나 교육비
는 엄두를 내지 못한다. 겨울철이라 특히 동상약이 매우 필요하다.

특히 탈북아동의 경우 성장기의 고른 영양공급이 이루어지지 않았기
때문에 남한아동에 비해 신체적으로 왜소한 결과를 나타내고 있다. 필자
가 중국 현지에서 면담한 탈북아동의 경우 왜소함의 정도가 심해 연령
을 파악하기 어려웠는데, 17세 탈북남아는 한국아동일 경우 12세 정도로
파악되며, 14세의 탈북여아는 10세로 보일 정도였다. 탈북 후 은거지에
서 충분한 식사제공을 통해 건강상태가 양호해진 모습을 나타내고 있었
지만 이미 성장기에 충분한 영양 공급을 받지 못하였기 때문에 체격의
경우 왜소한 상태에서 별로 변화가 없어 보였다. 청소년 발육상태가 매
우 열악한데 일반적으로 성장이 끝난 연령층을 기준으로 할 때 중국 내
인구의 신체상태에 비하여 신장은 -10Cm, 체중은 -10Kg 정도의 분포를
보인다41)는 것이다. 성인의 경우 단순한 영양실조의 경우는 북한이탈주
민들의 보호기관에서 충분한 식사를 통해 건강을 회복하지만 질병의 경
우 체계적인 의료지원이 전무한 것으로 보여진다. 단지 보호를 맡고 있
는 조선족 동포의 재량으로 일시적인 지원이 이루어지는 것이다.

4) 여성의 인권침해

---

41) 이명근, 「북한주민의 보건의료서비스 요구도와 질병형태」, 미발간논문,
    1999, p7; 필자가 중국 용정시의 어느 시골 마을에서 5명의 탈북 아동
    과 같이 지내면서(1999. 12. 31~2000. 1. 1) 관찰한 결과 일부이기는
    하지만 이명근 박사의 주장을 확인할 수 있었음.

인간은 혼인을 통해 가정을 형성한다. 혼인의 목적은 다양할 수 있으나 여성 북한이탈주민에게 있어 혼인은 생존의 차원에서 이루어지는 경우가 상당수 있다.42) 일반화할 수는 없으나 조선족 상당수는 북한 주민들이 아사 상태에서 벗어나기 위해 중국으로 탈북 했기 때문에 그들을 돕는 차원에서 탈북 한 북한여성의 혼인을 알선하고 있다. 혼인을 알선해 주는 과정에서 금품이 수수되는 것은 부수적인 것으로 중요한 것은 북한이탈주민을 돕는 행위에 더 목적을 두고 있다는 것이다. 조선족 스스로 더 이상 북한이탈주민에게 도움을 줄 수 없는 상황에서 혼인 못한 사람들을 연결시켜 준다는 사실은 서로에게 도움을 준다는 측면이 있다.

그러나 여기서 발생하는 금품수수의 부수적인 일이 오히려 강조되는 경우가 있음을 주목해야 한다. 특히 범죄 집단에 의해 인신매매라는 사회적 일탈행위로 나타나고 있으며 연변에 있는 언론매체에 보도가 될 정도로 확산되고 있는 실정이다.

탈북여성 매매문제에 대해 '흑룡강신문' 1999년 1월 16일 보도에 의하면 1998년 연길시 공안국에서 황OO 등 5명의 범죄자들이 팔아서 넘긴 탈북여성이 21명이라고 하였다.43) 또한 필자가 인터뷰한 북한이탈주민 구호사업에 참여하고 있는 한 종사자44)는 다음과 같이 진술하고 있다.

---

42) 김영자, 「중국 내 탈북여성들의 인권실태와 정책제안」, 『제2회 북한인권·난민문제 국제회의』, 북한동포의 생명과 인권을 지키는 시민연합, 2000, pp.44~51.

43) 최명숙, 「90년대 이후 조선녀성들의 가정에서의 삶에 관하여」, 『중국, 조선, 한국의 동포녀성들의 삶』, 학술회의자료집(2), 연변대학 녀성연구중심, 1999, p.15.

44) 1999년 12월 28일 연변 자치주 농촌지역에서 식량을 분배하는 과정에서 교회 조선족 전도원과의 면담내용. 연변에서 전도원이란 교회에서 평신도에게 수개월간 성경공부를 시킨 후에 전도사 역할을 수행하는

두만강 국경에 있는 농촌마을로 1999년 12월에만 20명 정도 도강하였고 현재 30여 명이 이 지역에 잔류하고 있으며 이중 5-6명은 중국 공안당국에 의해 체포 북한으로 강제송환 되었다. 이 마을에 살고 있는 조선족과 혼인한 북한여성들을 공안당국으로 가장한 인신매매 단이 위협하여 납치한 경우가 4명 있었고, 그 중 2명은 몇 개월이 지난 뒤 가정으로 돌아왔으나 나머지 2명은 생사를 알 수 없었다.

탈북여성들이 중국 조선족 남성과 혼인하는 경우가 많으나 중국 내 정착하는 데에는 신분상 어려움으로 인해 가정이 파탄을 일으키는 경우도 많다. 혼인을 하여 임신을 한 경우에도 북한이탈주민임이 드러나는 경우 공안당국에 의해 강제로 북한으로 송환되기 때문이다. 또한 이를 빌미로 탈북여성과 혼인한 가정을 협박하여 금품을 갈취하거나 여성을 납치하는 경우도 발생하고 있다. 이러한 과정에서 원만하게 형성되어 가던 조선족 남성과의 가정형성이 붕괴되면서 탈북여성이 북한으로 강제 송환되는 경우 새로운 이산가족이 발생하는 것이다.

탈북여성과 혼담이 오가는 경우에 혼인조건은 대체로 중국에서 살아나가기 위해 중국호적인 호구와 신분증을 마련하는 데 드는 비용을 제공한다든지, 생활에 필요한 금품을 제공하든지, 북한에 있는 가족을 탈북 하도록 도와주든지 등이다. 탈북여성은 북한에서뿐 아니라[45] 중국에서 가족을 돕는 데 앞장서고 있으나 혼인을 통해 가족을 돕는 것이 제대로 이루어지지 않거나 비인간적인 대우로 혼인생활이 파탄에 이르는

─────────────────

사람을 일컫는 말.

45) 북한의 장마당에서 이루어지는 장사는 주로 여자들이 하며, 남자들은 집 지키는 개로 불려질 정도로 장사의 참여가 적다고 한다. 그 이유는 남자들은 배급이나 노임이 지급되지 않아도 배치된 직장에 나가야 하며 이 직장을 둘 내지 석 달 정도 나가지 않게 되면 감옥으로 가게 되어 굉장히 신경을 쓰고 있기 때문이다

경우도 상당수에 이른다. 1999년 「좋은벗들」의 실태 조사에 따르면, 중국 내 북한이탈주민 중 여성이 차지하는 비율은 75.5%, 특히 연변 외 동북3성 지역은 90.9%에 이르고 있으며, 조사된 북한이탈주민들 중 결혼 형태의 거주는 51.9%, 특히 연변 외 동북3성 지역은 85.4%에 이르는 것으로 나타났다.[46]

　결국 수많은 여성 북한이탈주민들이 굶주림을 피하는 방법으로 자신의 몸을 팔기 원한다는 것이며, 굶주림을 해결하는 수단으로 혼인을 알선하는 것은 일종의 적선이고 이런 과정에서 금품을 받는 것은 부수적인 것으로 여겨 죄악으로 생각하지 않는다고 보는 중국 조선족들의 사고방식이 범죄형의 인신매매단 등장으로 연결된다고 볼 수 있다.

　중국과 북한은 인신매매 사범에 대해서는 처형 등 중형주의로 대처하고 있다. 그러나 탈북여성들에 대한 인신매매는 공개되지 않고 조용히 처리되며 대개 벌금형에 처해진다는 것이다. 이는 공개될 경우 북한이탈주민의 존재를 공식적으로 인정하는 것이 되기 때문이다. 설사 피해자가 인신매매 사실을 고발하거나 공안에 의해서 적발되어도 일단 북한으로 강제송환 되기 때문에 문제가 공론화되기 어렵다는 것이다.[47]

---

46) 좋은벗들, 「두만강을 건너온 사람들: 중국 동북부지역 2,479개 마을 북한 '식량난민' 실태 조사」 서울: 정토출판, 1999, p.60.

47) 김영자, "중국 내 탈북여성들의 인권실태와 정책제안", 『제2회 북한인권·난민문제 국제회의』 자료집, 2000, p.51.

4. 북한주민의 탈북변화 양상

1990년대 들어 사회주의권의 붕괴에 기인한 러시아와 중국의 경제변화가 북한 경제의 침체에 영향을 끼쳐 지속적인 마이너스 경제성장을 하고 있으며 이후 몇 년간 연속된 홍수와 가뭄 등의 자연재해가 겹치면서 식량 부족 사태가 심화되었다. 부족한 식량을 수입할 수 있는 경제적 여건이 미흡한 상태에서 지역에 따라서는 1992년부터 식량배급이 중단되어 취약 계층 중심의 북한 주민들은 절박한 식량 부족 상황에 직면하여 탈북이 급증하게 되었다. 북한주민들이 중국을 통하여 막연하나마 남한의 경제발전에 대한 정보를 얻게 되면서 탈북을 촉진하는 요인으로 작용하였다.48)

북한이탈주민들은 일단 북한을 벗어날 경우 대부분 중국으로 향하고 있다. 그 이유는 지리적으로 국경의 대부분을 중국과 접하고 있고, 연변지역에 조선족이 많이 생활하며, 친척들이 존재한다는 등으로 인한 탈북의 용이성 때문이다.

중국에 북한이탈주민들이 급증하면서 그들의 탈북형태가 다양해지고 있다. 과거에는 국경지역 주민들의 개별적인 식량 구입의 목적으로 탈북 하던 경우가 대부분이었는데 북한의 위기상황이 가속화됨에 따라 탈북현상이 전지역 주민으로 확대되었고 점차 장기 체류 및 남한으로의 입국을 목적으로 가족과 함께 이탈하는 양상 등이 나타나고 있다. 특히 식량난으로 부모를 잃거나 가족해체로 인한 어린이들의 탈북이 증가하였다.

북한이탈주민들의 변화추세는 북한과 현지국의 북한이탈주민 정책,

---

48) 김병로, 『북한이탈주민 발생 배경 분석』 민족통일연구원, 1994, 통일정세
　　분석 94-11.

즉 북한이탈주민의 수색, 체포, 강제송환에 의해 가장 영향을 많이 받으며, 이제까지는 시기별로 집중단속, 묵인 및 완화정책이 반복되어 왔다. 즉 연례적인 특별단속기간이 지나면 단속이 완화되는 경향을 보이기도 했으나, 특별한 시점에는 수색이 강화되기도 했다.[49] 북한이탈주민 구제사업에 참여한 한 조선족에 따르면 중국속담에 "바람이 심하게 불 때는 잠시 몸을 낮추어 바람을 피하며 기다려라! 잠잠해진 후에 행동을 개시한다."며 특별단속기간에는 북한이탈주민 구제사업에 더욱 조심한다고 증언[50]한 적이 있다.

최근 북한을 이탈하여 남한에 오는 사람들의 특성에 대해 이우영 외 공저 『북한이탈주민 문제의 종합적 정책방안 연구』[51]를 보면 다음과 같이 기술하고 있다.

첫째, 남한에 도착하는 인원이 급증하고 있다는 것이다.(<표 Ⅵ-1> 참조)

일반적으로 98년도를 기점으로 식량 난민도 줄고 있는 것으로 알려져 있음에도 불구하고 남한에 입국하는 북한이탈주민이 급증하는 것은 중국 등에 머무르는 북한이탈주민들 중 남한에 오고 싶은 인원이 많다는 것을 의미한다고 보는 것이다. 남한이주를 희망하는 이유는 남한으로 들어오는 환경적 요인에서 찾을 수 있다. 즉 귀국을 도와주는 NGO와 남한 이주 브로커의 출현, 북한이탈주민에 대한 정착금 상향조정 등이다. 부분적으로 타당한 요인이지만 필자의 생각으로 가장 중요한 이유는 북한주민이 탈북 한 직후부터 가장 많이 접하는 조선족들과의 교

---

49) 이우영 외, op. cit., p.10.

50) 필자가 1999. 12. 25일 중국 연길시 어느 은신처에서 조선족(30대 중반)과 인터뷰한 내용.

51) 이우영 외, op. cit., p.11-17.

류 속에 조선족 사회의 상당한 반한(反韓)감정52)에도 불구하고 조선족들이 갖고 있는 '코리안 드림'의 영향을 받아 한국에만 가면 '잘 살 수 있다'는 생각을 갖기 때문이다. 따라서 온갖 어려움 속에서도 한국행을 시도53)하고 있는 것이다.

  둘째, 최근 남한에 온 북한이탈주민들은 중국 내 거주기간이 2년 이상인 경우가 많다는 점이다. 어떤 이유에서 탈북을 했건 처음부터 남한행을 목표로 하지 않았을 경우가 많다는 것이다. 이 같은 경우 일정기간 중국에 체류하다가 남한으로 오게 되는데, 이는 불법체류로 중국 공안당국이나 북한 정보원의 단속에 시달리거나, 취업 시 저임금으로 착취당하거나, 아예 약속한 임금을 주지 않는 경우도 있기 때문이다. 이러한 중국에서의 신분 불안이 중국 거주를 장기간 지속하기 어렵게 할 것이다. 그렇다고 식량 위기가 여전하고, 처벌의 위험이 있는 북한으로의 귀환을 선택하기란 어려울 것이다. 따라서 남한 이주가 이들에게 유일한 대안이라 할 수 있다.

---

52) 코리안 드림을 꿈꾸는 사람이 많아지면서 한국입국을 미끼로 조선족을 상대로 사기, 공갈이 행해지고, 또는 남한사회에 불법 입국했을 경우 이들에게 행해지는 폭력, 멸시 등으로 인해 불쾌한 경험을 한 조선족들이 많아지면서 한국인에 대한 반한 감정이 발생함.

53) 필자가 2000년 1월에 만났던 북한이탈주민들은 거의 대부분 한국행을 원하며 이를 위해 북경에 있는 한국대사관에 수차례 도움을 요청했지만 거절당한 사례도 있고, 한 북한이탈주민은 필자의 여권을 빌려주면 위조해서 한국행이 가능하다는 논지를 편 적도 있으며, 한 탈북청년은 돈을 저축해 배를 사서 산뚱반도에서 한국 입국을 시도할 생각을 털어놓기도 하였다. 가족과 함께 탈북 한 40대 후반의 북한이탈주민은 한국행을 원하지만 현실적으로 어려우니 중국에서 신분이 안정되어 거주할 수 있기를 원하는 차선책을 제시하기도 했다. 이로 볼 때 한국행이 많은 북한이탈주민들에게 중요한 목표임을 나타내 준다.

셋째, 가족단위의 북한이탈주민이 늘고 있다는 것이다. 과거 북한이탈주민의 주류는 남성 및 개인이 중심을 이루었으나 최근에는 여성의 비율이 증가하며, 가족이 탈북 하여 남한에 오는 경우가 많아졌다. 한 구호 단체에서 북한이탈주민을 돕고 있는 종사자의 견해를 종합하면 이전에는 남성 북한이탈주민의 수가 많았지만 99년 3월 이후 여성 북한이탈주민이 증가하고 있다. 정확한 남녀의 비율은 알 수 없지만 1999년 12월경에 이 종사자가 면담한 남녀의 비율은 2:8 정도로 여성 북한이탈주민의 수가 상대적으로 급증하고 있는데 왜냐하면 "여자는 넘어가면 살 수 있다."는 소문이 퍼져 있기 때문이라는 것이다.54) 여성의 비율이 높아지는 것은 일차적으로 북한 내에서 남성이 직장과 조직생활에 얽매여 있기 때문이라 볼 수 있다. 즉 상대적으로 여성의 활동이 자유로워 식량을 구하기 위해 중국으로 가고 있다는 것이다. 또한 전통적인 가부장적이며 남성중심의 사회에서는 남성이 식량을 구한다든지, 장사를 하는 것은 체면이 손상되는 일이라는 사고방식이 존재함을 탈북여성55)과의 면담에서 확인하였다.

넷째, 가족단위의 입국뿐 아니라 가족들이 연차적으로 남한으로 오는 경우가 많다. 즉, 가족 가운데 1인이 먼저 남한으로 오고 다시 나머지 가족들이 중국이나 제3국을 거쳐 남한으로 입국하는 경우가 많다. 이것은 과거처럼 자연발생적이고 우발적인 것이 아니라 치밀한 준비와 계획하에 조직적으로 남한 입국을 시도한다는 것을 의미한다. 이런 과정

---

54) 곽해룡, "중국에 있는 북한이탈주민 인권 실태에 관한 연구", 「통일문제연구」 제12권 1호(통권 제33호), 평화문제연구소, 2000, p.261.

55) 여성 북한이탈주민 림모씨(30세)는 북한에서 결혼을 하고 아이까지 둔 입장에서 단신 탈북 하였으나 탈북기간이 길어지면서 북한의 남편은 다른 여자와 재혼하여 가족이 해체된 상태로 중국에 거주. 필자가 1999. 12. 29일 중국 연길시 어느 은신처에서 인터뷰한 내용.

에서 인도주의 단체의 도움을 받는 경우도 있지만 중국에서 사업적인 목적으로 이주를 알선하는 사람들이 있다고 할 수 있으며 때로 이와 관련된 분쟁이 일어나고 있다.

다섯째, 남한이주의 동기가 변화하고 있다는 것이다. 최근 입국한 북한이탈주민의 경우 외견상 거의 북한출신임을 구별할 수 없을 정도인 것으로 알려지고 있으며 이는 최근에는 단순 식량난 해결로 북한을 이탈한 수가 줄어들었기 때문이며, 따라서 최근 탈북 한 북한주민은 상당 수가 북한의 최하층이라기보다는 중상류층 이상임을 의미한다56)고 해석하고 있다. 필자의 생각으로는 경제적 어려움이 북한의 중상층에게도 영향을 끼치면서 비교적 외부 정보에 제한적이지만 접근할 수 있는 중상층 사람들이 체제에 대한 불만 및 더 나은 삶에 대한 욕구 등으로 체제 이탈을 감행할 수 있다고 본다. 이 중상층이 탈북에 있어서 더 유리한 조건을 갖고 있기 때문에 탈북 욕구가 있는 경우 실행에 있어 성공의 가능성은 최하층보다 높다고 판단된다. 따라서 식량사정의 호전으로 인한 최하층의 탈북 감소보다는 북한의 전 계층으로의 확대로 보는 것이 타당하다고 생각한다. 또한 탈북 이후 바로 남한입국이 대부분 어려운 관계로 중국에서 2년 이상 거주한 북한이탈주민이 스스로의 힘으로 남한입국에 성공했다면 이는 중국에서 어느 정도 자본주의 사회에 적응한 것으로 볼 수 있다.

---

56) 윤여상(d), "북한이탈주민 현황과 지원방향", 북한이탈주민 지원 민간 단체협의회 심포지움, 부산대학교, 2001, p.6.

Ⅲ. 재외 북한이탈주민의 유형별 분류

북한 식량난 초기에는 식량을 구하기 위한 단기체류자가 중심이므로 이에 따라 식량 및 경제적 지원 중심의 해결방안으로 지원하였으나 시간이 경과할수록 장기체류자가 증가하는 등 재외 북한이탈주민의 특성이 복잡 다양해지고 있다. 이제는 획일적인 접근이 아닌 북한이탈주민들의 개개인의 조건, 상태를 분석하고 이에 따라 지원방안을 찾는 것이 실효적일 것이다. 더 나아가 이 요인들과 한국사회 적응과의 관련성을 분석하고자 한다.

1. 탈북 기간별 유형

기간분류의 명확한 근거가 있지 않기 때문에 어려움이 있지만 몇 가지 이유를 근거로 개략적으로 분류하고자 한다. 기간별 분류가 갖는 중요한 의미는 기간에 따라 북한이탈주민이 북한복귀를 원하는 지 여부가 결정되는 중요한 요인이라는 점이며, 또한 시간의 경과는 탈북당시와는 다르게 북한 환경이 변화한다는 것이다.

탈북기간이 짧아질수록 북한복귀의 가능성이 높다고 보여 지며, 탈북기간이 길어질수록 본인이 북한복귀를 원한다 하더라도 북한사회로 돌아가는 것은 더욱 어려운 상황에 빠진다고 볼 수 있다. 처음부터 탈북 후 북한사회로 되돌아 갈 생각이 없는 상태에서 탈북 한 경우와 단순한 식량 및 경제적 이유로 탈북 후 부족한 경제적 조건이 충족되면 되돌아가는 경우를 구분할 필요가 있다.

1) 초단기: 1주일 이내

1주일 이내로 단순한 식량위기로 인한 어려움이 해결될 수 있는 약간의 돈과 물질이 생기면 다시 북한으로 복귀한다. 그러나 근본적인 해결이 이루어지지 않기 때문에 몇 번씩 재탈북 하는 경우가 대부분이며 이런 과정에서 장사하는 수완이 생긴 경우는 나름대로 생활의 터전을 가꾸어 간다.

북한당국이 어린 소년이나 노인들의 경우 처음 탈북 하다 체포되었을 경우는 경미한 처벌로 쉽게 용서를 하지만 2차 3차 탈북 한 경력자일 경우에는 중한 처벌을 하는 것으로 알려져 있다.

2) 단기: 1개월 이내

1개월 이내로 개인별 상황에 따라 일률적으로 적용할 수 없으나 북한사회에서 탈북사실이 발각되지 않고 다시 적응할 수 있는 최대한의 기간으로 판단된다.

북한이탈주민들 중에는 북한으로 복귀를 원하고 있지만은 처음 탈북할 때의 목적인 생활에 도움이 될 수 있는 얼마간의 돈과 물질이 확보되면 복귀하려하지만 이것이 쉽지 않아 차일피일 미루다 복귀시간을 넘기는 경우가 많다고 한다. 그것은 중국에 의지할 만한 친척이 없는 경우 중국 공안당국의 검문을 피해 하루하루 생존하기가 쉽지 않기 때문에 저축해 목돈을 마련하기가 어렵기 때문이다.

개인별 시기별 상황57)에 따라 달라질 수 있겠으나 1개월은 조직사회

---

57) 북한이탈주민신상을 파악하기 위해 공민증 개정사업을 전개한 경우가 있다 이 경우 바뀐 다음에 새 신분증을 확보하지 못하면 북한으로 복

인 북한에서 직장에 근무하지 않고 주변사람들의 도움이나 뇌물을 통해 근무한 것으로 위장함으로써 탈북 사실이 북한사회에 발각되지 않을 경우 적응할 수 있는 최대한의 기간으로 볼 수 있다.

3) 장기: 6개월 이상

6개월 이상으로 탈북기간이 길어질수록 처음생각이 많이 바뀌게 되며 자본주의 사회를 경험하면서 대책 없이 북한으로 복귀하려 하지 않고 중국에서 신분의 불안을 없애며 살 수 있는 길을 모색하거나 아니면 제3국으로의 망명을 꿈꾸거나 한국으로의 입국을 생각하게 된다.

최근 북한이탈주민들이 중국에서 한국으로 밀입국하는 경우가 많아지고 있는데 정상적인 입국절차가 어려운 상황에서 북한이탈주민이 한국에 입국할 경우에 상당한 정착금을 지급 받기 때문에 이것으로 밀입국비용을 후불하기로 약속하고 밀입국을 감행할 뿐 아니라 한국으로 온 후에 중국에 남아 있는 가족들을 밀입국시키는 데 전력을 기울이고 있다.

2. 탈북 동반인원에 따른 유형

탈북 양상의 변화가 나타나고 있는데 여성 북한이탈주민의 비율이 증가하고 있으며 이는 일차적으로 북한 내에서 남성이 여성보다 직장과 조직생활에 강하게 얽매여 있기 때문이라는 것이다.[58] 1998년에서

귀하는 것은 불가능하다.

54

1999년에 걸친 조사 결과에 따르면 현지 거주 북한이탈주민 가운데 70% 정도가 여성인 것으로 알려져 있다.[59] 2000년 1월 북한이탈주민을 돕는 구호단체 직원의 추산에 의하면 여성의 비율이 80% 정도임을 감안할 때 대략 여성의 비율이 증가하고 있다고 말할 수 있다[60]. 또한 가족단위의 탈북이 증가하고 있다. 유형별로 구분하면 다음과 같다.

1) 단신 탈북

단신으로 탈북 하여 중국에 장기체류를 하는 경우도 2가지 형태로 나눌 수 있는데 북한에서 법을 위반하여 생존할 수 없기 때문에 탈출했거나 일시 탈북 했는데 여러 가지 이유로 돌아가지 않는 경우[61]를 들 수 있다. 어느 경우에도 가족과의 만남이 어려워지면서 이산가족의 고통을 겪고 있다. 완전히 가족을 버리고 나가지 않는 한 중국에서 기본적인 생활이 되어도 가족을 잊지 못하는 것이다. 황해남도 지도원 출신이 가족과 헤어진 이유를 다음과 같이 진술[62]하고 있다.

---

58) 이우영 외 4인 「북한이탈주민 문제의 종합적 정책방안 연구」, 통일연구원, 2000, p.14; 상대적으로 남성의 경우 여성에 비해 직장에서 인원파악을 통한 통제가 매우 심하며, 장사에 있어 남자는 대외적인 체면 등을 고려하여 나서지 않아 주로 여성들이 나서는 경우가 대부분이다., 곽해룡, op. cit., p.261.

59) 좋은벗들 엮음, 「두만강을 건너온 사람들」, 정토출판, 1999, p.14.

60) 정확한 현황조사는 아니며 개략적인 추세정도로 볼 수 있다. 곽해룡, op. cit., p.261.

61) 이금순, 『북한이탈주민 문제 해결 방안』, 연구총서 99-02, 통일연구원, 1999, p.11.

62) 필자가 1999. 12. 29일 중국 연길시 어느 식당에서 북한이탈주민 동모

북한 전역을 돌아다니다가 국경부근에서 자본주의 영향을 받고 있는
중국사회에 대한 호기심 때문에 탈북 하여 잠시 생활 후 돌아간다는
것이 되돌아 갈 시기를 놓쳐버린 경우에 해당되며 고향에 아내와 2명
의 자식이 있고 그리워 거의 매일 술을 마시며 생활하고 있다.

2) 가족동반 탈북
(직계 가족이 아닌 친지동반 탈북은 단신 탈북에 속함)

집단대가족 탈북의 경우에도 특별한 드움의 손길을 주지 못하고 있
다. 최근 들어 가족과 함께 탈북 하는 경우가 발생하고 있다. 이들은
먼저 탈북한 가족에 의해 단계적으로 탈북 하는 경우가 많으며 이들이
탈북에 성공했다 하더라도 이들을 보호하고 있는 NGO에서는 공안당국
의 검색을 피하기 위해 이들을 함께 거주시키지 않고 분산시켜서 생활
하는 경우가 대부분이다. 물론 이 경우는 가족의 헤어짐이 일시적이며
제한이 있기는 하지만 가족을 볼 수 없는 것은 아니기 때문에, 생사 확
인조차 할 수 없는 남한의 이산가족과는 다른 형편이라 하겠다.

그러나 은거해 있는 과정에서 북한이탈주민들의 신분이 불안한 상태
이기 때문에 언제라도 중국공안 당국에 의해 체포될 수 있고, 가족의
일부가 체포되어 북한으로 강제 송환되는 경우 생이별의 고통을 겪게
된다. 필자가 만나본 북한이탈주민들 중에 삼대에 걸쳐 13명의 대가족
을 이끌고 98년 10월부터 99년 3월까지 몇 단계를 거쳐 탈북에 성공한
가족63)이 있다. 이들은 남한 TV방송64)에 출현한 적도 있는데 여전히

씨(37세)와 인터뷰한 내용.

63) 그들은 총 13명으로 노부부, 아들 4명, 며느리 2명, 딸 1명, 손자 3명, 손녀
   1명으로 구성.

64) MBC 『PD수첩』 1999년 9월 29일 화요일 방송.

쫓기는 신세로 NGO의 도움을 받고 있었다. 가장 고통스럽게 생각하는 것이 신분상 불안감이며 가능한 한 신속히 남한의 친척과 정부가 자신들을 수용할 수 있도록 도와주기를 바라고 있었다. 이처럼 북한이탈주민의 친척이 남한에 있어도 도움을 주지 못하는 경우가 발생하는데 이에 대한 대책이 남한 정부의 이산가족 정책의 연계선상에서 이루어져야 할 것을 시사해 주고 있다.

북한이탈주민의 상당수가 남한의 친척이 있을 것으로 추정되며 개별 탈북보다 가족탈북의 경우 남한에 가족이나 친척이 있을 가능성이 높다고 생각한다. 왜냐하면 함경북도를 비롯한 북한의 동북부 지방은 북한이탈주민이 많이 발생하는 곳으로, 주민 구성에 있어 가족 중 일부가 남한으로 월남한 가족, 국군포로 출신의 주민, 남한이 6.25전에 강점했던 지역65)에 살았던 주민들이 집중적으로 거주하기 때문에 남한과 연고가 있을 가능성이 높기 때문이다. 그러나 정확한 숫자파악은 불가능한데, 이는 북한에서 월남가족에 대한 낮은 사회적 지위로 인해 자신의 친척이 남한사회에 있는 것을 감추거나 아예 호적서류에서 월남가족의 사실을 삭제하려는 시도까지 하기 때문에 젊은 북한이탈주민의 경우 가까운 친척이 남한에 있다는 것을 들은 적은 있으나 고향이나 친척의 이름을 전혀 기억하지 못 하는 경우가 있다는 사실이 이를 반증한다.

---

65) 개성 및 황해도의 몇 개 군에 살았던 주민들은 68년도부터 개별적인 이동을 유도하였고 75년부터 76년 사이에 전원 북쪽으로 이동시켜서 함경남·북도에 배치되었을 가능성이 많음.

3. 탈북 목적에 따른 유형

탈북의 목적이 식량위기 초창기 때에는 긴급식량을 구하는 등 경제적 이유에서 찾을 수 있었다. 그 목적하에 탈북 하는 북한이탈주민의 계층이 식량 및 경제가 상대적으로 어려운 계층이 중심일 것이다. 최근 들어 보다 일부 권력층 및 당원을 비롯한 다양한 계층으로 확대되고 있는데, 이런 현상에 대하여 전술(前述)한 바와 같이 북한 사회의 식량난이 어느 정도 해결되어 최근 탈북 한 북한주민은 북한사회의 최하층보다는 오히려 중·상류층이 상당수를 차지하며, 정치적 망명자라고 인식하는 사람들이 증가했다는 주장66)이 있다.

이에 대해 구체적으로 분석하면, 이는 부분적으로는 그런 측면이 없지 않으나 확실하지는 않다고 생각한다. 왜냐하면 경제적 어려움은 구조적인 문제로서 근본적으로 해결되었다는 충분한 증거가 없기 때문이며 이는 국제기관과 한국에 의한 식량원조에 따른 일시적 현상에 지나지 않으며 오히려 북한의 중류층에 이르기까지 경제적 어려움이 파급되어 피로감이 오래 누적되면서 중류층의 주민들이 점차 탈북에 대한 욕구와 실행을 감행하는 비율이 높아졌다고 판단되기 때문이다. 즉 북한의 중류층은 외부정보에 제한적이지만 하층보다 쉽게 접근할 수 있으며 누적된 경제적 피로감이 체제에 대한 불안 및 더 낳은 삶에 대한 욕구 등으로 체제이탈을 감행할 수 있다고 본다. 이 중류층이 탈북에 있어서 유리한 조건을 갖고 있기 때문에 다른 계층보다 탈북 성공 가능성이 높다고 판단되며, 따라서 식량사정의 호전으로 인한 하류층의 탈북 감소보다는 탈북주민이 북한 전 계층으로 확대된 것으로 보는 것이 타당할 것이다.

---

66) 윤여상(d), op. cit., p.6.

1) 단순 식량위기에 따른 절박한 상황의 탈출구

식량난 초기의 북한이탈주민들은 긴급히 필요한 식량을 구하기 위해 탈북 하였기 때문에 필요한 양의 식량이나 경제적 지원을 받게 되면 곧 자발적 귀환을 하는 경우가 대부분인 것으로 알려져 왔다. 따라서 중국에 체류하는 기간이 단기간인 경우가 많은 것으로 알려져 있다. 그러나 북한사회의 구조적인 문제가 해결되지 않은 상태에서 자발적 귀환을 하였다 하여도 재탈북 할 가능성이 있으며, 재탈북 할 경우 중국에 체류하는 기간이 장기화되면서 강제송환의 가능성이 커지며 인권침해의 가능성도 높아진다.

2) 보다 나은 삶을 위한 경제적 이유

식량난의 초기였던 90년대 중반을 지나 2001년에 이르면 북한이탈주민의 양상에 변화가 나타난다. 단순한 식량위기를 해결하기 위한 탈북에서보다 나은 삶을 위한 경제적 이유에서 탈북 하는 경우가 많아진다는 것이다. 왜냐하면 혹독한 식량난을 겪으면서 기아와 질병으로 이미 많은 사람이 사망했고, 식량 상태도 국제사회의 지원과 식량생산량의 증가로 인해 호전되었기 때문이라는 것이다.[67] 현재 상황에 대한 분석은 차이가 있을 수 있겠지만 절박한 식량난이 어느 정도 해소되면서 더 나은 삶을 위한 탈북 형태가 증가함은 사실인 것으로 보인다.

---

67) ibid., p.6.

3) 정치적 이유

북한사회의 구조적 특징으로 엄격한 계층분류에 따른 정치적 사회적 제약 및 불평등으로 인한 탈북 형태가 있다. 경제적 이유에 기인한 탈북과 구분하기가 어려운 경우도 많이 있지만 인간이 행복하게 살 수 있는 권리를 억압당한다는 점에서 정치적 박해로 볼 수 있는 경우도 상당수 있다. 이와 관련하여 가족들이 집단 탈북 한 경우는 처음부터 의도적으로 탈북을 계획했으며 탈북 이후 의도성 때문에 '조국 반역죄'[68]의 엄격한 적용에 따라 처벌이 심할 것으로 예상되어 북한으로의 자발적 귀환은 고려할 수 없는 상황이다. 따라서 난민 협약에 따라 정치적 난민으로 국제사회에서 인정받지 못한다 하더라도 본인이 원할 경우 한국으로 우선적으로 망명할 수 있는 길을 제시해야 할 것이다.

---

68) 1987년 2월 5일 개정북한형법은 조국반역죄에 대해 제47조에서 "공화국 공민이 조국과 인민을 배반하고 다른 나라 또는 적의 편으로 도망치거나 간첩행위를 하거나 적을 도와주는 것과 같은 조국반역행위를 한 경우에는 7년 이상의 노동교화령에 처한다. 정상이 특히 무거운 경우에는 사형 및 전재산몰수형에 처한다."라고 규정하였다. 김일수, 「거주이전의 자유와 북한의 국외탈출죄」, 『생명과 인권』 '98 여름 No.8, p.5.

Ⅳ. 북한이탈주민의 탈북과정 단계별 특징

1. 탈북경로: 탈북방법, 시기

　북한주민의 탈북 경로는 크게 두만강, 압록강 유역 그리고 백두산지역 등 다양한 방법으로 이루어지고 있으나 대체로 지리적으로 탈북이 용이한 두만강지역[69]을 중심으로 이루어진다. 시기적으로는 강이 어는 겨울기간, 특히 1월부터 3월까지의 기간이는 1년 중에 탈북이 가장 많이 이루어진다. 이시기에 넘어오는 탈북주민이 많은 만큼 양쪽 국경수비대의 인원을 대폭 늘리고, 국경이외의 지역에서는 탈북한 북한 주민을 잡기 위한 수색을 강화한다.[70] 접경지역에서 탈북 시 국경수비대의 눈을 피해 강을 넘어갈 때 전문적인 안내원의 도움을 받는 경우도 있는데 이때 수비대원들에게 뇌물을 주는 것을 포함해 안내원과 접촉이 성사되는 것을 "선을 댄다"고 표현하며, 경계활동이 강화되어 '선'을 대기 어려워 북한으로의 자발적 귀환을 연기한 적이 있다는 북한이탈주민의 증언[71]이 있었다.

　도강에 성공하여 중국지역에 도착하면 친척이나 연고가 있는 경우는

---

69) 두만강 유역은 강폭이 좁고 수심이 얕은 데 반하여 압록강 지역은 강폭이 넓고 북한 측 경비가 엄중할 뿐단 아니라 중국 측 지역에 조선족 비율이 낮기 때문에 탈북경로로 많이 이용되지 않고 있다.(윤여상 (e), "재외탈북자 지원방안에 대한 고찰", 『시대정신 1999 7/8』 p.171)

70) 2000년 1월 국경지역 난민보고서.
　http://www.jungto.org/gf/archive/korean/nanmin/0001.htm(2001-01-06)

71) 주55)에서 언급한 북한이탈주민 림모씨 증언.

62

연고자가 있는 곳을 찾아가면 되지만, 그렇지 않을 경우 무작정 조선족이 많이 사는 마을 찾게 된다. 조선족들에게 도움을 요청하는 탈북주민이 급증하자 접경지역의 조선족들은 북한이탈주민에 대해 처음에는 인도적인 도움을 제공하다가 나중에는 비협조적인 경우가 많아졌다고 한다.

연변의 변경지역 농촌의 조선족 마을에서는 지금까지 너무 많은 탈북동포들이 왔기 때문에 더 이상 줄 옷이 없을 정도[72]이며, 연변지역에 사는 조선족들 가정 중 최소한 한번 이상 북한이탈주민들 구제활동에 관련되지 않은 가정이 없을 정도[73]라는 말이 있다. 북한이탈주민들이 초기에는 무계획적으로 도강했으나 지금은 식당에서 일하거나, 십자가를 찾아가면 먹을 것을 준다는 내용 등을 비롯한 이미 많은 것을 알고 있으며 이에 따라 어느 정도 초보적인 계획을 갖고 도강한다는 것이다. 탈북동포의 유형을 연길에서 북한이탈주민 구제사업에 참여한 북한이탈주민의 증언에 의하면 정확하지는 않지만 대략 친척을 찾는 경우(30%), 아는 사람을 찾아오는 경우(30-40%), 무작정 탈북의 경우(30% 내외)인데 친척이나 아는 사람의 경우도 경제적 사정이 넉넉하지 못한 경우 탈북동포를 잘 돕지 못하거나 구박하는 경우도 발생한다고 보고 있다.

---

72) 주62)에서 언급한 북한이탈주민 동모씨의 증언.

73) 중국 연변대학 정치학부 조선족 교수의 진술(2000. 1월 연변에서)

2. 북한이탈주민 발생에 대한 관련국가의 입장

1) 북   한

'우리식 사회주의'가 공고함을 선전해온 북한으로서는 북한이탈주민 증가를 받아들이기 어려웠을 것이다. 따라서 이러한 사실을 가능한 부정하고 북한이탈주민에 대해 '사회주의 조국의 배신자'로 규정하고, 탈북 동기를 '수령제 사회주의'의 구조적 모순이 아닌 개인적인 것으로 돌리려 하였으며, 이는 북한이탈주민에 대한 북한 사회의 호칭에서 살펴볼 수 있다.74)

그러나 북한은 북한이탈주민이 발생하는 원인을 제공하며 이에 대한 충분한 대처를 하지 못하고 있다. 식량위기 초기에는 행정적으로 규제할 능력이 상실된 것인지 아니면 의도적인지는 충분치 않지만 탈북사태를 방관하는 듯한 인상을 주다가 필요에 따라 경계를 강화하기도 한다. 왜냐하면 베트남이 공산화 된 이후 조국을 떠나 난민으로 생활하는 보트 피플의 경우에 베트남 정부의 방관정책을 엿볼 수 있는 것처럼 북한도 상황의 어려움으로 인해 탈북사태를 어느 정도 방관했을 가능성이 있다. 물론 북한이탈주민들의 인권문제에 대해 국제사회의 관심이 고조되자 북한은 주민통제를 강화하고, 1995년 국경지대를 '전선지대'로 선포하고 제10군단을 창설, 북·중 국경을 군이 직접 통제하도록 하였다.75) 그러나 국경선 경계의 경우는 필요에 따라 상당히 유동적으로 강약을 조절해 온 것으로 보이며, 실제 상부의 지시가 하부에 내려가서는

---

74) '범죄자', '간첩', '비겁자', '정신병자', '인간쓰레기' 등으로 묘사하며 자세한 내용은, 이우영 외, op. cit., pp.73-78 참조.

75) ibid., p.79.

경계병에 대한 북한이탈주민의 뇌물로 인해 강력하게 시행되지 않은 것으로 북한이탈주민들은 증언하고 있다.[76]

또한 현실적으로 조선족과 일부 북한이탈주민들에 의해 이루어지는 밀무역이 파산상태에 빠져있는 북한 경제가 간신히 굴러 갈 수 있도록 했다는 점 등이 북한사회가 국경을 폐쇄할 수 없는 상황으로 유도한다고 본다. 따라서 북한사회가 구조적으로 경제적 위기를 극복하지 않은 한 북한주민의 탈북을 막을 방법은 없는 것으로 생각한다.

2) 중 국

중국은 북한과 같은 사회주의 노선을 걷는 우호국가로서 과거 국경을 월경하는 경우 그렇게 강경한 입장을 취하지 않고 크게 공론화 되지 않을 경우에 묵인해주는 경향으로 추정된다. 이는 식량난 초기 북한이탈주민에 대한 중국공안당국의 태도에 관한 조선족들과의 대화에서도 알 수 있다. 탈북 문제가 공론화됨에 따라 1960년에 체결한 '조·중 밀입국자 범죄자 상호 인도 협정'과 1986년 체결된 '국경지역 업무협정'(1997 중국형법에 밀입국의 안내 및 밀입국자의 운송에 대해 처벌하는 것을 규정한 '국경관리방해조항' 신설)[77]에 따라 북한이탈주민을 강제송환을 강화하고 있다. 이런 상황하에서 중국의 대북한 외교정책을 살펴보면 이전에는 북한과의 사회주의 혈맹국가의 전통에다가 북한을 자본주의 세력이 침투함에 있어 미국과의 사이의 완충국으로 두고 싶어 하며, 이에 따라 정치적 문제에 있어 북한입장을 지지하였으나 이미

---

76) 탈북여성과의 대담에서 두만강을 통해 월경할 경우 미리 사람을 통해 접선하고 실행 물론 금품수수가 있어야 가능.

77) 「북한, 중국에 탈출자 강화 신 협정 제의」, 『연합뉴스』, 1999. 3. 4.

언급한 바와 같이 최근에 와서 완충지대로의 북한의 필요성이 이전처럼 강조되는 것은 아닌 것 같다. 왜냐하던 북경 올림픽개최와 WTO가입에 따른 서방국과의 협력 필요성 및 한·중 관계의 중요성 중대 등의 요인인 것으로 판단되기 때문이다. 이러한 중·북 관계의 미묘한 변화에도 불구하고 중국은 북한이 중국을 태제하지 않는 한 북한과의 전략적 관계가 손상되지 않는 범위 내에서 한국을 지지할 것[78]으로 예상된다.

이런 맥락하에서 중국의 대북 경제지원 및 교역 강화 전략은 무엇보다 북한의 극심한 경제난으로 인한 북한체제의 불안정을 억제하려는데 있었다. 즉 중국은 북한체제의 불안으로 북한 주민의 대규모 월경 가능성 등을 염두에 둔 것으로 보인다. 기본적으로 중국에 있어 대 남북한 전략 및 정책은 남북한 현상유지가 선호된 점이다. 구체적으로 중국의 한반도 전략기조는 다음과 같이 분석 될 수 있을 것이다.

첫째, 남북한 정상회담으로 인해 남북관계가 호전될 가능성이 있으나, 아직까지는 남북한이 서로 대치하면서 협력하는 상황인 현 상태가 장기간 지속될 것이기 때문에 한반도의 안정과 평화가 지속적으로 유지되어야 한다.

둘째, 미국과의 직접적인 군사충돌을 야기하지 않는 선에서 북한에 대한 자국의 군사적 영향력과 통제력이 상실되지 않도록 한다.

셋째, 중국은 주변 강국에 의한 한반도에서의 군사개입은 자국의 경제발전에 지대한 피해를 초래할 수 있기 때문에 이를 적극적으로 억제한다는 것이다.

넷째, 중국은 현 상태에서 한·미주도의 통일한국이 급속히 실현될

---

78) 최춘흠(b), 『중국의 동아시아 전략과 대북한 정책: 지속과 변화』, 연구총서 2001-20, 통일연구원, p.51.

경우 미국의 영향력이 급증될 것이기에 남북한에 대해 균형된 외교로 영향력을 확대함으로써 미국 주도의 한반도 통일을 억제하려고 하고 있다. 이는 중국이 통일과정에서 통일된 한국이 친 중국 성향을 유지하든지 아니면 반 중국적이어서는 안 된다는 입장을 견지하고 있기 때문이다.[79]

북한이탈주민에 대해 중국 당국의 입장은 난민으로 보지 않고 처음부터 불법월경자로 보며, 이를 난민으로 규정했을 때 발생하는 여러 가지 결과 즉, 대규모 난민발생, 조선족의 세력 강화, 사회 불안정 및 혼란, 경제적 부담 등으로 인해 난민에 대해 부정적인 것으로 생각할 수 있다.

중국 당국은 한국정부의 북한이탈주민에 대한 경제적 난민(economic refugees)지위 획득 요구를 '신 간섭주의'라고 비난하는 등 단호한 입장을 표방하고 있다.[80] 한국을 포함한 국제사회가 북한이탈주민 문제를 거론하는 것은 인권이 주권에 우선한다는 신 간섭주의에 바탕을 두는 것으로 이는 내정간섭에 해당하는 것이라 경고하면서 중국에 있는 북한이탈주민들은 소수의 불법 월경자로 유엔이 규정한 난민도 아니고 도망자도 아니라는 입장을 확고히 했다. 향후 북한이탈주민 문제를 '한반도 안정과 평화유지'라는 관점에서 처리한다는 것은 북한의 직접적인 거부나 북한이탈주민들의 강제 송환조치를 요구하지 않는 한 북한이탈주민들을 묵인할 수 있음을 밝힌 것으로 분석된다.

최근 북경주재 스페인 대사관에 진입한 25명의 북한이탈주민들로 인해 중국과 북한의 국경경계가 강화되었으며 공안당국에 검거된 북한이탈주

---

79) 최춘흠(a), 『중국의 대한반도 정책 전망: 외교·안보 분야 중심으로』 연구총서 2000-30, 통일연구원, 2000, p.9-10.

80) ibid., p.31.

민들이 강제송환 되고 있는 문제에 대해 중국이 처한 현실적 상황을 고려한 접근이 요구된다. 즉 북경 올림픽 개최와 WTO가입에 따른 서방국의 협력이 증대되고 있는 시점에서, 중국은 가능한 국제사회로부터 인권문제로 비난받지 않으려 할 것이며, 따라서 북한이탈주민의 문제를 전향적으로 검토하여 해결을 도모하는 기회가 될 수 있다. 그러나 이번 스페인 대사관에 진입한 '기획망명'은 북한이탈주민 소수에게 한국으로의 망명을 제공했지만 중국당국을 외교적으로 난처하게 하고 일시적으로 곤란하게 할뿐이며, 대다수의 재중 북한이탈주민들에게 보복성 검문검색의 강화를 통해 강제송환을 확대시킬 뿐이다. 따라서 근본적인 해결책의 일환으로 중국에게 명분을 주고 우리가 실리를 추구하는 방안으로 접근한다면, 예를 들어 북한이탈주민의 '자발적 귀환'이나 후술할 '일시적 보호(Temporary Protection)'를 추구함에 중국당국으로부터 최대한의 협조를 끌어냄이 더욱 근본적인 문제해결이 될 것이다.

한편으로 이번 스페인 대사관 진입사건에 대한 재중동포 언론인들이 제시하는 방안은 다음과 같다. 남북대화와 교류협력이 문제해결의 열쇠라며 당분간은 중국과 한국 간의 외교력이 해결책일 수밖에 없을 것이라고 하였다. 또한 현재 중국에서 떠돌고 있는 북한이탈주민 처리에 있어, 북한이탈주민의 난민 인정, 난민촌 건설, 제3국으로의 탈출 협조 등 주로 중국이 결정해야 할 것을 요구하는 대책들이 제기되고 있지만 현실적으로 '외교문제가 걸려있기에 어려울 것'이라며 '남북대화와 교류협력이 탈북 문제를 해결하는 최선의 방법'이라고 주장했다.81) 이러한 주장은 합리적이며 설득력이 있는 주장이다. 왜냐하면 북한이 북한이탈주민을 식량난민으로 인정한다면 북한이탈주민 문제해결에 가장 저해가 되고 있는 요인이 해결되고, '조·중 밀입국자 범죄자 상호 인도 협

81)「재중동포 언론인들이 본 탈북 해법」,『조선일보』, 2002. 3. 18.

정'에 따른 북한과의 외교적 의무감이 사라져 중국의 협조를 얻는 것도 용이해지기 때문이다. 다만 남북한의 직접적인 대화와 교류협력은 중요하지만 이를 통해 신뢰를 구축하고 성과를 거두기에는 많은 시간과 노력이 선행되어야 하기 때문에 이 방안으로 북한이탈주민 문제를 해결하는 데에는 장기적인 계획이 필요하다.

3) 한 국

  현재의 한국정부 입장을 정확히 인식하기 위해 우선 한국정부는 과연 북한이탈주민에 대한 보호 정책을 갖고 있는 것인가를 알아볼 필요가 있다. 남한 정부는 재외 북한이탈주민들이 원하는 경우 인도적 관점에서 전면 수용을 여러 차례 언급하였지만 실제로는 체류국과의 외교적 협상과 상호 이해에 따른 해결 방안 모색이 현실적으로 어렵다는 이유로 북한이탈주민을 선별 수용해 왔다. 지금까지 나타난 일련의 북한이탈주민에 대한 정책은 겉으로는 인도주의 정책을 표방하고 있지만 중국과 북한의 눈치를 보거나 또한 남한 정부자신의 소극적인 입장이 맞물려 실제로는 북한이탈주민에 대한 인권보호 정책을 제대로 실현하지 못했다고 본다. 김대중 정권에 의해 추진해온 햇볕정책은 남북한의 화해와 신뢰회복에 초점을 맞추어 남북한 당국의 공동관심사에 비중을 두어왔다. 특히 정상회담을 통해 전반적으로 남북한의 관계가 개선되고 평화공존의 분위기가 고양되는 환경에서 북한이탈주민의 문제가 불거지는 것은 남북한 모두에게 부담이 될 수 있다는 시각82)에서 현 정권은 북한이탈주민문제가 햇볕정책 추진의 발목을 잡아왔다고 보고 있다. 적극적인 북한이탈주민 수용정책으로의 변화가 가져올 한국사회의 파

---

82) 이우영 외, op. cit., p.81.

급효과, 즉 수용능력의 문제와 향후 남북한 관계 개선에 미치는 영향에 대한 분석이 이루어져야 할 것이다. 또한 북한이탈주민의 자발적 귀환에 남북한이 서로 협력을 할 수 있는 전향적인 인식의 변화도 함께 검토되어야 할 것이다. 분석을 바탕으로 남북한 관계개선의 전향적인 변화를 주도할 책임이 한국정부에 있다고 생각한다.

3. 단계별 탈북과정에 영향을 끼치는 요인들 분석

모든 북한이탈주민이 탈북을 결심하고 실행하면서 한국행을 희망하지는 않을 것이다. 따라서 북한이탈주민의 유형별 분석을 통해 지원 방안을 강구할 이유가 존재하는 것이며, 한편으로 한국으로의 입국을 원하는 북한이탈주민들의 경우 그들이 탈북 하여, 제3국(주로 중국)체류를 거쳐, 한국에 입국하여 정착하기까지의 과정이 서로 밀접하게 연계되어 영향을 끼친다. 이러한 탈북과정은 하나의 컨베이어벨트를 연상시킨다거나, 서로가 긴밀히 연결된 과정들(interlinked processes)이라는 주장이 설득력을 갖는다고 생각한다.[83] 따라서 탈북과 사회적응은 통합적으로 이해되어야 하며, 그렇게 하기 위해서는 탈북 이전단계, 탈북 및 제삼국 체류단계, 국내 입국과 정착단계도 구분하여 각 단계의 특성들과 경험들을 긴밀하게 연관시켜 그것들 간의 관련성을 분석하는 것이 필요하다.

---

83) 김현호, "북한이탈주민 문제의 이해와 대책", 2001. 7. 23. 조선일보; 윤인진, "북한이탈주민 사회적응과 정책과제", 2001. 7. 23 조선일보 참조.

1) 탈북이전 단계(탈북의 원인)

가) 북한사회의 구조와 특징

북한은 유교적 사회주의국가이며 1당 지배의 전체주의 국가이다. 최근에 개정된 북한의 사회주의 헌법[84]에 따르면 북한의 체제는 통치행위와 권위에 있어 전통적인 유교적 성격을 띠고 있다. 헌법서문을 새로 신설하고 김일성을 '공화국의 창건자', '사회주의 조선의 시조'로 칭송하고 김일성을 '공화국의 영원한 주석'으로 추대하여 주석직을 폐지하였다. 또한 개정헌법을 '김일성 헌법'으로 규정하고 있어 북한이 김일성 공화국임을 분명히 하고 있다. 아울러 김일성이 주창한 "혁명사상인 주체사상을 자기활동의 지도적 지침으로 삼는다"라고 규정하고 있어 김일성의 절대적 권위를 정당화하고 있다.(헌법 제3조). 주체사상은 수령론으로 귀착되고 있다. 곧 북한정치체제의 핵심은 수령의 독재에 있다. 더 나아가 공산화혁명과정을 수령의 지도와 완전 일치시키는 데까지 논리를 비약시키고 있다.[85]

> 공산주의 사회는 곧 사회를 수령의 혁명사상으로 일색화하는 과정을 통하여 실현된다······ 수령의 요구대로 사회의 모든 구성원을 교양 개조하여 수령에게 충실한 공산주의자로 만들며······ 수령의 교시 가르침을 충직하게 실현하는 당에 의해 지도될 때만 노동계급은 자주적 혁명계급이 된다.[86]

---

84) 최고인민회의 제10기 제1차회의(1998. 9. 5)에서 개정.

85) 북한인권백서, 2000, 통일연구원, p.1-2.

86) 『철학사전』, "김일성 혁명사상", p.115.

결국 개인을 개조하여 수령의 뜻에 맞추는 것이 혁명이라는 것이다. 따라서 효율성보다는 김일성부자의 명령과 지시가 더 중요하며, 실질적인 내용보다는 겉으로 보이는 성과 위주의 사회적 분위기가 사회 전반적으로 비효율성을 가져온다. 북한의 농업학자였던 이우홍에 따르면 산을 깎아 만드는 계단식 농법은 득보다 실이 많다는 것이 전문가들의 견해임에도 불구하고 북한 사회에서는 그 누구의 견해보다도 김일성 주석의 말이 곧 법이기 때문에 아무도 이의를 제기할 수 없는 사회이라는 것이다[87]. 황장엽 전 조선노동당비서는 북한에서의 사람평가는 첫째는 김일성·김정일에 절대적으로 충실한가, 둘째는 출신성분과 사회성분으로 구분하고 있다고 주장한다. 이에 따른 차별이 나타나는데 북한은 58년부터 8차례에 걸친 주민 성분조사를 실시하여 3계층 51개 부류로 분류하여 차별하고 있다. 성분차별의 대표적인 예는 대학교육과 간부등용에서 두드러지게 나타나고 있다.[88] 북한에 경제난과 식량난이 발생했을 때 가장 취약한 계층인 적대계층에서 상대적으로 많은 어려움을 겪었고 식량위기를 해결하기 위해 탈북 하는 경우가 많았을 것이다.

또한 북한사회 전체가 계층과 조직으로 벌집 통처럼 격리되고 나누어진 셀(cell)형태로 의사소통이 대부분 단절되어 있기 때문에 전체가 의견을 결집하는 것이 불가능한 구조로 되어 있다. 따라서 이러한 북한사회의 구조와 특징에다가 지리적으로 산악이 많고 농지가 적으며, 중앙으로부터 수송이 쉽지 않은 측면이 내포된 함경도를 중심으로 한 지역이 다른 지역보다 식량부족으로 인한 어려움을 가장 많이 겪은 것으로 추정되고 있다.

---

87) 이우홍, 「가난의 공화국」, 통일일보사, 1990, pp.39-42.

88) 북한인권백서(2000), p.3-5.

나) 북한의 경제난과 식량난

북한에서 경제난·식량난이 악화되면서 사회주의 요체인 중앙배급체제가 기능을 상실한 것은 90년대 초부터이다. 이에 따라 수정헌법에서 변화를 보이고 있는데, 즉 장마당이 배급체제를 대신하고 시장기능을 수행하며 공민이나 일반단체들의 무역행위 등이 보편화되고 있는 현상을 감안, 경제난을 완화하고 경제발전을 도모하기 위하여 생산수단의 소유주체 및 개인소유 확대(헌법 제20조, 제22조 및 제24조), 경제관리에서의 독립채산제 명문화 및 수익성 적용(헌법 제26조, 제28조 및 제33조), 대외무역의 국가감독권 폐지 및 특수경제지대 내에서의 다양한 기업의 창설·운영을 장려(헌법 제36조, 제37조)하고 있다. 이것은 북한경제의 최근 변화된 현실을 반영하고 있다.[89] 이러한 조치들이 북한 사회가 대외개방에 적극적이라는 명확한 증거는 아직 되지 못한다. 단지 강성대국론에 입각한 김정일 지도체제를 확고히 하는 포석의 일환으로 작용할 가능성이 높다.

북한이탈주민들이 발생하게 된 원인으로 식량위기를 들고 있으나 더 근본적인 원인으로 구조적인 경제위기를 들 수 있다. 북한은 오랫동안 에너지와 원자재 공급을 구소련과 동구권의 사회주의 국가들과의 교역에 의존해 왔다. 90년대 초 동구권이 해체되면서 에너지 공급에 차질이 생기고 북한의 경제는 심각한 타격을 받게 된다.[90]

에너지의 위기는 북한의 전 산업에 영향을 미쳤는데 한 공장의 마비가 연관된 다른 공장의 가동을 중단시키는 연쇄적인 파장의 결과로 생필품의

---

89) 북한인권백서(2000), p.7-8.

90) 이태섭, "1990년대 북한의 경제 위기와 군사체제로의 전환에 관한 연구" 『신진연구자논문』, 통일원, 2001, pp.236-242.

부족과 비료, 비닐, 농약 등의 농자재는 물론 농기계의 생산 중단을 가져오면서 심각한 농업생산의 감소를 가져왔다. 연길에서 만난 북한이탈주민91)의 증언은 다음과 같다.

> 북한농촌은 식량자급이 가능한가라는 질문에, "농기계, 비료, 농약이 충분히 제공되면 자급자족도 가능할 수 있겠으나 뜨락또르(트랙터)를 움직일 기름이 없고, 너무 오랜 기간 방치하여 벌겋게 녹슨 상태이며 부속품도 없는 상황으로 매우 어렵다고 생각한다."

식량생산이 감소되고 부족한 곡물을 싼 가격에 외국에서 들여오는 것이 국제가격으로의 거래가 요구되어 곡물수입이 축소되면서 북한의 식량위기는 급속히 확산되었다. 그리하여 배급시스템에 의한 식량 공급이 큰 차질을 빚게 되는데 1998년 12월 우리민족 서로 돕기 불교운동본부에서 발표된 『북한 식량난민 1694명 면담조사 결과 북한 식량난의 실태 보고서』에 의하면 조사대상자의 64% 이상이 94년도에 이미 배급이 끊어졌다고 증언함으로써 북한의 식량배급시스템이 큰 홍수피해가 있었던 95년 이전에 이미 심각한 붕괴상태에 접어들었음을 말하고 있다.92)

연길에서 만난 북한이탈주민은 북한사회의 식량부족상태는 이미 오래 전부터 만성적으로 있어 왔지만 그 계기가 되는 것이 84년 8월 남한수재민 돕기 이후부터 식량사정이 점차 곤란해졌는데, 이는 무리하게 남한의 홍수 피해를 돕는다는 명분으로 많은 양의 식량을 방출했기 때문이라는 것이다. 이는 북한의 내부적 비효율성에 의한 여러 가지 문제점을 남한사회를 도와줌으로써 발생한 것으로 호도하기 위해 선전한

---

91) 98년 1월에 도강하여 북한이탈주민 구호사업 일을 돕고 있는 북한이탈주민 동모씨(37세)로 황해남도출신, 강화도 바로 건너편이 고향으로 당원이고 농업작업반장출신임.

92) 김정님, "북한 식량난민의 분포 및 인권실태", 2001, p.1.

흔적을 발견할 수 있다. 87년 이후 식량배급 이후 성의껏 배급받은 양에서 1-2kg씩 자원하여 기관에 반납(자율을 가장한 강제임)하였고 92년-93년에는 점차로 한 달에 2번이던 식량배급이 한 달에 1번으로 감소하고 나중에는 3달에 1번, 1년에 2-3번 정도의 식량배급에 불과한 정도로 지급됨으로 식량의 위기를 초래하였다.

식량난이 심화되면서 강도, 절도 등 사회 일탈 현상이 빈번하게 일어나고 있는데 그 중에서 절도 행위는 절대적인 식량 부족 상황에서 광범위하게 퍼져있는 현상으로 식량이 될 수 있다면 무엇이나 도둑질의 대상이 될 수 있다. 절도 및 사기 등의 사회 일탈 현상의 특징과 이로 인한 피해로 가정 경제가 더욱 절망적인 상황으로 변하여 가족 해체로 이어지는 경우를 볼 수 있다. 구체적 특징을 제시하면 다음과 같다.

첫째, 노동자들의 공장 기계 부품 절취 사건이 빈번하다. 식량난과 함께 경제적 어려움이 심화되자 북한 내의 많은 공장과 기업들이 가동을 중단한 상태에 빠지게 되었다. 경제적 사정의 악화는 공산 체제의 획일적인 경제 체제가 가져온 구조적인 비효율성에 기인한바 크다고 하겠다. 1995년 7-8월 홍수 이후 북한은 역사상 처음으로 유엔에 구조 요청을 하였다. 이후 연속적인 자연재해를 통해 식량 사정이 급격하게 악화되었다.

이런 상황하에서 기업의 급수93)에 따라 차이는 있지만 각종 기업이

---

93) 회령 출신의 북한이탈주민의 증언에 따르면 북한기업의 급수: 특급, 1급, 2급, 3급 4급으로 구분하며 회령의 경우를 예로 들어 급수에 따른 공장의 종류와 가동률(1998년도)

   ex) 회령: 1급 기업(2개 – 탄광기계, 식료연합회사): 생산=가동률 40% 정도

      2급 기업(3개 – 종이연합(제지, 종이), 유리병, 재봉틀; 가

나 공장은 가동을 중단하거나 가동률이 급격하게 감소하는 양상을 나타내었다. 따라서 가동이 중단된 기업에서는 노동자에게 임금을 지급하지 못하게 되고, 공식적인 식량 배급이 증단된 상황에서 노동자들이 자신이 근무하는 공장의 기계 부품을 절취하는 것은 필연적인 결과일 수밖에 없다. 공장 노동자들의 기계 부품 절취에 관한 북한이탈주민들의 진술은 심각한 상태라는데 공통적인 내용을 담고 있다. 회령 출신의 북한이탈주민은 당시의 상황을 다음과 같이 진술[94]하고 있다.

> 식량난 이후 함북 회령시의 특급 및 일급 기업 일부 생산라인을 제외하고는 거의 모든 기업이 생산 가동이 중지된 상태이며, 따라서 노임 및 식량 배급 중지로 노동자들은 기업의 기계 부품을 떼다가 팔아 식량을 구입하였다. 이 과정에서 6.25전쟁 때보다 공장, 기업이 더 파괴된 상태인데, 왜냐하면 6.25 때는 김일성이 필수 부품을 미리 안전한 곳에 피난시켜 두었으나 식량난 이후는 노동자들이 마구잡이로 기계 부품을 빼다 팔아먹음으로 인해 정상 복구가 불가능한 상태이기 때문이다.

둘째, 일반 주민의 경우 각종 도난 사건이 급격히 증가하고 있다. 예를 들어 장사할 물건을 운송 중 도난에 주의해야 한다. 왜냐하면 북한 사회의 전력 사정이 악화되자 운송 수단인 기차의 운행 상태도 좋지 않아 평소 같으면 몇 시간 걸릴 거리를 며칠씩 걸려 가는 경우가 대부분으로 이 과정에서 도둑질이 발생하기 때문이다. 한편으로 북한 사회의 권력층, 특히 사회 안전원 들은 뇌물을 요구하거나 여러 가지 명목

동률 10% 정도
3급 기업(화학을 비롯 12개 정도), 4급 기업(30여개)＝전부 가동중단

94) 필자가 1999. 12. 31일 중국 용정시 어느 은신처에서 김모씨(60세)와 인터뷰한 내용.

과 규정을 적용하여 식량이나 물품을 강탈 내지는 압수당하는 경우가 흔해서 장사 본전도 건지지 못하거나 완전히 밑천을 날려 버리는 경우도 많다고 한다.

전선 등을 잘라 팔다가 걸려 인민재판에 의해 총살형 등 극형으로 처단한 경우도 많이 있는 것으로 알려져 있으나 그럼에도 불구하고 사회 전 분야에서 절도행위가 빈번하다. 이것은 식량 부족이라는 절박한 상황에서 이루어지는 것이지만 근본적인 해결을 도모하는 것이 아니라 임시방편으로 식량을 구하기 위해 기계 부품을 비롯한 모든 것에 대한 도난이 발생함으로서 결과적으로 경제의 악순환을 초래한다.

식량위기 진행과 함께 절도나 강도, 매춘이나 밀수 등의 범죄행위 증대가 나타나면서 노동당의 각급 조직기관의 활동을 기초로 한 사회통제가 이완되기 시작했다. 그러나 치안상황의 변화와 사회통제의 이완은 사회안전부, 국가안전보위부, 인민군 등 권력기관에 의한 부정부패 행위의 횡행으로도 나타나고 있다. 예를 들면 사회안전부는 식량조달을 위한 여행증명서를 가지지 않고 이동하는 주민을 체포 구속해서 금품을 수탈하고 있다. 때로는 권력기관끼리 이권이나 성과를 차지하기 위한 다툼으로 북한주민이 이중으로 고통을 당하는 경우도 있으며, 이에 고통 받은 한 북한이탈주민이 다음과 같이 진술[95]하고 있다.

강원도 통천이 고향이고, 4급 기업소 사로청위원장 출신으로 식량사정이 악화되자 98년 12월 말, 처음 도강하여 도문에 있는 처가의 친척집을 찾아가 도움을 받았다. 집으로 돌아와 가져온 쌀, 옷, 물품(아내의 화장품 등)등을 가까운 친척들에게 나누어주는 과정에서 도강 소문이 퍼지게 되고 결국 보위부에 연행되어 심문을 받게 되었다. 보위부에서

---

95) 필자가 2000. 1. 3일 중국 연길시 어느 식당에서 김모씨(44세)와 인터뷰한 내용.

한국산 옷과 화장품을 증거로 추궁 당하여 결국 사실대로 진술했으나 당원이 탈북 했다는 사실로 인해 결박당한 채 심하게 구타당해 갈비뼈가 부러졌다. 가져온 물품들을 압수당한 후에 당원이라는 사회적 신분과 계급적 토대를 고려하여 석방되었다.

그러나 집에 돌아온 후 보위부와 대립 관계인 사회 안전원에서 탈북문제를 조사하기 위해 소환하려 하였고 보위부에서 이미 조사하여 처벌까지 받은 후에 무슨 이중 처벌이냐고 항의하였으나 안전원은 출근 못한 것을 트집 잡아 조사를 강행하려 하였으며 이에 혼자서 원성에서 회령으로 도망하여 99년 2월 연길로 탈북 했다가 99년 3월 22일 가족을 동반하고 다시 탈북 하였다.

1996년부터 협동농장의 경비를 담당하는 인민군은 부대단위에서 조직적으로 농작물의 절도, 전매 등으로 이익을 얻고 있다.[96] 군인들은 일반적으로 일반 주민보다는 식량 배급이나 생활이 나은 편이지만 이전보다 배급 사정이 나빠졌다고 한다. 부대 공급이 원활하지 않자 군대는 조직적으로 북한 전역에서 범죄를 저지르고 있고 이들의 범죄는 지방에서 다루지 못하고 인민 무력부에서 단속하기 때문에 일반 주민들은 피해를 입어도 해결할 길이 없는 것이다. 이들에게 당한 피해가 탈북의 결정적인 이유가 되기도 한다. 월남가족이나 정치범가족들을 49호 대상자[97]로 분류하여 끊임없는 감시의 대상이 되기 때문에 부친이 월남한 월남가족으로 여러 가지 어려움이 많이 겪었던 온성 출신의 북한이탈주민은 다음과 같이 진술[98]하고 있다.

---

96) 이영화, "재중 북한난민의 실태 및 보호방안"『북한인권·난민문제 국제회의』, 1999, p.88.

97) 북한 주민을 3대 계층으로 분류하고 세분하여 51부류로 분류할 때 정치범은 적대계층 중 49호 대상자에 속함을 의미(주민성분조사)http://www.koreascope.org/sub/2/nk4_3.htm 참조.

98) 주 94)에서 언급한 김모씨(60세)와 인터뷰한 내용.

　　식량난이 심화되면서 자기관리하에 있던 한우 1마리를 협동농장 작
업반장에게 빌려주고 경작하지 않는 땅 1500평을 빌려 받아 아들며느
리를 포함한 온 가족들이 동원하여 밭농사(옥수수)를 열심히 하였다.
이 정도의 밭에서 생산된 옥수수는 온 가족의 1년간 양식에 해당되는
양이었다. 어느 날 군대에서 몇 명의 군인들이 나타나 최고사령관의 명
령에 따라 이 밭을 국유 재산으로 수용한다 라는 통보를 하였다. 이에
거부의사를 할 수 없는 북한 상황에서, 양식거리가 없음을 사정하자 도
와줄 수 없다고 말하면서도 군관이 다른 곳을 보는 동안 알아서 해결
할 것을 암시함에 따라 겨우 지게에 옥수수 한 짐을 지고 집으로 돌아
오는 것이 묵인되었을 뿐이다. 이 사건을 겪은 후에 더 이상 북한사회
에서 생존한다는 것이 불가능하다는 것을 인식하게 되었다.

　　이러한 권력기관에 의한 권력범죄의 횡행이야말로 일반주민들 사이
에 이기주의, 배금주의 등 모럴의 저하와 사회통제의 이완을 가져왔다
고 생각한다. 북한이탈주민들 사이에 북한의 식량위기에서 살아남은 사
람은 "독한 사람만 살아남았다"는 표현을 자주 듣게 되는데 이는 극한
상황에서 살아남기 위해 수단방법을 가리지 않았다는 의미라 해석된다.
이러한 생존의 한 선택이 중국으로의 탈북이라 생각한다.

2) 탈북단계

　　<표 Ⅳ-1>은 필자가 북한이탈주민에 대한 기존의 문헌연구와 북한
이탈주민과의 인터뷰과정을 토대로 분류한 것이다
　　여기서는 분석의 편의상 북한이탈주민의 대부분이 해당되는 중국으
로의 탈북만을 대상으로 한다. 북한주민들이 탈북을 결심하게 하는 1차
적 요인은 이미 언급한 것처럼 북한의 정치, 경제, 사회적 상황에 기인
하는 바 크다.

<표 Ⅳ-1> 탈북단계에 있어 옇향을 끼치는 요인분석

	탈북단계(탈북 동기유발 및 실제 탈북규모 결정요인)	제3국(주로 중국)체류단계	한국입국 및 정착단계 (입국의 난이도와 규모)
1차 요인	* 탈북 이전의 북한내부의 정치, 경제, 사회적 상황	* 중국 내의 체류여건 * 한국으로의 입국가능성 (입국난이도) 및 정착여건	* 한국정부와 사회의 수용의지 * 북한이탈주민의 규모
2차 요인	* 중국 내의 체류여건 * 한국으로의 입국가능성 및 정착여건	* 북한내부의 정치, 경제, 사회적 상황개선 정도 (자발적 귀환의 가능성과 북한이탈주민에 대한 처벌정도)	* 중국의 체류여건 * 한국과 중국인접 국가들(베트남, 몽골 등)의 외교 관계

구체적으로 예를 들면 식량위기와 같은 절박성은 2차적 요인에 관계 없이 탈북을 결심하게 할 것이다. 긴급식량을 구하기 위해 탈북 한 경우 일정한 수준의 식량과 돈이 마련되면 대다수가 북한으로 자발적 귀환한 것으로 판단된다. 문제는 북한의 식량위기 및 경제위기가 일시적인 것이 아니고 장기적이며 구조적인 것이기 때문에 근본적인 해결이 어렵고 따라서 재탈북이나 새로운 북한이탈주민들을 양산한다는 데 있다.

재탈북이나 새롭게 탈북을 결심하는 경우에 점차 중국에서 체류여건이 어렵다는 정보의 인식이 많아지면서 2가지 특징을 생각할 수 있다.

첫째, 전체 북한이탈주민 중 처음부터 남한을 목표로 탈북을 감행하는 비율이 증가 할 수 있다. 이전에도 정치적 박해, 사회적 일탈행위자, 한국 및 미국 등의 친척들 도움으로 탈북 하는 경우, 가족동반의 탈북 등은 처음부터 한국을 목표로 하는 경우가 대부분이었으나 점차 경제적 이유의 일반 북한이탈주민들도 한국형을 목표로 할 가능성이 높아질 것이다. 이때 남한입국 및 정착여건이 어렵다는 정보까지 인식하는 경우 탈북을 주저할 것이며 1차 요인의 강도에 따라 결정되겠지만 탈북 하고자 하는 욕구의 강도는 약화될 것이다.

둘째, 중국의 체류여건이나 탈북에 관한 정보를 충분히 숙지하고 준비 후 탈북 하는 경우가 많아질 것이며 정보 습득에 유리한 중·상층의 탈북이 많아질 가능성이 높다.

1차 요인에 변화가 없다면 2차 요인의 변화, 즉 현재상황으로 보면 중국의 체류여건은 어려워지지만 한국으로의 입국 가능성은 제3국으로의 우회방법이나 밀입국 전문 중개자들을 통해 나아졌다고 볼 수 있다. 다만 공개적인 남한 정부의 도움이 없기 때문에 북한이탈주민 스스로의 남한입국자금을 마련해야 하는 어려움이 있을 것이다.

전반적으로 국제적인 식량 지원이나 2001년 식량생산의 증가[99]로 식량난으로 대표되는 경제적 위기에서 조금씩 벗어나 북한사회가 안정되어 가는 모습을 보여 주었으나, 2002년 세계식량계획(WFP)은 올 여름이면 북한에 지원할 식량이 바닥날 수 있다고 경고했다. 북한의 2001/02 양곡회계연도의 곡물 예상수확량은 354만t, 예상수요량은 501만t으로 부족량이 147만t에 달해 외부지원 없이는 식량위기 재발 가능성이 높은 상황이다.[100] 위기 상황이 현실적으로 나타난다면 중국의 체류여건이나, 남한입국이 어렵다는 것을 인식하여도 탈북 하려는 욕구를 억제하기는 어려울 것이다

---

99) 가뭄과 홍수 등의 자연재해에도 불구하고 곡물생산량이 작년보다 38% 늘어 354만4천ton에 이르는 것으로 추계, 내년 최소 곡물 필요량 501만t에 비하면 146만6천t이 부족한 양이지만 금년도 부족량 230만t에 비하면 상당히 개선된 것임(조선일보 2001. 12. 25)

100) 「北이 식량지원 받으려면」 조선일보, 2002. 3. 3.

3) 제3국(주로 중국)체류 단계

앞서 언급한 바와 같이 여러 가지 원인에 의해 단 기간 탈북 후 식량 및 현금을 획득하여 자진 귀환하려 했으나 여의치 못한 이유로 시일이 늦어져 이제는 돌아가기 어려운 상황일 경우와 처음부터 가족과 함께 동반 탈북 한 경우에는 남한으로의 입국이나 중국 현지에 안전하게 정착하기를 희망한다.

이미 탈북 한 상태에서 북한이탈주민은 3가지 선택의 길이 놓이게 된다. 돌아갈 것인가, 중국에 남을 것인가, 남한행을 선택할 것인가? 문제는 어느 것 하나 용이하지 않다는 데 있다. 북한이탈주민의 유형에 따라 선택이 달라질 것이다. 단순히 긴급식량을 구하기 위해 도강했을 경우는 필요한 식량이나 돈이 수중에 들어오면 북한으로 자발적 귀환을 선택할 것이다. 이 경우 북한에서 설령 탈북사실이 발각된다 할지라도 크게 처벌받지 않는 것으로 알려져 있다. 식량난이 시작된 초기에는 돌아가는 인원이 많이 있었던 것으로 알려져 있다.

그러나 북한이탈주민들이 원하는 식량이나 돈을 도와주는 조선족 친척이나 구호의 여건이 어려워지면서 쉽게 돌아가지 못하게 되며, 북한이탈주민들 자신도 개선될 여지가 보이지 않는 북한 사회에 생존할 수 있는 토대를 마련할 수 있는 정도의 돈을 마련하려는 기대수준이 높아지면서 마련될 때까지 중국에 장기로 체류하게 된다. 일정한 기간이 경과하게 되면 북한 사회로 돌아가기는 더욱 어려워지고, 중국체류와 남한행을 검토하기에 이른다.

우선 중국의 체류여건에 영향을 끼치는 요인들을 구체적으로 살펴보면 첫째, 중국공안 당국의 검문검색의 강화 정도이다.

둘째, 북한의 특무 및 조교(북한국적의 중국거류민)의 활동 강도를

82

들 수 있다. 이들의 활동이 강한 지역에서는 중국공안당국의 고발도 빈번할 것이다.

셋째, 언어 습득문제이다. 즉 기본적인 중국어 습득이 필요하다. 연변자치주에는 조선족이 많아 중국어를 모르고도 생활하는 데 큰 불편이 없지만 내륙으로 들어갈수록 중국어를 모르면 신분이 탄로나 체포될 가능성이 높다. 연변지역에서도 공안당국이 검문검색 시 신분증을 위조한 경우라도 간단한 중국어로 물어볼 때 답변을 하지 못하면 북한이탈주민으로 의심하여 검거되는 사례가 있다고 한다. 장기 체류 시 중국어 습득은 중대한 영향을 미치는 요인이다

넷째, 자녀교육문제이다. 재외북한이탈주민의 아동 및 청소년의 문제 중에서 그 심각성에 비교해서 잘 논의되지 않는 것이 이들의 교육문제이다. 이들은 불법체류자의 신분이라 중국 내 학교에 다닐 수 없다. 학교에 다니기 위해서는 중국 내 호구(호적)가 필요한데 이것을 만드는데 중국돈 일만 위안정도, 한국 돈으로 백육십 만원 정도 드는 것으로 알려져 있다. 북한이탈주민들은 불안한 상태에서 은신하고 있는 실정이기 때문에 가족이 전원 탈북 했다 하더라도 어린이들의 교육까지 신경을 쓰지 못하는 것이 현지 구호단체의 실정이다. 꽃제비 소년이나 어린이들만 은신한 곳에서 외국인 선교사나 미국국적의 한국인 선교사들이 그림동화, 영어 등의 초보적인 교육을 시키고 있지만 체계적이고 조직적이지 못한 실정이다.

구호단체에서는 중국사회에 현지 적응력을 높이기 위해 기초적인 중국어 회화 등을 가르치려고 하고 있으나 제대로 시도되지 못한 실정이며, 필자가 방문한 용정시 근처의 농촌지역의 탈북 아동들은 방임상태로 먹이는 데 급급하다고 생각한다. 배움의 기회를 박탈당한 이들은 간단한 셈조차 못하는 것은 물론 언어능력도 상당히 저하되어 한국으로

보면 초등학교 3학년(10세)에 해당되는 탈북아동이 한글을 깨치지 못한
상태였다. 이들이 북한으로 강제송환 되거나 아니면 한국으로 입국하거
나 다시 학교에 복귀하여 학업을 계속할 때 심각한 학습장애를 예상할
수 있다. 연길에서 만난 한 북한이탈주민은 탈북 목적 중의 하나가 자
식들을 잘 먹이고 충분한 교육을 시키는 것이라고 하면서 은신처에서
아이들을 위한 전문적인 교원을 파견해 줄 것을 원하며, 심지어 아이들
을 위해 미국으로 입양시키려고 했으나 아내의 반대로 실패하였다고
진술하였다. 자녀 교육문제가 해결되지 않는 이상 가족 북한이탈주민의
경우 중국 체류는 어려울 것으로 판단한다.

  다섯째, 인권탄압의 문제이다. 구체적인 인권탄압의 실상은 후술하겠
지만 불안한 신분을 이용한 노동력 착취, 인신매매, 강간, 폭력 등이 심
할수록 중국 체류는 어려워질 것이다.

  북한이탈주민의 최근 양상을 보면 여성 북한이탈주민의 수가 남성에
비해 압도적으로 많다. 이들은 조선족이나 중국인과 결혼하는 경우가
많은데 결혼으로 신분의 안정을 가져오지 않기 때문에 법률적 의미의
'결혼'보다는 동거에 가까우며, 아이를 출산했을 경우에도 북한이탈주민
임이 발각되면 강제송환 되는 비극이 일어난다. 안정적인 결혼생활을
하는 경우도 있지만 경우에 따라서는 불안한 신분을 이용해 노예처럼
학대하거나, 학력이나 문화적 차이101)로 인해 파탄으로 끝나거나, 도망
을 치는 경우도 많이 있다. 이는 근본적으로 결혼이 인신매매적 성격이
강해서 중국 남성의 경우 돈을 주고 북한 여성을 샀기 때문에 자신의
소유물로 생각하는 경향에서 비롯되었다고 볼 수 있다.

---

101) 중국으로 간 북한 여성은 고등중학교를 졸업한 고졸 정도의 학력을
     갖고 있으나 중국의 남성들은 대체로 북한여성보다 학력이 낮고, 신
     체적으로 불구인 경우도 많아 결혼생활이 파탄이 되는 경우가 많다.

이상의 요인들이 중국에 정착하여 체류하는 것을 어렵게 하기 때문에 남한으로의 입국을 시도할 가능성이 높다.

한국으로의 입국가능성과 정착여건이 중국체류단계에서 북한이탈주민에게 미치는 요인을 구체적으로 살펴보면 다음과 같다.

첫째, 한국에 대한 정보입수의 정도이다. 북한이탈주민들이 중국 현지에서 정보를 입수하는 경우는 대개 2가지 경우로 하나는, KBS 라디오의 사회교육방송이다. 과거에는 북한이탈주민에게 힘과 용기를 주었는데 1999년에 들어서면서 한국에 대한 소식보다는 음악중심으로 편성이 많아지면서 영향력이 감소하고 있다. 이것도 김대중 정권의 햇볕정책의 일환으로 북한의 눈치를 보기 때문이 아닌가 하는 것이 현지의 시각이다. 연변 자치주의 경우 위성안테나를 설치한 곳에서는 한국의 TV방송(KBS, MBC)의 시청이 가능하므로 많은 북한이탈주민들도 이를 자연스럽게 시청함으로써 한국사회에 대한 나름의 정보를 입수한다. 다른 하나는 현지에 온 한국인(선교사, 구호단체요원, 기자 등)과 조선족들을 통해 한국에 대한 정보를 듣는다. 이러한 단편적인 정보를 통해 북한이탈주민의 입국이나 정착이 어렵다는 것을 알게 되면서 어렵지만 중국 현지 정착을 도모할 수도 있을 것이다.

이런 상황하에서 불안정하지만 중국의 호구를 사서 중국인으로 살아가는 경우가 있다. 불법이지만 호구를 마련하고 중국말을 어느 정도 하게 되면 이전보다 안정적이 되지만 근본적인 해결책은 될 수 없다. 언제 어디서 누군가의 밀고에 의해 신분이 탄로 나면 마찬가지로 강제송환을 당하게 된다. 또한 호구를 마련하는데 앞서 언급한 것처럼 목돈이 필요한데, 북한이탈주민에게는 쉽지 않은 일이라 할 수 있다. 따라서 중국인으로의 위장이 가능해지면 위장된 중국인 신분을 가지고 비자를 발급 받거나, 밀항선을 이용하는 등 비합법적인 수단을 활용하여 남한

입국을 도모하는 경우가 많다. 이 과정에서 현지 중개업자나 시민단체의 도움이 중요한 역할을 하게 된다.

둘째, 한국입국 가능성의 정도이다. 공식루트를 통해 입국하는 것이 중국에서는 거의 불가능에 가깝다. 통일부에서 제시된 북한이탈주민에 대한 자료에 따르면 해외에서 북한이탈주민이 재외공관에 보호신청을 하면 공관장은 지체 없이 그 사실을 소속중앙행정기관의 장을 거쳐 통일원장관과 국가정보원장에게 통보하고 이후 소정의 절차를 거쳐 예외적인 대상자 일부를 제외하고 전원 보호대상자로 결정하고 북한이탈주민에게 통지한다[102]고 되어있다. 대체로 재외공관에서는 주재국과의 관계를 고려해 협조적인 국가일 때에는 북한이탈주민의 입국을 추진하고 중국이나 베트남 등의 경우는 다른 국가의 재외공관을 찾아가도록 하거나 도움을 거절하는 경우가 대부분이다. 비공식 루트는 중국을 제외한 제3국을 거쳐 들어오거나, 중국에서 밀수선을 이용하여 밀입국하는 방법을 택하는 수밖에 없다.

제3국은 중국 주변에 있는 국가들로 예를 들면 몽골이나 베트남, 미얀마, 태국 등으로 이 국가들을 경유해 남한입국을 시도한다. 이는 쉽지 않은 선택인데 왜냐하면 북한과의 접경지역인 중국동북부 지방에서 대륙을 횡단하여 남쪽나라 베트남, 미얀마, 태국 등으로 접근한다는 것이 신분이 불안하고 경제적으로 어려운 상태에서 장거리 여행은 수월치 않으며, 또한 대부분 언어소통도 여의치 않고, 가족이 있는 경우 활동이 자유롭지 않기 때문이다. 게다가 베트남과 중국의 국경지대에서 북한이탈주민들을 서로 못 들어오게 지뢰지대로 내쫓는 사건에서 보듯이, 여기서도 입국이 쉽지 않으며 한국에 우호적인 태국에서도 북한과의 외

---

102) 통일부문서, 북한이탈주민 보호 및 정착지원; 북한이탈주민의 보호 및 정착지원에 관한 법률 제7조~9조; 김명기, op. cit., pp.292-293.

교관계를 의식하여 공식화 대량화에 우려를 나타낸다는 보고103)가 있다. 미얀마에서는 국경수비대에 체포된 경우 불법입국죄로 형벌을 받아 투옥생활을 한 후에 난민인정을 받고 한국대사관의 도움으로 한국입국이 이루어진 경우104)가 있다. 따라서 이런 경우는 대부분 남한정부는 물론이고 한국이나 미국에 있는 친척과 연결되어 이들의 도움을 받거나, NGO의 도움을 받아 남한 입국에 성공한다.

몽골의 경우는 남북한 동시수교국임에도 불구하고 경제발전을 위해 남한과의 협력을 증진시키는 입장이어서 북한이탈주민해결에 있어 남한 입국에 도움을 주는 경우가 많기 때문에 북한이탈주민들이 선호하는 국가로 알려져 있다. 그러나 여기도 북한이탈주민들에게 완전한 안식처는 아닌데 북한이탈주민 수용시설을 건설하려던 신모 목사가 추방된 사건105)이 있는데, 이를 보면 현지인을 앞세워 우회적인 접근이 필요하다는 생각이다. 또 다른 어려움은 국경선을 넘어 겨울이면 영하 4-50도 까지 떨어지는 몽골에 입국하기는 민간단체의 도움 없이 북한이탈주민 혼자의 힘으로 해결하는 것은 어려운데 민간단체가 여기까지 원하는 모든 북한이탈주민에게 힘을 쏟기에는 여력이 없다는 것이 문제이다.

중국에서 밀입국의 경우 앞서 언급한 것처럼 중국 호구를 마련하고 한국비자를 얻는 것은 많은 액수106)가 들며 이것을 북한이탈주민 스스로 준비한다는 것은 불안한 신분하에서 힘든 일이라 할 것이다. 도와준다 하더라도 최소 1-2년은 준비해야하며 주변에서 적극적이면 그 기간

---

103) 조선일보 2001. 7. 23.

104) 북한이탈주민 이동섭, 조선일보 2001. 3. 23.

105) 조선일보 2000. 5. 22.

106) 한 북한이탈주민(림모씨)의 추산에 의하면 중국 인민폐로 2-3만 위안 (한국돈 3-400만원 정도)소요.

은 단축될 수 있을 것이다. 98-99년도에 탈북한 많은 사람들이 한국에 입국할 가능성이 커져서 2002년은 현 입국추세라면 북한이탈주민입국의 급증이 이루어져서 2001년(589명)의 배 이상, 즉 1000명 이상의 북한이탈주민이 입국할 가능성이 높다.

중국 체류 여건이 어려울수록 강제송환 되기 쉬우므로 한국행을 선택할 가능성은 높아진다고 할 것이다. 북한이탈주민 개별적으로 보면 소수이지만 중국사회에 적응해 현지체류를 결심하는 경우도 있다. 중국 호구(호적)를 마련하고 중국어에 익숙해져서 직업을 갖고 대인관계를 원만하게 구축하면 중국의 장기체류가 가능[107]하다는 것이다. 중국 현지의 많은 사람들이 중국의 공안당국은 북한이탈주민들이 말썽부리지 않고 주변에서 신고가 없으면 검거하지 않는다고 한다.

그러나 문제는 현 상황하에서 중국에 합법적 체류가 불가능하고, 언제나 체포될 수 있는 가능성이 있는 불안한 상태이기 때문에 상황이 어려워지면 중국체류기간이 길수록 북한으로의 귀환보다는 남한행을 선택할 가능성이 높다고 본다. 왜냐하면 한국에 가면 신분의 안정을 가져올 수 있기 때문이며, 한편으로 자유를 경험하고 자본주의 경제생활을 겪은 북한이탈주민이 다시 북한으로 가는 것을 선택하기는 어렵기 때문이다.

4) 한국입국 단계

여러 가지 어려움을 뚫고 북경주재 한국 대사관을 찾아온 북한이탈

[107) 때밀이, 장사나 무역업 등을 통해 중국사회에 적응하고 북한에 있는 가족에게 송금함이 경우 중국의 정착단계에 있다고 봄; 조선일보 2001. 7. 13.

88

주민에게 대부분 한국입국에 별 도움을 주지 못하고 있는 실정이다. 중국에서 공식적인 도움은 주지 못하나 북한이탈주민이 제3국으로 우회할 경우 관련 민간단체를 소개하거나 여행비를 일부 지원하는 정도이다. 이는 앞서 언급한 바처럼 외교적인 어려움도 있고 남한 정부의 북한이탈주민에 대한 적극성의 결여도 작용하고 있어 우방국과의 외교적 마찰이 없는 수준에서 도움을 제공하고 있다.108) 북한이탈주민들의 한국 입국을 위한 지원은 미미한 실정으로 북한이탈주민 스스로의 힘이나 구호단체 NGO들의 도움으로 제3국까지 밀입국을 시도하는 경우가 있으나 쉽지 않다고 할 수 있다. 아니면 산뚱반도를 비롯한 중국 해안에서 조선족들의 한국행 밀입국선을 이용하여 남한으로 입국 시도하여 성공한 후 북한주민임을 경찰에 밝히는 경우가 있다.

최근에는 밀입국선을 이용한 북한이탈주민들의 한국입국이 성행하고 있다. 이는 밀입국을 주선하는 입장에서는 밀입국 후에 발각되어도 중국인과 달리 추방되지 않을 뿐 아니라 정착 후원금이 지급되기 때문에 후불로 밀입국 비용을 받을 수 있고, 북한이탈주민의 경우는 정착후원금으로 중국에 있는 가족들을 마저 데려올 수 있기 때문이다.109) 향후 북한이탈주민들이 선호하는 방안이 될 가능성이 높다. 국민의 세금이 불법적인 북한이탈주민들의 밀입국을 위한 비용으로 전용되고 있는 현실에서 이 문제를 해결하기 위한 새로운 방안의 모색이 필요하다.

---

108) 북한이탈주민에 대한 배려는 고사하고 한국 국민에 대한 안전에 대해서도 외교적 기능을 제대로 하지 못해 국제적인 망신을 당할 정도로 외교관의 복무자세에 문제가 있다. 중국에서 마약거래에 참여한 한국인 사형 집행의 경우 북경의 한국대사관에서는 자국민 보호를 위한 아무 조처도 하지 않은 것으로 보도되었음. (연합뉴스 2001. 10. 28)

109) 조선일보 2001년 9월 25일자.

한국정부 입장에서 볼 때 남한에 입국하는 북한이탈주민이 이중간첩일 가능성, 조선족과의 차별에서 빚어지는 문제, 대량입국 가능성에 대한 준비 미흡의 따른 어려움이 있다.

드물지만 정식 난민으로 유엔난민고등판무관(UNHCR)에 의해 판정 후 입국하는 가능성이 있다. 러시아에 있는 벌목공의 경우 난민 판정을 받은 후 입국한 사례가 있으나 중앙정부와 지방정부의 견해차이 등으로 인해 실제 실현 가능성은 매우 낮다. 중국에는 북한이탈주민이 단 한번도 난민으로 인정된 경우가 없으나 난민인정을 위한 노력과 병행하여 실현 가능한 문제해결 방안에 중점을 두어야 한다.

한국입국의 난이도 및 입국규모는 일차적으로 한국정부와 사회의 수용의지, 북한이탈주민의 규모에, 이차적으로는 중국의 체류여건의 정도, 중국 주변 국가들과 한국정부와의 협력 정도에 영향을 받을 것이다.

구체적으로 한국정부와 사회가 얼마나 북한이탈주민에 대해 적극적으로 문제해결 의지를 갖고 있는가에 따라 입국의 난이도와 규모가 결정될 것이다. 안타깝지만 한국정부의 탈북문제에 대한 소극성은 중국이나 러시아 정부에서도 과연 북한이탈주민 수용의지가 있는가에 의구심을 갖고 있을 뿐 아니라, 의지가 매우 약하다는 생각을 하고 있는 것 같다. 중국의 한 전문가는 과연 한국이 수만, 또는 수십만의 북한이탈주민들을 수용하여 정착시킬 수 있는가에 괘해 부정적인 입장을 표하고 있다.

한국 국민의 경우 북한이탈주민에 대한 지속적인 관심을 표방하고 있는가? 김대중 정권의 북한에 대한 포용정책(햇볕정책)에 대해서도 찬반양론이 분분한 실정이다. IMF구제 금융의 어려운 경제 현실을 겪으면서 한국사람들은 북한이탈주민에 대한 관심이나 북한사회를 돕는 문제에 대해 적극적이지 못한 상태이다. 이것은 다양하고 복합적인 요인의 분석이 요구되지만 본 연구의 범위를 벗어나는 것이므로 현 상황에 대해서만 논의하겠다.

이상의 요인이 북한이탈주민의 남한 입국의 난이도와 규모에 영향을 끼치지만, 역으로 북한이탈주민의 규모가 어느 정도이냐에 따라 한국정부나 사회의 수용의지에 영향을 끼친다고 할 수 있다. 현 상황하에서 일년에 수천 명 정도의 입국은 남한 사회가 북한이탈주민에 대한 입장과 태도를 점진적으로 개선해 나간다면 큰 문제가 없으리라 생각되지만, 입국자 수가 급증하여 일년에 수만, 수십만 명이 입국한다면 한국사회가 이를 수용할 수 있을까하는 의문110)이 생긴다.

결국 입국자의 수가 증가함에 따라 북한이탈주민이 한국노동시장에 미치는 영향을 비롯한 한국사회에 미치는 제반요인들이 부정적인 결과를 가져올 것으로 생각하는 사람들이 늘어날 가능성이 높다고 생각한다. 왜냐하면 해방 이후 지금까지 남한사회에 깊이 뿌리내린 냉전 이데올로기에 근거한 반공정서는 민족의 상잔(相殘)인 6.25를 겪으면서 더욱 심화 발전하여 21세기 냉전이 해체된 현 상황하에서도 기성세대의 인식 속에 남아있을 뿐 아니라, 자본주의사회의 이기주의 특징이 팽배하여 북한이탈주민의 증가가 기득권의 손상을 가져올지 모른다는 인식들과 함께 표출될 수 있기 때문이다.

따라서 기성세대가 갖고 있는 냉전논리에서 벗어난 새로운 인식의 변화가 필요하며, 변화를 위해 남한사람들에 대한 새로운 통일교육의

---

110) 이는 북한사회의 붕괴와 연결될 가능성이 높은데 이에 대비한 정책방안이 충분히 준비되어 있는가 하는 의심이 들며, 통일부를 위시한 중앙정부 차원에서 북한 붕괴 시에 대비한 준비시나리오가 있는 것으로 알고 있지만 중요한 것은 과연 수백만의 난민을 수용할 능력을 한국정부가 갖추고 있는가 하는 점이다.

필요성이 존재하는 것이다. 이러한 과정 속에 북한이탈주민들이 한국사
회가 발전하고 통일한국으로 가는 데 일익을 담당할 수 있도록 유도하
는 것이 절실하다. 북한이탈주민이 동정과 멸시의 대상이 아닌, 함께 민
족 발전을 위해 노력하는 건강한 한국사회 구성원이 되어야 할 것이다.
여기에 기초하여 장기적인 북한이탈주민 정착 방안이 수립되어야 할
것이다.

한국입국의 난이도와 북한이탈주민들의 입국규모는 이상에서 언급한
한국정부와 사회의 수용의지에 따라 다음과 같은 관계를 형성한다. 즉
수용의지가 높아질수록 난이도는 쉬워지고 입국규모는 증가할 것이다.
문제는 수용의지를 높이는 것이 쉽지 않으며 따라서 입국 난이도 역시
쉬워지지 않으며 이에 따라 입국규모의 증가는 여의치 않을 것이다. 물
론 수용의지와 난이도의 변화가 없더라도 중국의 체류여건이 악화되게
되면 북한이탈주민들은 생명을 걸고 남한행을 선택하게 될 것이며 이
러면 입국규모는 증가할 것이다.

94년부터 대규모 탈북으로 누적된 북한이탈주민의 규모는 발표기관
과 개인에 따라 차이가 있지만 최소 10단 명으로 추산할 때 2000년에
강제송환 인원이 최소 6000 명[111]에 이른다는 것이다. 이를 통해 볼 때
정확한 인원은 알 수 없겠지만 94년에서 2001년까지 최소 수만 명 선
의 북한이탈주민이 강제 송환되었으리라 추산할 수 있다. 물론 강제 송

---

111) 연합뉴스 2001. 6. 28; 중국이 지난해 북한에 강제 송환한 것으로 추
정되는 최소한 6천 명의 북한이탈주민은 전세계 강제 송환 난민 가
운데 세 번째 규모를 차지하는 것으르 조사됐다. 미국의 난민구호단
체인 미국난민위원회(USCR)가 28일 인터넷 홈페이지
(http://www.refugees.org)에 공개한 '2001년 세계난민실태보고서'에
따르면 지난해 연말 기준 중국에 숨어 지내는 탈북자는 5만 명이며,
강제 송환 난민이 최소 6천 명으로 나타났다.

환된 인원 중에는 여러 번 검거되어 중복 송환된 북한이탈주민의 수도 포함될 수 있겠지만, 이렇게 많은 인원이 강제 송환되었을 가능성이 높은데도 불구하고 재중 북한이탈주민 규모가 감소했다는 보고는 없다. 이로 볼 때 상당한 숫자의 북한이탈주민이 새로 발생하거나 강제 송환되었던 자가 재탈북 되었을 것으로 추산된다.

V. 재중 북한이탈주민 지원 사업 주체 간 역할 및 난민 적용의 문제

1. 북한이탈주민 지원 사업에 있어 국내외 NGO의 역할

국내 북한이탈주민의 사회적응 프로그램으로는 개별적인 후원자(대학생 등)와 개별적인 탈북주민과의 결연을 통해 사회적응을 도와주는 사업, 북한 요리 소개 및 각종 문화 사업 등이 활발하게 추진되고 있다.

문제는 재외 북한이탈주민의 경우 NGO의 역할이 국내보다 더욱 결정적인 역할을 수행하리라고 본다. 왜냐하면 국외에서 북한이탈주민의 지위는 매우 취약하며 현지 공안당국에 불법 체류자로 체포될 경우 북한으로 강제 송환이 이루어지기 때문에 자신을 지원해주는 NGO의 역할은 절대적인 영향력을 끼친다고 본다. 이러한 상황에서 보다 효율적인 지원을 위해 NGO 간의 긴밀한 협력 체계를 유지하는 것이 절실한 상태이다.

1) 실 태

중국에 진출하는 NGO들은 크게 보면 인도주의 단체와 종교단체로 나누어져 있다. 각 단체들은 제각기 자신들의 방법으로 북한이탈주민 지원사업을 추진하는데 보통 미션홈(mission home)의 형태로 아파트나

94

주택을 세내어 북한이탈주민 대여섯 명과 이를 지원하는 조선족 책임자의 형태로 구성되어 있다. 가능한 한 북한이탈주민들은 출입을 하지 않고 주택 안에서 종교교육 및 중국어회화 교육을 받게 된다. 비밀을 유지하는 데에는 장점이 있으나 소수의 인원에게만 해당이 될 뿐 아니라 체계적인 학습 환경을 조성하는데 어려움이 있다. 또한 유기적으로 정보를 교환하거나 공유하기 어려운 실정이다.

한편으로 다수의 굶주린 북한이탈주민을 돕기 위해 특정지역에 식량창고를 마련하고 대량으로 구입한 식량을 보관하면서 수시로 조·중 국경 부근의 생명바구니112)를 제공하거나, 북한이탈주민을 보호하고 있는 농촌 및 도시지역의 교회에 식량지원사업을 운용한다. 미션 홈에서 한 단계 발전하면 자립할 수 있는 토대를 마련한다는 측면에서 양초공장, 농장, 목장 등을 운영하면서 일할 수 있는 자리를 더욱 많이 제공한다. 특히 가족 북한이탈주민의 경우 현지에 자립토대를 마련하는 것이 시급한 실정이다.

이 모든 과정이 비밀리에 실행되어 단체별로 정보의 공유나 협조가 없어 어느 지역에 지원이 이중으로 편중될 수 있고 어떤 지역은 도움이 가지 않을 수 있으므로 효율적이고 체계적인 지원이 어렵다.

인도주의만을 표방하는 민간단체와 종교단체의 지원목적과 성격의 차이에서 오는 문제, 기독교의 경우 개교회주의적 성격이 강한 측면에서 비롯된 전시 효과적이고, 업적 위주의 태도 등이 지원단체 간의 협력이나 정보의 공유를 어렵게 하고 있다. 중국당국이 허가하지 않은 상태에서 일을 추진하기 때문에 비밀리에 비공식적인 일 처리가 협조를

---

112) 생명바구니란 압록강과 두만강 가에 구조요원들이 긴급식량을 얻기 위해 국경을 넘어오는 북한이탈주민들에게 제공되는 식량 패키지, 이 패키지 안에는 기본적인 식량과 의료품, 생필품 등이 들어있어 개인이 휴대할 수 있는 정도로 구성되어 있다.

어렵게 하는 부분도 있다. 이 밖에 종교단체의 경우 선교에 목적이 있고, 특히 포화 상태에 이른 남한사회에서 볼 때 북한은 매우 관심이 가는 선교지역임에 틀림없다. 이에 대한 관심의 일환으로 북한이탈주민에게 접근하는 경우가 대부분이다

중국 내의 북한이탈주민들을 돕고 있는 소수의 비정부기구(NGO)들로는 길수군 가족의 난민지위신청으로 드러난 '길수가족구명운동본부'(공동대표 김동규)를 비롯해 '북한주민의 생명과 인권을 지키는 시민연합'(이사장 윤현), '북한 민주화네트워크'(대표 조혁), '좋은벗들'(이사장 최석호), '탈북난민유엔청원운동본부'(본부장 김상철), '두리하나선교회' 등이 대표적인 조직들이다. 그 밖에 국외단체의 활동이 활발하게 전개되고 있는데, 대표적 단체로 일본의 '북한민중구조 긴급행동 네트워크'(RENK)와 '북조선 귀국자의 생명과 인권을 지키는 회', '북한난민구원기금', 미국의 '북한인권위원회'와 '세계난민과 인권재단'(EAGIS) 및 '자비재단'(Mercy Corp.), 벨기에의 '국경 없는 의사회' 등이 활동하고 있다.113) 이들 국·내외 NGO들이 활동을 벌이고 있으나 북한이탈주민들을 돕는 행위자체가 해당 재류국(在留國)의 실정법을 위배하는 행위이기 때문에 북한이탈주민의 현황에 관한 구체적인 정보를 얻기가 어렵다. 설사 어느 특정 구호단체의 부분적인 정보를 얻었다 하더라도 이것을 구체적으로 밝혔을 경우 중국에 있는 정보원과 그 일에 관여하고 있는 기관 관계자들이 보호되지 못할 수 있기 때문에 공개적인 발표에는 조심성이 요구된다.

사안의 심각성에도 불구하고 국제적으로 드러나지 않고 있는 북한이탈주민 문제에 있어 중국에서 구호사업을 벌이고 있는 NGO들은 같은 민족, 언어, 전통문화를 공유한다는 동질성과 지리적 인접성 등의 이유로

---

113) 「북한이탈주민 지원단체 현황과 실태」, 연합뉴스, 2002. 3. 15.

인해 대부분 남한의 민간단체 및 종교단체의 NGO들이다. 그렇기 때문에 갖고 있는 한계는 다음과 같다.

첫째, 국제적인 사안인 북한이탈주민의 인권문제를 남한의 국내 NGO들이 전담함으로써 국제사회에 영향력을 미치지 못하는 것에 대한 우려를 가져오고 있다.

둘째, 활동 NGO들의 대다수를 형성하는 종교단체의 한계이다. 종교 단체는 엄밀한 의미에서 인권을 조직의 목표로 보지 않고 종교적 인도 주의에 바탕을 두고 선교라는 목표가 선행되어 나타난다114)는 것이다.

2) 문제점

이런 상황하에서 필자가 짧은 기간이지만 참여했던 한 국제적인 인권단체115)의 북한이탈주민 구호 사업을 통해 극히 부분적이지만 추론할 수 있는 구호 단체 활동의 문제점을 제시해 보고자 한다.

첫째, 실적 위주의 일회성 구호 사업으로 인한 지속성 부족으로 현지 인들에게 신뢰를 획득하기가 어렵다. 필자가 참여한 단체의 경우 비교 적 지속적으로 구호 사업을 유지해 왔음에도 불구하고 구호 대상을 성 인에서 아동으로 변경할 것을 검토하는 것으로 보아 정책의 지속성을 유지하기 어렵다는 점을 나타낸다. 대부분의 구호단체가 겪는 어려움은 남한주민들이 일회성 지원에 그치는 경우가 많기 때문에 체계적이고 조직적인 지원이 어렵다는 것이다. 매스컴의 영향으로 북한이탈주민의

---

114) 조서영, op. cit., p.58.

115) 전술한 바와 같은 이유로 관여한 인권단체에 대해 자세히 공개할 수 없는 것이 안타깝다. 국제적인 구호단체(Mercy Corps.)임을 밝히며 여기에 많은 한국인이 참여하여 북한이탈주민을 돕고 있다.

참상이 보도될 때마다 일시적으로 관심을 보이다가 식어버리는 경우가 많으며 이로 인해 체계적인 지원이 어려운 실정이다.

둘째, 책임질 수 없는 약속을 남발함으로 조선족 사회에 신뢰를 깨뜨리는 경우도 많은 것으로 알려져 있다. 남한사회 유명인사나 지원단체 지도자가 중국을 방문하여 조선족 교회나 사회에서 요청하는 북한이탈주민에 대한 지원이나 조선족을 위한 지원을 쉽게 약속하고 남한으로 돌아간 후에 약속을 지키지 않음으로써 신뢰의 상실을 가져오고 지원사업에 차질을 가져오는 경우가 많이 있다

셋째, 북한이탈주민 구호 사업 시, 각 시행 단체는 개별적인 접근을 시도하는 경향이 강하고 유기적인 연결이 없기 때문에 정보의 공유가 이루어 질 수 없다. 따라서 각 NGO들마다 유사한 시행착오를 되풀이 할 수밖에 없으며, 설사 종교단체와 민간단체가 북한이탈주민 구호 사업에 협력을 유지하는 경우에도 추구하는 목적의 차이로 인해 협력 관계가 무너지고 정보의 교환이 차단되는 경우가 발생한다.

넷째, 북한이탈주민 구호 사업에 적극적인 참여자로써 조선족 중국인을 선택하는 어려움이 있다. 중국연변에서 북한이탈주민을 돕는 구호 단체들은 정도의 차이는 있지만 현지인, 특히 조선족의 도움을 받지 않을 수 없다. 이는 외국인이 직접 북한이탈주민을 돕는 것이 법률적인 저촉이 될 뿐 아니라 현지 문화를 이해하지 못하는 데서 발생하는 문제를 방지하기 위해서이다. 물론 현지인 조선족들도 법에 저촉되는 문제를 지니고 있으나 외국인에 비해 큰 문제로 생각하지 않는 경향이 보인다. 사람에 따라 차이가 있기는 하지만 조선족들이 중국 공안 당국과의 관계에서 자신감을 보이는 것은 공격인 일을 행하는 데에 있어서도 인간관계를 중시하는 동양문화의 영향으로 볼 수 있다.

실제로 조선족 관계자들은 대부분 공안 당국과의 평소 친분 관계를

어떻게 유지하느냐에 따라 북한이탈주민문제를 조용하게 해결할 수 있다고 보고 있다. 문제는 얼마나 책임감을 갖고 일을 추진할 수 있는 사람을 선택하는가 하는 것이다. 북한이탈주민을 위한 구호 사업에 경제적 이득만을 추구할 목적으로 참여하는 사람들이 있을 수 있으며 이들을 잘 구별해 내는 것이 쉬운 일이 아니기 때문이다. 자칫하면 사기를 당하기 쉬우며 실제로 자신의 호구지책으로 북한이탈주민을 보호하는 일에 참여하는 경우도 있는 것 같다. 필자가 관찰한 바로는 연길시를 중심으로 연변 조선족 자치주는 IMF사태 이후 악화된 한국 경제의 영향을 받아 실업률이 높고 경제 사정이 악화된 상태로 조선족들이 북한이탈주민 구호 사업에 동참하는 것도 돈을 벌기 위한 하나의 직업으로 받아들이는 것으로 보였다.

필자는 북한이탈주민을 돕는 일환으로 식량을 교회에 분배해 줌으로써 북한이탈주민들이 쉽게 식량을 구해 갈 수 있도록 연변 각 지역에 분배해주는 일에 참여한 적이 있는데, 교회 관계자가 쌀 지원의 목적을 분명히 알지 못하였고, 탈북 상황을 질문했을 때 당황한 기색이 역력하였다. 그 지역 담당 조선족도 상황을 분명하게 파악하지 못하고 있었는데, 경우에 따라 지원되는 식량이 전용될 가능성이 충분히 있음을 보여준 사례였다.

다섯째 북한이탈주민을 보호하고 있는 조선족들이 은신처에서 북한이탈주민들과 자신의 가족들이 함께 생활할 때에 한 구호 단체에서 지원하는 식량과 경비로는 식량 지원 이외의 돈이 들어가는 경우 이를 뒷받침하는 데 어려움이 많다고 진술하고 있다. 여러 후원자와 관계를 맺는 경우 마치 북한이탈주민을 이용하여 돈벌이하는 모습으로 비추어 질 수 있다는 점에 부담을 느끼며 생활인으로서 기본적인 생활비에 대한 대책이 최소한 보장되어야 한다는 점을 증언하고 있다.116) 이러한 정황으로 미루어 기본적인 생활비가 지급되지 않을 경우 어떤 형태로든 구호물자 지급 단계에서 전용의 가능성이 존재하는 것으로 판단된다.

재외 북한이탈주민 구제사업에 있어 동반자로 북한이탈주민인 북한인과 조선족을 비교하면 북한이탈주민 증에서 선발하여 보호 및 구제사업에 투입하면 업무 추진능력이 뛰어나며, 사업을 원활하게 추진한 반면, 신뢰감이 부족하고, 신분의 취약에서 오는 자신감 결여, 도피가능성 상존 등으로 한 단계 위의 업무를 맡기는 데 어려움이 있다.

현지 조선족은 현 지민으로서의 장점, 문화 충격을 완화시키는 완충 역할을 할 수 있고, 신분 지위가 안정감이 있으나, 개인에 따라 차이는 있지만 업무추진능력이 떨어지는 경우가 많다. 왜냐하면 참여계층이 조선족 사회 중상층이 아닌 경우가 많아 실업자, 무직자 등이 많기 때문이다. 따라서 생계수단으로 참여할 가능성이 많으며 횡령의 가능성이 있다. 그럼에도 불구하고 조선족 활용이 현재의 상황에서 필요하다. 따라서 필요한 인원에 대한 선택과 교육에 철저한 준비가 요구된다고 할 수 있다.

그 밖에 최근 장길수 가족의 북경 주재 유엔난민고등판무관(UNHCR) 사무실 진입을 비롯한, 주중 스페인 대사관의 북한이탈주민 25명의 진입사건 등 NGO들의 '기획 망명' 여파로 소수의 북한이탈주민이 제3국을 통한 망명에 성공하는 대신, 다수의 재중 북한이탈주민에 대한 중국 공안당국의 검문검색이 강화되어 강제송환의 인권침해가 발생하고 있다. 남한정부는 본래 '조용한 외교'를 통해 문제를 해결하려 했으나, '기획망명'이 중국 및 북한 정부와 불편한 관계를 갖게 되며 다수의 북한이탈주민 문제 해결에 어려움을 가중시킨다고 판단하여 결과적으로

---

116) 필자가 1999. 12. 26일 중국 연길시 어느 은신처에서 북한이탈주민 구호사업에 참여하고 있는 조선족(30대)과 인터뷰한 내용.

NGO들과 대립 국면을 맞고 있다. 북한이탈주민의 문제 해결에 있어 남한정부와 NGO들이 긴밀한 협력관계를 유지함이 필요하다는 점에서 불필요한 대립과 긴장을 조성하는 것은 합리적이지 못하다고 생각한다.

3) 개선방향

북한이탈주민들을 지원하는 단체들이 전술한 바와 같이 남한의 NGO 들인데 이들이 갖고 있는 한계로 인해 국제적 사안인 북한이탈주민 문제를 국제 여론화하는 데 미흡한 점이 있으므로 개선점을 제시하면 다음과 같다.

첫째, NGO활동의 국제화를 통해 다른 국가 NGO들과의 협력과 그들의 네트워크를 강화하여야 한다. 특히 자원과 노하우를 지닌 선진국들의 NGO들과 남한의 NGO들이 연대할 수 있도록 하고, 남한의 NGO들은 유엔의 비정부기구 협의 자격(NGO Consultative Status)을 비롯한 국제사회에서 발언할 수 있는 위치를 확보하도록 추구해야 한다.[117]

둘째, 남한 NGO들은 그들의 제한된 자원과 인원을 고려할 때 정체성과 전문성을 배양하는 것이 필요하며, 국제적 식견과 보다 발전된 기술로 자신을 갖추어야 한다. NGO 활동의 성공은 주로 능력 있는 인력과 합당한 자원에 의존하므로 관련 분야 학자와 전문가들의 참여를 이끌어내야 한다. 동시에 NGO들은 존엄성과 중립성과 독립성을 나타낼 필요가 있다.

셋째, NGO들의 북한이탈주민 지원사업을 정부가 적극적으로 협력해야 한다. 왜냐하면 NGO들은 북한 인권상황에 대해 비교적 객관적인

---

117) Park Heung Soon, "Role of NGOs in Improving Human Rights in North Korea", KOREA FOCUS, November-December 1999 p.42.

정보와 자료를 수집함으로써 의미 있게 공헌할 수 있기 때문이다. 그러나 이미 언급한 바와 같이 최근NGO들에 의해 연속적으로 시도되고 있는 중국 주재 외교공관에 소수의 북한이탈주민이 진입하는 '기획망명'으로 인해 다수의 북한이탈주민 문제 해결에 어려움을 가중시킴으로 정부와 대립 국면을 맞고 있다. 물론 NGO들의 입장에서는 남한 정부의 북한이탈문제에 대한 소극적인 입장과 '조용한 외교'에 더 이상 기다릴 수 없다는 측면과 내부적으로는 후원자들에게 드러내고 싶은 실적주의 측면 등이 결합하여 시도한 것으로 생각한다. 결과적으로 이러한 대립 구도는 북한이탈주민 문제를 해결하는데 도움이 되지 않으므로 정부와 NGO들이 상호 협력할 수 있는 방안을 시급히 모색해야 할 것이다.

넷째, NGO들은 유엔, 국제회의, 미디어 같은 국제조직을 활용할 필요가 있다. NGO들은 그들의 공개 토론회를 조직하고 그 상황을 공론화하는 회의를 개최하고 국제단체로부터 지원을 요청할 수 있다. 집단적인 도덕적 제재로서 국제적인 여론은 북한과 중국에 일종의 압력이거나 최소한 변화의 필요가 생각나도록 작용할 것이다. 이미 유엔 인권소위원회는 북한에게 기본인권을 준수하도록 요청하는 안건을 2번이나 요청했다. 북한으로부터 방어적인 반응이 국제단체로부터의 비판에서 면죄되지 않는다는 것을 나타낸다.

다섯째, NGO들은 인권과 인도주의적 관심의 균형을 위한 전략과 분명한 접근이 필요하다. 인도주의적 지원은 단기적으로는 북한 주민의 생존을 확실히 하도록 하고, 장기적으로는 북한 정권의 변화를 유도하도록 제시되어야 한다. 그러나 인도주의적 지원이 보통사람들의 삶의 조건이나 지도력의 태도를 개선시키는 점 없이 억압적인 정권을 유지시키도록 도와 줄 뿐이라는 반대의견도 있다. 이 점에서 인권과 인도주의적 지원의 의미에서 다른 우선순위를 지닌 NGO들은 북한 인권의 문제를 개선시키려는 노력이 효과적이 되는 방식을 고안해야 한다.

북한의 변화를 실현하고 그곳의 인권상황을 개선하려면 정부와 국내외 NGO들에게 협력적인 관계와 노력을 경주해야 한다. 여러 가지 점에서 NGO들은 정부보다 다양한 장점이 있다. 그러나 NGO들이 이러한 상황에서 얼마나 많이 공헌하느냐에는 한계와 장애가 있다. 그럼에도 불구하고 좀 더 합의되고 체계화된 NGO의 노력들은 북한인권상황을 변화시키거나 북한이탈주민을 지원하는 데 더욱 효율성을 가져올 수 있다.

2. 정부의 역할

탈북업무는 통일부 소관으로 편성되어 관련 부처 간에 긴밀한 업무협조가 유기적으로 이루어지도록 함으로써 부처 간 업무 혼선 및 비효율성을 방지할 필요가 있다.

1) 실 태

해외북한이탈주민이 어느 정도의 규모이며 어떤 상태에 있는지에 대한 조사가 정부차원에서 시도된 적이 없으며 대북 햇볕정책과 중국과의 외교관계를 원만하게 유지하는 데에만 초점을 두어 재외 북한이탈주민에 대해서는 필요에 의해 실제로 선별 수용되는 형태이고, 재외 북한이탈주민에 대한 정책이 전무한 편이라고 할 수 있다. 해외공관에 특히 중국에 있는 대사관 등에 북한이탈주민이 찾아갈 경우 대부분 거의 도움을 주지 못하고 있는 실정으로 북한이탈주민들로부터 비판의 소리가 높다.

자력의 힘으로 중국으로부터 북한이탈주민이 남한으로 밀입국하거나, 태국 등 동남아시아로 우회하여 재외공관의 도움으로 어렵게 남한입국이 이루어질 경우 이들을 수용하여 적응교육을 하나원에서 실시하고 추후지원을 하고 있다.

2) 문제점

최근 북한이탈주민 유태준의 재탈북 및 재입국 등 일련의 과정을 통해 국내·외 북한이탈주민 관리체계의 허점 및 유관기관의 협력미비의 문제가 드러나고 있다. 국내에 정착한 북한이탈주민들이 재북(在北) 가족을 데려오겠다는 이유로 아무런 제한 없이 출국해 신변위험을 겪고 있는 것은 물론 관계기관 간의 협조부재 등 제도적인 문제점도 여실히 드러났기 때문이다.118) 북한이탈주민들에 대해서는 일관성 있는 종합관리가 사실상 이루어지지 않고 있다. 북한이탈주민들은 국내에 입국하자마자 국가정보원, 국군기무사령부, 경찰 등 관련기관으로부터 탈북 동기와 신원에 대한 합동심문을 받는다. 그러나 북한이탈주민 문제의 주무부처인 통일부는 합동심문 이후 고위급 출신 북한이탈주민을 제외한 일반주민들의 입국사실을 통보 받고 이들의 사회정착교육을 담당하게 된다. 유씨가 입국한 지 4일이 지나도록 통일부가 입국사실조차 몰랐던 것도 이 같은 구조적인 문제 때문이다.

국내 입국 북한이탈주민 수는 1999년 148명을 기록한 뒤 2000년 312명, 2001년 583명 등 매년 급증하고 있지만 예산과 인력 부족으로 정부

---

118) 북한이탈주민 유태준의 재탈북 및 재입국 이야기, 동아일보 2002. 2. 15.

104

의 북한이탈주민 관리는 한계상황에 도달했다. 최근에는 유씨의 경우처럼 가족을 북한에 두고 나온 북한이탈주민들이 북한 또는 중국에 남아 있는 가족을 데려오기 위해 출국하는 사례도 증가하고 있다. 정부는 북한이탈주민이 해외여행을 신청할 경우 국내 입국 후 3년이 지난 경우에 한해 출국 목적 등을 검토한 뒤 출국목적 이외의 행동을 하지 않겠다는 서약을 받고서야 허락하고 있다.

전 김일성대 교수 출신인 조명철이 2000년 2월 중국에서 괴한에게 납치됐다[119]가 18시간 만에 풀려난 것도 북한이탈주민들에 대한 신변안전 관리의 필요성을 제기한 사례였다.

북한이탈주민들은 문화가 다른 한국사회에 정착하는 과정에서 국내에 들어올 때 품었던 모든 문제가 해결되고 행복하게 살 수 있다는 환상이 깨지게 된다. 또 통일부에서 교육받는 일반주민 출신 북한이탈주민들은 국정원이 관리하는 고위층 출신이 보조금을 더 많이 받는 데 대해 불만을 표시하는 등 북한이탈주민 간의 갈등도 심화되고 있다.

이러한 갈등과 문제점을 해결하기 위해 북한이탈주민문제를 전담하는 부처가 필요하며, 통일부가 형식상 전담부처로 되어있지만 이번 문제처럼 유관기관으로부터 배제되는 경우가 많아 업무처리가 원활치 않다. 따라서 통일부가 실질적으로 해외 북한이탈주민에 대한 조치 및 이들의 입국 적응교육 및 관리를 전담하며, 연관 부서(국정원, 외교통상부, 경찰, 보사부 등)와 협조하되 주관 부서로서의 책임과 권한이 분명해야 업무의 효율성과 일관성을 유지할 수 있다.

국내 북한이탈주민 관리 및 교육에 있어 효율성 미흡하며, 북한이탈주민 적응교육을 담당하는 하나원 교육도 실제 남한 사회 적응에 필요

119) 연합뉴스, 2000. 2. 25.

한 부분을 충족하는데 부족하다고 보며 이에 대해서는 후술하겠다.(Ⅵ
장 참조)

3) 개선방향

정부가 북한이탈주민에 대한 정책을 추진함에 있어 크게 2가지 방향
의 개선이 필요한 것으로 생각한다. 첫째는 이미 입국한 국내에 있는
북한이탈주민들이 남한 사회에 잘 적응할 수 있도록 '하나원'의 교육과
정 개정과 냉전이데올로기에서 벗어나 북한이탈주민에 대한 인식의 전
환을 위한 대 국민의 통일교육을 주도하는 것이다. '하나원'의 적응교육
은 북한이탈주민들이 남한사회에 건강하게 적응하여 살아나갈 수 있도
록 교육의 과정, 기간, 방법의 다양성을 제시해야 한다. 둘째는 국외에
있는 북한이탈주민을 위해 보다 적극적인 지원정책의 수립이 필요하다.
실제로 재외 북한이탈주민들의 지원 활동을 벌이고 있는 NGO들의 활
동을 지원하여 이들 활동의 효율성을 높이며, 이들의 행위가 국가이익
에 합목적적으로 운영되도록 유도하는 것이 필요하다.

최근 NGO들의 '기획망명'으로 인한 정부와의 대립구도가 해소되지
않는다면, 협력관계를 유지한다는 것은 현실적으로 어려울 것이다. 북한
이탈주민 문제의 경우는 특히 NGO들과 정부가 기본적 방향에서 서로
합의하고 각론 부분에서 서로의 역할 분담, 즉 정부가 주도하되 NGO
가 전면에 나서는 모습으로 나아가야 한다. 정부는 전혀 나서지 않는
것과 같은 모양새를 갖추는 것이 필요하다. 예를 들어 'Mercy corps.'
같은 국제 인도주의 단체가 북한이탈주민 구제 사업을 중국에서 주도
하고 있는데 배경에는 존 홉킨스 대학의 연구소와 관련되어 있고 그
후원자가 미국정부임을 현지 참여자가 진술[120]하였다. 결국 미국은

NGO를 통해 북한이탈주민에 대한 많은 정보를 습득하고 미국의 이익을 위해 활용하고 있는 실정이다. 물론 이를 위해서는 먼저 최근에 나타나고 있는 NGO들과 정부와의 대립구도 해소가 선행되어야 할 것이다. 그런 후에 이러한 방식을 적용하면 북한이탈주민 지원사업이 활성화 될 수 있다고 본다.

3. 난민 및 일시적 보호 개념 적용의 문제

인권과 관련하여 난민의 개념과 재중 북한이탈주민들이 경제적 난민으로 국제 사회에서 수용될 가능성을 검토하면서 난민을 인정해야만 한다고 보는 입장의 근거와 국제 사회로부터 난민인정이 어렵다고 보는 입장의 근거를 비교하고, 대안으로써 제기되고 있는 일시 피난민에 대한 특징을 분석하고자 한다.

1) 인권과 난민

인권은 인간이기에 누려야 할 천부적 권리인 동시에 인간이 공유하여야 할 보편적 가치이다. 인권의 개념은 인간이라는 단순한 사실에 근거하여 인간의 존엄성과 인간으로서의 가치가 삶의 본질이라 주장한다.[121] 인권의 개념은 17세기 로크의 자연권 사상에 영향을 받은바 크

---

120) 필자가 2000. 1. 4일 중국 연길시에서 한국인 참여자와 인터뷰한 내용.

121) Jack Donnelly, 「The social construction of international human rights」, 『Human Rights in Global Politics』, Edited by Tim Dunne and

다[122]고 보며 인권이 개인의 천부적 권리라 하더라도 사회의 변화에 따라 사회와 사회구성원인 개인과의 상호영향력에 따라 인권 개념의 확장이 이루어질 수밖에 없다고 여겨진다.[123] 즉, 사회와 그 구성원으로써의 개인은 상호 영향력을 주고받을 수밖에 없는데, 이러한 차원에서 사회의 구조변화로 인해 개인은 존재와 역할이 변할 수밖에 없고, 이러한 차원에서 인간의 권리 역시 사회의 다양화와 복잡화의 영향으로 변해야 한다는 당위성이 도출될 수밖에 없다. 이러한 당위성은 자연권이라는 존재가 사회적 연관 관계 속에서 그 근본적 형태는 변하지 않았지만, 현상으로써의 의미는 변할 수밖에 없음에서 연유한다고 할 수 있다.

　실제에 있어 인권의 개념은 다양한 수준에서 그 개념적 확장이 요구되어 지고 있다. 보편성에 입각한 인권의 개념적 확장은 오늘날 중요한 국제적 관심사의 하나인 난민의 개념과 깊은 연관을 가지고 있다고 할 수 있다.

　국제사회에 통용되는 난민의 개념 제시와 북한이탈주민의 특징에서 발견되는 난민개념과의 관련성, 따라서 난민 인정의 필요성을 주장하는 논거를 제시하고 이에 대한 반론을 분석하고자 한다.

　북한이탈주민이 인권의 개념의 확장의 맥락으로써 난민과의 연관성을 살펴보면 다음과 같다.

　　Nicholas J. Wheeler, Cambridge University Press 1999, p.80.

122) ibid., 82.

123) 신율, 「인권의 개념과 북한이탈주민의 문제」, 한국국제정치학회와 영남대학교 통일문제연구소 공동주최 국제학술대회 발표논문, 1999, pp.10-11.

108

난민의 정의는 시간적으로 변화되어 왔으며 현재에도 다양한 형태로 제시되어 국제법상 확립되지 않았다는 견해가 지배적이다.124) 그럼에도 불구하고 국제사회가 인정하는 난민지위 부여 기준은 1951년 「난민의 지위에 관한 협약」과 1967년 「난민의 지위에 관한 의정서」에 따라 난민으로 인정하고 있다.

1951년 「난민의 지위에 관한 협약」 제1조 A(2)항은 ‘난민’의 정의에 대해 다음과 같이 규정하고 있다.

제1조 A(2) 1951년 1월 1일 이전에 발생한 사건의 결과로서, 또한 인종, 종교, 국적, 특정사회집단의 구성원 신분 또는 정치적 의견을 이유로 박해를 받을 우려가 있다는 충분한 근거가 있는 공포로 인하여, 자신의 국적국 밖에 있는 자로서, 국적국의 보호를 받을 수 없거나, 또는 그러한 공포로 인하여 국적국의 보호를 받는 것을 원하지 아니하는 자. 또는 그러한 사건의 결과로 인하여 종전의 상주국 밖에 있는 무국적자로서, 상주국에 돌아갈 수 없거나, 또는 그러한 공포로 인하여 상주국으로 돌아가는 것을 원하지 아니하는 자.125)

여기서 "1951년 1월 1일 이전에 발생한 사건의 결과로서 난민이 되었던 자에게만 적용된다는 점을 고려하여 1951년 1월 1일의 기준시점에 관계없이 협약의 정의에 해당되는 모든 난민은 동등한 지위를 향유"한다는 1967년 「난민의 지위에 관한 의정서」 전문126)에 규정함으로 난민을 정의

124) 최창동, 『북한이탈주민, 어떻게 할 것인가』 두리, 2000, p.103-107; 난민에 대한 정의는 김미림, "난민 문제와 UNHCR의 역할", 숙대 대학원 정치외교학 석사학위논문, 1995, p.5-12 참조.

125) UNHCR, 『Collection of basic international concerning refugees』 1997, 장복희 역, 『난민 관련 국제조약집』, 국제연합 난민고등판무관 사무소, 1997, p.12.

126) ibid. p.43.

하고 있다. 이러한 난민 개념은 자연 재해를 비롯한 환경적 요인보다는 정치적 요인에다 중점을 두고 있는 것이 사실이다.

최근에는 대규모 자연재해(가뭄, 홍수 등)나 그 밖의 환경파괴(오염)로 인해 자신의 국가를 떠날 수밖에 없는 사람들을 '환경난민 (environmental refugee)'[127)이라 총칭하고 있으나 아직은 학술적 개념 제시에 머무르고 있지 공식용어로 등장한 것은 아니다. 또한 난민개념의 확대 추세로 미루어 보면 국제사회로부터 공인될 가능성이 없지 않으나 해결해야 할 난제가 적지 않기 때문에 쉽게 인정되고 적용되지 않을 것이다. 왜냐하면 환경파괴가 유민[128) 발생의 주요 원인으로 부각되고 있으나 이를 전부 난민으로 인정할 경우 보호해야 될 인원이 폭증할 것이며 이는 국제사회의 부담으로 나타날 것이며 특히 서구선진국의 가장 큰 위협으로 인식되고 있다.[129)

2) 난민 보호와 재정착[130)

1차세계대전이 종식된 이래 망명이 발생한 최초국가로부터 또 다른

---

127) 이신화, 대량 탈북사태에 대한 조기경보: '환경난민'의 개념을 적용하여」,『국제정치학논총』제38집 2호, 1998.

128) 유민(流民)은 식량 및 경제적 이유 등으로 고향을 떠나 낯선 땅을 떠돌아다니는 사람들을 일컬으며 난민협약에 의한 정치적 난민인정이 협의의 개념이라면 광의로 식량유민도 난민으로 인정하자는 주장이 있다.; 좋은벗들, op. cit. pp.1-5.

129) 최창동, op. cit., p.109

130) "refugee protection and resettlement"에 관한 UNHCR의 인터넷 자료 http://www.unhcr.ch/refworld/pub/state/97/box2_3.htm (2001-08-29) p.1-4

국가로의 난민 재정착은 난민 문제의 중요한 해결책이며 보호의 효과적인 방법으로 입증되어 왔다. 여러 상황에서 발생한 난민들은 20세기 동안 재정착을 통해 도움을 받아왔다. 1917년 혁명 후 중국으로 탈출한 러시아인, 1930년 나치처형으로부터 탈출한 유태인, 2차대전 이후의 유럽 난민들, 1950년 소련 침공으로부터 탈출한 헝가리 난민, 1970년대의 칠레와 아르헨티나인들, 1980년대 수단에서 에티오피아인과 에리트레아인, 1990년대 사우디아라비아에서 이라크인 들이 그 예를 제공한다.

최근 역사에서 가장 거대한 재정착 프로그램은 1975년 사이공정부의 붕괴에 따라 발생한 보트 피플(boat people)을 위해 설립된 것이다. 1979년 주된 보호 위기가 동남아시아에서 발전되어왔다. 이 지역의 어떤 국가들은 망명자들의 새로운 도착을 거부하였고 그들을 바다로 돌려보냈다. 수천 명 이상이 뚜렷한 해결책 없이 수용소에서 쇠약해지고 있었다. 이러한 정치적이고 인도주의적 위기에 직면하여, 보트 피플이 이 지역에 있는 국가들에 의해 일시 난민으로 받아들여진 다음, 다른 나라들에 정착한다는 내용을 주요 국제회의에서 합의하였다. 수년에 걸쳐 대략 70만 명의 베트남 보트 피플 대다수가 오스트레일리아, 캐나다, 프랑스, 등에 정착했고 그중 가장 많은 수가 미국에 정착하였다.

동남아시아에서 채택한 재정착프로그램은 의심할 것 없이 생명을 구하고, 망명의 원리를 지키는 것임에 틀림없다. 그러나 이것은 새로운 문제를 야기하였다. 1980년대 말까지 구체적인 준거에 부응하는 개별적인 난민을 위한 중요한 해결과 보호도구로써 고안된 재정착이 베트남을 떠나도록 다수의 사람들을 유도하는 요인이 되었을 뿐 아니라, 그들 대부분이 난민의 자격을 갖추지 않은 것으로 발견되었다. 불행하게도 재정착이 경제이주를 위한 유인요인으로서 작용할 수 있다는 생각이 다양한 이유로 최초의 망명 국가에 안전하게 남아 있을 수 없는 난민들의 재정착을 어렵게 하였다.

10개의 선진산업국(오스트레일리아, 캐나다, 덴마크, 핀란드, 네덜란드, 뉴질랜드, 노르웨이, 스위스, 스웨덴, 미국)은 년 할당장소와 조직화된 수용 배치를 포함하는 잘 형성된 재정착 프로그램을 갖고 있다. UNHCR은 재정착을 필요로 하는 난민들을 확인하고, 관련된 국가들에게 그들의 경우를 제시하는 데 중심 역할을 한다.

이 재정착프로그램의 자금은 대부분 중앙 및 지방정부로부터 나오고, 다른 파트너 예를 들면 개인 후원자나 공공단체는 재정착 사업을 하는 데 비판적 기능을 담당한다. 일련의 국가들은 UNHCR과 관계없이 기능하는 난민 해외 담당프로그램을 갖고 있다. 이 프로그램은 해외 후원자나 가족들과 연계되어 있는 난민의 경우 유리하다.

UNHCR, 미국, 캐나다, 오스트레일리아는 다른 나라에서 최초 망명을 추구하는 것 없이 자기의 조국에서 직접 재정착 추구를 인정하는 일정 인원을 할당하였다. UNHCR의 보호하에 재정착에 성공한 난민의 수는 최근에 상당히 감소되어 왔고 이는 주로 베트남 난민을 위한 활동 수용계획에 기인한다. 인도지나 프로그램어 따른 재적응은 세계 난민의 20분의 1 정도의 해결을 제공하였다.

그렇다면 난민의 재정착이 필요한 이유를 들면 다음과 같다.

첫째, 재정착은 최초의 망명을 시도한 국가에서 보장되지 못한 안전에 강력한 보호를 제공한다. 즉 추행, 성범죄, 폭력, 임의적인 제재 등으로부터 보호받는다.

둘째, 재정착은 최초의 망명국가에서 해결할 수 없는 특별한 인도주의적 요구를 지닌 난민들을 지원하는 효과적인 방법이 될 수 있다. 즉 생명을 위협하는 질병, 긴급피난, 고문, 강간, 심각한 정신적 충격 등의 경우에 국부적인 대안이 없다면 재정착단이 해결 방안이라 UNHCR은 확신한다.

셋째, 가까운 미래에 고향에 돌아갈 수 없으며, 그럼에도 주 망명국가에 통합되거나 남아있을 수 없는, 그래서 일정시간 최초 망명 국가에 이미 살아 왔던 난민의 상황에서 재정착의 필요 이유가 있다. 그러한 난민들은 그들이 또 다른 나라에서 더 나은 번영을 누릴 수 있다고 느끼거나, 그들의 기원을 해결할 다른 방안을 발견하지 못한다면 재정착이 고려될 것이다. 걸프전 때 사우디아라비아로 피난 온 3만5천 명의 이라크인이 있는데 이들은 사우디아라비아에서 일시난민으로 받아 들여졌다. 1997년 초에 이 난민의 3분의 2가 재정착되었다. 기본적으로 미국, 이란, 오스트레일리아, 네덜란드 등의 이 국제적 노력은 난민의 대부분이 재정착 된 후에 종식되었다.

넷째, 재정착은 지구의 난민 문제를 해결하는 데 책임을 공유하는 중요한 수단이라는 합의가 있다. 난민의 대다수가 세계의 가장 최빈국들에서 계속적으로 발생되고 있지만, 매우 제한된 숫자의 사람들에게만 재정착의 기회가 제공된 것은 부유한 국가의 입장에서 책임공유의 표시라 볼 수 있다.

재정착이 난민의 선택된 집단에 가져다주는 명백한 이익에도 불구하고 정부, UNHCR, 다른 인도적 단체들이 추구하는 새로운 정책이 난민 문제에 최소한의 바람직한 해결책으로 최근에 나타나고 있다.[131] 세계의 한 부분에서 다른 부분으로의 난민의 이전은 현시대의 난민정책에 맞지 않으며 예방, 견제, 빠른 송환, 원래 본국에서의 망명과 같은 개념을 강조한다.

---

131) 김태천, 「대량난민사태에 대한 국제법적 대응: 특히 북한이탈주민문제와 관련하여」, p.17
http://www.humanrights.or.kr/HRLibrary/HRLibrary13-tckim1.htm

따라서 난민을 재정착하는 결정은 보통 다른 방안이 결여되었을 때, 즉 관련자의 법적이고 물리적인 안전을 보장하는 대안적인 방안이 없을 때에만 취해진다. 난민의 지위를 얻지 못한 사람들은 지위를 얻기 위해, 이미 난민으로 인정받은 사람들은 재정착의 기회를 얻기 위해서 한 나라에서 다른 나라로 움직인다. 그러나 이 과정에서 원치 않는 부정적 효과로 인해 난민을 보호하는데 재정착의 중요한 역할이 평가절하 되어서는 안 된다.

난민 경험상 상처 입은 특성이 있다면, 특히 재정착된 난민들은 새로운 나라에서 삶의 도전에 직면하면 과도한 지원을 요청할 수 있다. 최종 목적지의 국가에서 정부기관과 자원기구는 재정착의 기회를 잡은 난민들을 상당기간 실제적으로 지원하고 상담을 제공한다.

UNHCR은 특히 예산상의 제약, 실업, 이주정책의 정치와 연결된 국내 고려사항에 민감하며 가장 취약한 난딘을 위한 재정착의 장소를 찾기가 더욱 어려워 질 것이다. 이것은 주로 잠재적인 난민이나 난민집단이 재정착 시 경제적으로 자립해야 한다는 점에 강조를 두는 데 기인한다. 게다가 탈냉전 이후 지역분쟁의 증가로 난민과 유사한 상황에 처한 국내외실향유민(Internally & Externally Displaced Persons)이 급증함에 따라 UNHCR과 각 국가들은 보호의 범위를 축소하고 있다. 그 결과 가장 어렵고 긴급한 재정착의 경우 기꺼이 수용하려는 국가들이 거의 없으며, 그렇게 행동하는 데 더욱더 주저하게 될 위험이 있다. 북부 이라크에 있는 이란 난민들은 강제적인 코호문제가 있고 그들이 재정착할 장소가 상당히 부족하다는 것이다. 한 지역에서 다른 곳으로 옮기기보다는 원래지역에 난민을 재정착하려는 시도들이 있다. UNHCR과 관련 지원국가들은 난민이 발생한 원래지역에 재정착을 지원하려는 가능성은 진지하게 탐색하고 있다.

3) 북한이탈주민의 난민 적용의 문제

국제사회가 인정하는 난민지위 부여 기준에 입각하여 북한이탈주민의 양상을 연관지어 분석하고 이에 근거한 난민인정의 주장을 살펴보고자 한다. 대다수의 북한이탈주민 보고서와 필자의 조사에 근거해보면 북한이탈주민들은 다음과 같은 특징을 보이고 있다.

첫째, 북한이탈주민은 초단기나 단기간의 탈북을 도모하며 단신이고 경제적 이유인 경우가 대다수인 것으로 나타나 있다. 따라서 단순히 경제적 도움만을 위해 탈북 하였을 경우에는 경제적 지원을 통해 북한사회로 자발적 귀환(베트남의 사례 참조)을 할 수 있도록 유도하면 되겠으나 이것 역시 쉬운 문제가 아니다. 탈북 문제가 북한 경제의 구조적 원인에 기인한 경제위기라면 단지 일시적 도움으로 근본적인 해결책이 되지 못하기 때문에 재탈북이 이루어 질 수 있기 때문이다. 탈북의 근원적인 문제가 해결되지 않으면 언제나 생존을 위협하는 경제적 위기가 상존하게 되므로 유민 발생의 가능성도 존재하게 된다.

둘째, 정확하게 추산할 수 없으나 소수의 인원은 정치적 박해를 피해 난민을 신청하는 경우가 있으나 이에 대한 적합한 조사가 이루어지지 않은 채 북한이탈주민 전체를 식량 및 경제적 이유에 기인한 식량유민으로 판단함으로 난민으로 인정되지 못할 가능성이 있다. 또한 장기적이고 가족전체의 탈북일 경우 대부분 북한 귀환이 불가능하다고 판단되며 중국 현지 체류 내지는 남한으로의 망명을 희망한다.

셋째, 난민판정이 가능하기 위해 객관성의 확보가 필요하며 이와 병행하여 북한이탈주민이 발생한 것과 관련된 국가(남·북한 및 중국당국 등)의 유기적인 연결망을 구축하고 협조를 유도하여 국제기구(UNHCR)

에 의해 난민 결정을 하도록 한다. 결과적으로 남·북한 및 중국당국 모두의 승리(win-win 전략)임을 외교적으로 설득시키는 것이 관건이나, 이는 쉽지 않을 것으로 보인다. 다만 중국이 세계무역기구(WTO)에 가입한 상태이며, 북경 올림픽의 성공적인 개최를 위해 국가적 이미지 제고의 필요성이 점증하기 때문에 북한이탈주민 문제에 대해 다소 유화적인 태도를 나타낼 가능성은 존재한다. 그러나 최근 북경주재 스페인 대사관으로 진입한 25명의 북한이탈주민 '기획망명'사건을 계기로 북·중 국경부근 및 중국의 동북 3성에 은거해 있는 북한이탈주민들을 검거하여 대규모로 강제송환한다는 보도가 나오고 있다. 이런 점에서 북한이탈주민에 대한 중국당국의 기본적 입장이 변화된 것으로 보기 어려우며 따라서 국제사회에 인권국가로써 국가의 면모를 일신할 수 있을 것으로 지금 기대하기란 어렵다. 그러나 남한은 남북 통합의 시금석으로 북한이탈주민 문제를 해결함으로써 미래의 본격적인 남북 통합 시 발생하는 문제에 대한 적응력과 역량을 구축할 수 있다고 생각한다.

현실적으로 난민의 판정이 어려울 가능성이 높기 때문에 이에 대한 대책이 필요하다. 이에 따라 북한이탈주민의 유형에 따른 분류와 탈북 과정의 단계별 분석을 통해 체계적이고 집중적인 지원책 강구가 필요하다.

지금까지 북한이탈주민이 난민으로 인정되어야 함을 주장하는 입장에서 제시하는 근거를 살펴보면 다음과 같다.

첫째, 북한에서 북한이탈주민들이 실질적으로 반정부적 반체제적인 행동을 하지 않았을지라도 허가 없이 국외탈출을 시도한 것이 체제에 대한 저항적(정치적 의견을 달리하는) 의사표시를 한 것과 동일한 결과를 낳게 된다면, 일차적인 탈출동기가 빈곤 내지는 기아로부터의 탈출이라는 경제적인 요인일 경우에도 탈출자에 대한 정치적 박해 및 처벌이 명백하기 때문에 국제관례상 난민에 해당하게 되며, 강제송환이 금지된다.132) 강제송환금지(non-refoulement)원칙과 난민인정은 별개의 문제로 볼 수도 있으나 난민인정은 난민을 보호하기 위해서이며 난민 보호의 초석은 강제송환금지원칙이다. 즉 난민으로 인정받지 않아도 강제송환금지원칙이 적용될 수 있으나, 난민으로 인정받을 경우 강제송환은 금지되고 보호받을 수 있다는 점에 중점을 두는 것이다. 이 원칙은 어느 국가도 난민을 그가 박해를 받을 수 있는 곳으로 어떠한 경우에도 돌려보낼 수 없다는 원칙이다.133)

둘째, 북한으로 북한이탈주민이 강제 송환되면 반역죄로 처벌받는데 최근에는 단순히 식량을 구하기 위해 국경을 넘은 사람들은 체포되더라도 북한에서 비교적 경미한 처벌을 받은 사례도 확인된다. 그러나 북한에서 주요 기관에 근무했던 사람, 북한으로의 복귀를 미루며 체제이탈이 의심되는 사람, 중복 탈출한 사람, 한국인이나 기독교 단체와 접촉한 사람, 한국행을 시도한 사람134) 등은 예외 없이 반역죄로 처벌하기 때문에 북한이탈주민 중 상당수가 여기에 해당될 수 있다. 또한 처음에는 단순히 경제적 이유로 탈북 했다 하더라도 대체로 성인 남자의 경우에는 강제 송환되면 처벌을 받게 되는데, 경우에 따라 징역 1년 이상135)일 때에는 난민으로의 자격이 충분하다. 왜냐하면 징역을 1년 이

---

132) 김일수, op. cit., p.5.

133) 장복희(c), 「강제송환금지원칙의 국제법적 지위와 적용범위」, 서울국제법연구 8권 1호(2001), p.112.

134) 김현호, 조선일보 2001. 7. 23.

135) ibid., p.4; 북한헌법 제117조 "허가 없이 국경을 넘는 자(또는 승인을 받은 경우에도 지정된 국경통과지점이 아닌 다른 지점으로 넘나드는 자도 포함)는 3년 이하의 노동교화형에 처한다."라고 규정하며, 제119조에는 "허가 없이 지정된 항해구역 또는 어로 구역을 마음대로 이

상 선고하게 되면 현재와 같은 열악한 상황에서 상당수가 감옥생활을 견디지 못하고 사망할 가능성이 높다고 북한이탈주민들은 증언하고 있기 때문이다. 즉 징역 1년형은 사형선고나 마찬가지라는 것이다. 따라서 탈북으로 징역1년형 이상을 받는다면 이는 곧 처형당하는 것과 같아 생명의 위협으로 볼 수 있다.

셋째, 국제적으로 난민의 개념은 확장추세를 보이고 있다. 1951년 난민협정에서 출발한 난민 개념은 1969년 아프리카 통일기구(OAU)헌장에서부터 확대되기 시작했는데 이는 탈식민지 과정에서 내전과 무력분쟁이 빈번하게 발생한 아프리카 대륙에서 전통적인 1951년 난민개념으로 해결할 수 없는 유민(流民)이 발생하게 되었기 때문이다. 1980년대 동남아시아의 베트남, 캄보디아, 라오스에서 발생한 유민들이 인접 국가로 대량 유입되면서 확대되고, 중앙아메리카 내전에서 더욱 발전하게 된다.136) 이러한 추세에 입각해 볼 때 정치적 박해가 아닌 경제적 이유 (식량위기 등) 즉 생명의 절박함으로 유민이 되었다 하더라도 강제송환은 금지되고 인도주의적 관점에서 보호되어야 한다는 것이다.

북한이탈주민을 난민으로 인정하려는 주장에 대해 현실적으로 인정받기 어렵다는 주장에서 제시하는 근거는 다음과 같다.

탈한 자는 1년 이하의 노동교화형에 처한다"라고 규정하고, 제118조에는 "국경관리부문에 근무하는 관리일군이 비법적으로 국경을 넘나드는 자를 도와준 경우에는 2년 이상 7년 이하의 노동교화형에 처한다"라고 규정하였다.

136) Joan Fitzpatrick, "TEMPORARY PROTECTION OF REFU- GEES: ELEMENTS OF A FORMALIZED REGIME", the April 2000 issue of the American Journal of International Law, v94, #2, pp.1-5, http://www.asil.org/ajil/fitzpatr.htm

첫째, 난민의 개념적용은 아직도 협소한 편이다. 물론 난민 개념의 확장 추세가 나타나고 있기는 하지만 아직 실제 난민의 발생 현장에서 적용되는 경우는 엄격한 편이다. 왜냐하면 세계적으로 난민의 수가 급증하고 있으며 국제사회가 부담해야 하거나 또는 난민 발생의 인접 국가가 부담해야 할 정치적 경제적 사회적 몫이 너무 크기 때문이다.

둘째, 북한이탈주민의 경우 초기의 식량위기에 따른 절박성이 시간이 경과하면서 '보다 나은 삶'의 형태로 변화되었고 이에 따라 난민 인정요구의 정당성이 퇴색하였다. 난민인정을 요구하는 근거가 불충분해짐으로써 중국이 주장하는 경제적 이주, 불법월경에 불과하다는 주장을 반박할 근거가 매우 취약한 상태이다.

셋째, 현실적으로 난민발생 현지국인 중국에서 난민인정을 하지 않으면 UNHCR의 역량이 제한되어 있어 난민 인정이 불가능하다. 현재의 상황에서 중국당국이 지금까지 천명한 외교적 입장을 고려해 볼 때 난민인정 가능성은 희박하다.

넷째, 북한에서 단순히 경제적 이유로 탈북 한 자에 대한 처벌의 강도를 시기별로 차이를 두어 국제사회의 인권적 압력을 무력화시킬 여지를 제공하고 난민인정의 토대를 취약하게 하였다.

이상의 근거를 토대로 본 논문에서는 북한이탈주민을 인권적 차원에서 인식한다면 실현 가능성이 희박한 방안만을 추구하거나 일회성 접근을 불식하고, 보다 근원적이고 현실적이며 이성적인 접근이 필요하다고 생각한다. 현실적으로 실현이 어려운 난민인정만을 추구하기보다는 북한이탈주민 유형별 분석을 통해 본인이 원하는 경우 처벌받지 않고 귀환하도록 도와주며 아울러 자발적 귀환자에게 경제적인 도움을 줄 수 있는 방안을 강구해야 한다. 제3국(중국)에 체류를 원하는 경우 이를 적극 도와주고 정치적 이유나 난민의 충분한 사유가 있고 한국행을 원하는 경우는 공식적이든 조용한 외교든 모든 방법을 통해 한국행을 도와주는 구체적인 프로그램을 실행하는 것이 해결책이다.

난민과 강제송환금지 원칙이 항상 결부된 것은 아니지만 난민으로 인정받을 경우 강제송환은 금지된다. 그러나 난민으로 국제사회에서 인정받지 못할 경우 북한이탈주민들에게 강제송환을 막을 수 있는 방안은 없는 것인가에 대해 방안을 생각해 보면 다음과 같다.

강제송환의 두려움이 모든 북한이탈주민들에게 있는데, 자발적 귀환을 할 수 있도록 방안을 강구하고 지원해 준다면 자발적으로 귀환하는 인원도 증가하리라 판단된다. 예를 들면 처벌을 유예하고, 그들이 돌아간 곳에 새롭게 정착할 수 있는 방안이 강구되어야 할 것이다.

난민이 발생하면 난민보호와 함께 영구적인 해결책을 구하는 것은 분리하여 생각할 수 없는 문제이다. 이 두 가지 측면이 UNHCR 규정 제1조에 언급되어 있다. 이에 따라 난민문제의 해결책으로는 3가지 방법이 있다. 본국으로의 자발적 귀환, 그들의 보호가 허용된 국가에서 영구적으로 정착하는 것, 그리고 제3국에서 재정착하여 새 삶을 찾는 것이다. 최근 국제사회에서 가장 선호하는 해결책으로서는 본국으로의 자발적 귀환이 강조되고 있다.[137] 따라서 북한이탈주민이 개별적으로 난민협약상의 난민, 즉 정치적 난민에 해당되든, 아니면 북한이탈주민의 그 탈출 동기를 불문하고 UNHCR 관행상의 난민(위임난민[138])으로 인

---

137) 장복희(a), "유엔난민고등판무관(UNHCR)", p.12.
    http://www.humanrights.or.kr/HRLibrary/HRLibrary1-bhjang1.htm

138) '사실상의 난민' 혹은 '인도적 난민'이라고 불리는 '비난민'(non- refugees)이라고 하더라도 자신의 본국으로 강제송환 된다면 위험에 처할 수 있다면 인도적 이유로 UNHCR의 보호대상이 된다고 한다. 위와 같이 UNHCR의 관행에 의해 확대된 난민 개념을 흔히 '위임난민'(mandate refugees)이라고도 부른다.: 장복희(b), '국제법상 난민보호와 그 문제해결',

정되든 간에 강제송환은 금지되어야 할 것이다. 왜냐하면 자발적 귀환이 아닌 강제송환은 곧 인권침해의 결과를 초래할 가능성이 높기 때문이다. 즉 본국으로의 자발적 귀환은 안정적인 귀환 및 적응을 위한 지원방안이 선행된 후에 이루어지기 때문에 문제해결을 도모하는 것이지만 강제송환은 밀입국을 한 소위 '조국을 배신한 자'로서 처벌을 전제로 하기 때문에 탈북 해야만 했던 문제 원인에 대한 해결 없이 처벌만을 제시하므로 기회가 되는 대로 재탈북을 시도할 것이다.

여기서 북한이탈주민이 난민 협약상의 난민으로 인정여부와 관계없이 강제송환금지원칙이 적용되는지 살펴볼 필요가 있다.

어느 누구도 자신의 생명 또는 자유가 위협받을 수 있거나 박해를 받을 우려가 있는 영역으로 자신의 의사에 반하여 강제로 송환되지 아니한다. 이러한 강제송환금지원칙은 난민협약 제33조에서 명문으로 인정되고 있다. 또한 각종 국제기구들의 결의와 각국의 관행도 강제송환금지원칙을 난민에 대한 국가행동의 기본원칙으로서 재확인하여 왔다.[139]

따라서 북한이탈주민이 난민협약상의 난민의 범주에 포함되는 경우에는 이 원칙이 적용됨은 당연하다. 문제는 북한이탈주민이 난민협약상의 난민에 해당하지 않는 경우에도 이러한 강제송환금지원칙이 적용될 수 있는가에 있다.

이 문제에 관한 UNHCR의 관행에 의하면 강제송환금지원칙은 국제관습법 규칙의 하나일 뿐만 아니라, 이 원칙은 대량난민사태에 있어서 '국경에서의 입국거절불가'(non-rejection at the frontier)를 포함하는 폭넓은 개념으로 수용되고 있다. 1981년 EXCOM(The Executive Committee of the High Commissioner's Programme)은 모든 경우에 있어서 국경에서의

국제법학회논총 42권 2호(1997), p.184.

139) 김태천, op. cit., p.7.

입국거절불가를 포함하는 강제송환금지의 기본원칙은 엄격하게 준수되어야 한다고 결론 내렸다.140) 또한 1993년 유엔총회에 제출한 UNHCR의 보고서에 의하면 모든 난민은 그의 지위가 확정될 때까지는 난민이라는 추정하에서 다루어져야 하며, 강제송환금지원칙은 그와 같이 공식적으로 난민자격이 확정되었는가 여부를 불문하고 적용되어야 한다고 하였다.141) 이에 따라 1997년경 EXCOM은 강제송환금지원칙을 다음과 같이 매우 폭넓은 개념으로 파악하게 되었다. 즉, 이 원칙은 공식적으로 난민지위를 부여받았는지 여부를 불문하고, 인종, 기타의 이유로 자신들의 자유와 생명이 위협받을 수 있거나, 혹은 자신들이 고문의 위협에 처할 위험이 있다고 믿을만한 실질적 근거가 있는 영역으로 어떠한 방법으로든지 난민을 추방 혹은 송환하는 것을 금지한다는 것이다.142)

그 밖에 강제송환금지의 원칙은 1984년 유엔 고문방지협약 제3조에서도 다음과 같이 규정하고 있다.

"(귀환자가) 고문을 당할 위험이 있다고 믿어지는 실질적인 근거가 있는 국가로 강제송환 되어서는 안 된다. 그러한 근거가 있는지를 결정하기 위하여 권한 있는 기관은 적절한 경우 관련국의 명백한 또는 대규모의 인권침해가 지속적으로 존재하는지를 포함한 모든 관련 사항을 고려하여야 한다."143)

---

140) EXCOM Conclusions No.22 (1981), para.(f),
   http://www.unhcr.ch/refworld/unhcr/excom/xconc/excom22.htm,   p.1
   ibid., p.7 재인용.

141) EXCOM, NOTE ON INTERNATIONAL PROTECTION, 31 August
   1993, par.Ⅱ, A, p.11, ibid., p.7 재인용.

142) EXCOM Conclusions No.82(1997), para.(d)(i),
   http://www.unhcr.ch/refworld/unhcr/xconc/excom82.htm,   p.1,   ibid.,
   p7 재인용.

강제송환금지는 일부 지역문서에서도 구체화되고 있다. 1969년 아프리카에서의 난민문제의 특별한 양상에 관한 아프리카통일기구(OAU)[144]협약은 제2조 제3항에서 다음과 같이 규정하고 있다.

  "어느 누구도 자신의 생명, 신체 혹은 자유가 위협받는 영역으로 강제로 귀환하거나 머무르게 되도록 국경에서의 입국거부, 귀환 혹은 추방과 같은 조치를 받아서는 안 된다."

강제송환금지의 중요 성격은 1969년 미주인권협약[145]에서도 규정되고 있고, 제22조 제8항은 다음과 같이 선언하고 있다.

  "어떠한 경우에든 외국인은 자신의 출신국인지에 관계없이 인종, 국적, 종교, 사회적 지위 혹은 정치적 견해를 이유로 자신의 생명권 혹은 신체적 자유가 침해받을 수 있는 위험이 있는 경우에 그 국가로 추방되거나 귀환될 수 없다."

이들 문서와 사례를 통해 볼 때 난민협약의 적용범위 밖에 속하는 난민들에게 인도적 대응을 광범위하게 인정하고 있음을 알 수 있다.

재정착이 문제해결의 방안으로 제시되고 있으나 문제는 난민의 재정착을 위해 이를 적극적으로 수용하려는 국가들이 많지 않다는 것이다. 따라서 최근에는 차선책으로 난민이 발생한 그곳에 새롭게 다시 정착할 수 있도록 지원을 강구하는 방향, 즉 자발적 귀환으로 나아가고 있

---

143) 장복희(c), "강제송환금지원칙의 국제법적 지위와 적용범위", 서울국제법연구 8권 1호(2001), p.119.

144) Organization of African Unity. 이하 OAU.

145) American Convention on Human Rights.

다.146) 물론 북한이탈주민에 있어서는 인도주의적 문제뿐 아니라 같은 민족으로서 민족 통합을 위한 여러 가지 복합적인 문제가 있기 때문에 단순하게 해결될 수 있는 것은 아닐 것이다. 그러나 현실적으로 충분한 적합성을 지닌 해결 방안이 제시되지 못하고 상당수 방치되고 있는 현실에서 안전하게 재정착할 수 있는 자발적 귀환의 방안을 강구하는 것도 우리가 고려해 볼 수 있는 중요한 해결책 중의 하나라고 생각한다.

---

146) 장복희(a), op. cit., p.12.

Ⅵ. 국내 북한이탈주민 현황 및 적응 상태

1. 국내 북한이탈주민의 정착현황

　2001년도 말까지 국내에 입국한 북한이탈주민은 2,000여 명 가까이 된다. 북한이탈주민들의 국내입국은 <표 Ⅵ-1>에서 보는 바와 같이, 1990년 이후 증가하기 시작하여, 1994년 이후 급격히 증가하였고, 1999년에는 148명으로 처음으로 100명 선을 상회하더니, 2000년, 2001년에는 각각 전년의 두 배에 가까운 증가를 보인 끝에 2001년 583명을 기록하였다.

<표 Ⅵ-1> 북한이탈주민 국내입국 현황

(2002. 4. 30 현재)

연도	'89 이전	'90-'93	'94	'95	'96	'97	'98	'99	'00	'01	'02. 4. 30 현재	계
인원	607	34	53	41	56	85	71	148	312	583	312	2302

　※ 출처: 통일부 사이트(http://www.unikorea.go.kr)와 연합뉴스(2002. 5. 4)
　　 http://www3.yonhapnews.net/cgi-bin/naver/ge:news?142002050305000＋20020504자
　　 료로 필자가 재작성.

　북한이탈주민들의 입국이 크게 증가하면서 이들의 탈북 동기나 규모, 유형, 연령과 직업 등도 다양해지고 있다. 국내에 입국한 북한이탈주민들만을 대상으로 탈북 동기를 살펴볼 때 이전에는 성분차별이나 인권 침해를 받는 막다른 상황에서 불가피한 선택일 경우가 많았지만, 최근에는 북한의 심각한 경제난·식량난으로 인한 문제를 해결하려는 경우

가 많다147)는 것이다.

입국 규모에 있어 두드러진 현상은 가족을 동반한 집단입국의 증가이다. 1993년까지는 단독입국 형태가 대부분이었으나, <표 Ⅵ-2>에서 보는 것처럼 1994년부터 가족동반 입국 형태가 급증하고 있다. 1994년 이후 입국한 666명의 50%에 달하는 331명이 가족의 형태로 입국하는 양상을 나타내고 있다. 가족단위의 탈북에 따라 연령층도 어린이에서 노인에 이르기까지 고른 분포를 보이고 있다. 특히 2001년 들어서는 먼저 입국한 가족들의 주선으로 제3국에 거주하거나 북한에 남아있는 가족들이 탈출하여 남한에 입국하도록 하기 때문에, 단독 입국한 후 국내에서 가족을 이루는 경우도 증가하고 있다.

북한이탈주민들의 직업도 아주 다양해졌다. 황장엽과 같은 고위 간부, 외교관, 의사, 외화벌이 지도원, 군인, 학생, 교원, 농민, 노동자 등 각계각층을 망라하고 있다. 1997년 12월 국군포로 양순용의 입국 이후 국군포로와 그 가족들의 입국도 이루어지고 있다.148)

2. 입국 후 정착

1) 개 요

북한이탈주민이 남한에 입국한 후 1개월간 보안기관(간첩 유무 판별)에서 조사 및 심사를 받은 이후 3개월간 정착교육시설에서 남한 사회의 이해와 적응을 위한 다양한 교육과 훈련을 받게 된다. 현재 사회적

---

147) 북한인권백서(2001), p.136.

148) 북한인권백서(2001), p.137.

응교육이 실시되고 있는 근거는 관련 법률상 1년간의 보호시설 내 수용이 명문화149)에 따른 것이다.

<표 Ⅵ-2> 가족동반 입국자 현황

연도별	입국자 수	가족 입국자	비 율
1994년	52명	3가족 10명	19%
1995년	41명	4가족 13명	32%
1996년	56명	9가족 27명	48%
1997년	85명	17가족 59명	69%
1998년	71명	12가족 34명	48%
1999년	148명	38가족 91명	61%
2000년	213명	35가족 97명	46%
합 계	666명	118가족 331명	50%

(1994년 이후 2000년 10월 말 현재)

※ 김영수, "북한이탈주민 한국사회정착의 과제와 전망", 심포지움－남북화해의 시대, 북한이탈주민을 어떻게 바라볼 것인가?, 2001, p.5 재인용.

그동안 기존 수용시설이 군 보안시설인 관계로 민간인 신분의 북한이탈주민들을 수용 교육시키는 데에는 부적절하며150), 북한이탈주민 급증으로 기존 수용시설의 수용능력의 한계 등의 문제가 나타나면서 새로운 정착지원시설의 설치가 필요하게 되어 1997년 7월 관련 법률의 제정으로 북한이탈주민 보호 및 정착지원의 총괄부서로 통일원을 지정하고151) 이들의 우리사회 정착교육시설로 1999년 7월 8일에 문을 연 곳

149) 북한이탈주민의 보호 및 정착지원에 관한 법률 제5조 3항, 김명기, op. cit., p.292.
150) 자유북한인협회 회원들이 기존 보안시설 내 인권침해에 관한 소송을 제기한바 있다. 연합뉴스, 1999. 1. 17; 이우영 외, op. cit., p.105.

이 '하나원'이다.

 정부는 북한이탈주민들에 대한 정착 및 적응지원을 위한 프로그램을 마련하여 지금까지 계속해서 발전시켜왔다. 현재까지 발전된 정부의 북한이탈주민 사회적응 및 정착지원 프로그램은 시기별로 크게 <표 Ⅵ-3>과 같이 4단계로 나누어진다. 4단계는 대체로 사회적응교육을 위주로 하는 '시설보호', 거주지 편입시의 '초기생활안정지원 자립과 자활'을 지원하기 위한 '거주지보호(거주지 편입 후 5년간)', 그리고 '사후지원'으로서 부적응하는 사례에 대하여 개별적으로 재지원하는 것, 이렇게 구성된다. 이 4단계에서 모두 민간단체, 종교단체 등과 같은 민간부문이 정부와 함께 지원프로그램에 보조적으로 참여하고 있으나 앞의 두 단계, 즉 시설보호와 거주지 편입 시 초기생활 안정은 정부(통일부)의 주도로 이루어지고 있다고 볼 수 있고 거주지보호는 중앙과 지방 정부(거주지 담당관들)의 연계로서, 그리고 사후지원은 지방정부와 민간단체들의 활동에 많은 기대를 하고 있다고 볼 수 있다.152) 시설보호에서 사회적응교육이 이루어지는 곳이 '하나원'이다.

---

151) 총괄부서 지정에 있어 통일부보다는 보건복지부가 북한이탈주민의 정착지원에 더 효율적이라는 주장도 있으나 통일정책의 연계성으로 보면 '통일부'의 전담이 타당하다고 생각한다. 다만 북한이탈주민들의 사회복지 정책 수행의 전문성을 위해 보건복지부 산하 공무원의 파견 근무나 사회복지사의 선발을 고려해 보는 것이 필요하다고 생각한다. 자세한 내용은, 이정우, 김형수 『탈북이주자 사회정착지원 개선방안』, 한국보건사회연구원, 연구보고서96-08 참조.

152) 이기영, "북한이탈주민 정착지원을 위한 지역협력체계 구축의 방향성", 북한이탈주민지원 민간단체협의회 심포지엄, 2001, p.31.

<표 VI-3> 정부의 북한이탈주민의 사회적응 및 정착지원정책의 요약

보호 단계	시설보호	거주지편입	거주지보호(5년)	사후지원
지원 목표	우리사회 기본적 이해 및 사회적응 능력제고	초기 생활안정 지원	자립·자활 지원	부적응 방지 및 재 사회화 지원
주요 지원 내용	○신문·조사를 통한 보호결정 ○사회적응교육 (2개월) ○심리상담·진 로지도 ○생활관리· 지도 ※ 각종 지원봉사	○정착금 등 재정 적 지원(1인 가 족 3,800 만원) 주택알선 (13~25평) ○자매결연 지원 ○학력인정 및 편· 입학 지원 ○자격·경력인정	○특별생계보조금 지원 ○직업훈련 지원 ○교육지원(공납 금, 학자금) ○취업알선 및 취 업보호 (영농정착포함) ○생활·의료보호 ○생업지원 * 거주지신변보호	○변동사항 파악 ○애로사항 해소지원 ○후원회 및 민간단 체 등을 통한 지원 (상담·창업·결 연 등)
지원 주체	통일부(하나원) 국방부(대성공사) 자원봉사단체 등	통일부 후원회 및 민간단체	통일부, 거주지보호담당관, 노동부, 경찰, 지역단체 등	거주지보호담당관, 북한이탈주민후원회 민간단체협의회 등

출처: 통일부 인도지원국 정착지원과, "북한이탈주민 정착지원현황", 2000. 8. 이기영, "북한이탈주민 정착지원을 위한 지역협력체계 구축의 방향성", 북한이탈주민 지원 민간단체협의회 심포지엄, 2001, p.32 재인용.

2) 하나원 교육의 특징

하나원은 심리상담 등 생활지도, 사회적응교육, 기초 직업훈련, 사회편입 및 생활안정 지원을 위한 작업을 담당한다. 구체적으로는 호적취득 및 주민등록증 발급, 정착지원금(정착금·보로금 등) 지급, 주택알선, 의료·생활보호대상자 편입을 위한 기초자료 제공, 학력·자격인정의 기초자료 제공 등이다. 거주지보호 및 사후지원 단계는 2년의 신변보호, 지방자치단체별 애로사항 해소, 편입학 지원 및 교육보호 실시, 정착실태 파악과 생계곤란 등 지원, 후원회 및 민간단체 결연 등을 통한 지원 사업 등을 행한다.

<표 Ⅵ-4> 하나원 사회적응 프로그램(2001년 2월 기준)

교육주제 및 내용	교과목	시 간	비 고
□ 정서순화 및 심리안정: 76시간(14.6%)			
1. 정서순화 및 심리안정 　: 50시간(9.6%)	○ 정서순화·심리안정프로그램 ○ 인성수련교육 ○ 보건진료 및 신체검사	22 20 8	
2. 정서함양 　: 26시간(5.0%)	○ 생활체육 ○ 레크레이션	20 6	
□ 문화적 이질감 해소: 268시간(51.5%)			
1. 우리사회의 이해 　: 38시간(7.3%)	○ 자유민주주의 이해	6	
	○ 한국정치 이해 ○ 한국경제 이해	4 8	
	○ 법과 시민생활	2	
	○ 한국사회 이해 ○ 한국문화 이해	4 6	
	○ 한국교육 이해 ○ 한국역사 이해	2 4	
2. 사회적응능력 배양 　: 56시간(10.8%) 　○ 언어생활 　○ 경제생활 　○ 교육·문화생활 　○ 가정·건강생활	○ 언어적응 ○ 신문방송이해	16 2	
	○ 합리적인 소비생활 ○ 지역생활 학습 ○ 생활경제 ○ 생애설계	2 4 8 2	
	○ 생활법률 ○ 생활예절 ○ 여가활용(이른)	4 6 2	
	○ 생활의학 ○ 생활안전 ○ 여성의 지위 ○ 이성과 결혼	4 2 2 2	
3. 정착의지 함양 　: 20시간(3.8%)	○ 정신교육(특강) ○ 정착경험	12 8	

교육주제 및 내용	교과목	시간	비고
4. 기초소양교육 : 70시간(13.5%)	○ 상용한자 ○ 기초영어 ○ 신문활용교육	12 12 46	
5. 현장학습 등 : 84시간(16.1%)	○ 현장학습 · 체험교육 ○ 시장이해 및 구매활동체험 ○ 생활체험(자원봉사자) ○ 자활공장 생산 활동 체험 ○ 수양관 방문 ○ 종교시설 방문 ○ 봉사활동	30 10 8 8 8 10 10	
□ 진로지도 및 기초직업훈련: 140시간(26.9%)			
1. 진로 및 직업지도 : 34시간(6.5%)	○ 직업에 대한 이해 ○ 직업탐색 ○ 취업지원프로그램 ○ 평가 및 추수지도 ○ 정착지원안내	12 10 6 4 2	
2. 기초직업훈련 : 60시간(11.5%)	○ 운전교육(남) ○ 요리 · 봉제 등(여)	60	
3. 일상생활기능실습 : 36시간(6.9%)	○ 전산교육 ○ 생활기능 실습	30 16	
□ 기 타: 36시간(6.9%)			
1. 기타 : 36시간(6.9%)	○ 전담관과의 대화 ○ 교육생활 안내 ○ 퇴소 후 생활안내 ○ 기타(행사 참석 등)	18 8 2 8	
□ 합계: 520시간			

출처: 윤여상, 「국내 북한이탈주민의 사회적응 프로그램」 영남대 정치학 박사
학위논문, 2001, pp.120-121 인용.

하나원에서는 북한이탈주민들이 남한사회에서 생활하는 데 필요한 기본적 소양과 자립·자활능력을 함양할 수 있도록 <표 Ⅵ-4>에 나타난 것처럼 3개월(총 520시간) 단위로 프로그램을 편성 운영한다. 현재는 북한이탈주민의 입국자 수가 증가하면서 수용인원이 증가함에 따라 2001년 8월부터는 2개월로 단축하여 운영하고 있다.

사회적응교육 프로그램은 크게 3분야로 나뉜다. 첫째, 심리안정 및 정서순화교육(76시간, 14.6%), 둘째, 문화적 이질감 해소(268시간, 51.5%), 셋째, 직업보도 및 취업여건 개선을 위한 기초직업훈련 강화(140시간, 26.9%)이다. 프로그램 운영은 하루 중 오전에는 주로 실내에서 강의 위주로 이루어지고 있으며, 오후에는 교육의 효율성을 높이기 위해 실습학습을 주로 한다. 주말과 공휴일에는 평일과 같은 교육은 없고, 대신 체육활동 및 자율시간, 영화상영, 영어 및 컴퓨터 교육 등을 제공하고 있다.153)

3) 하나원 교육의 문제점

북한이탈주민들은 본능적인 생존욕구에 기인하여 북한을 탈출하였으며 제3국에서도 신분의 불안으로 인해 긴장의 나날을 보냈기 때문에 일상의 생활 속에서 극단적인 이기주의 행태를 나타낼 수 있다.

북한이탈주민들이 한국에 입국해서 단기간 생활하게 되는 하나원의 생활도 이점을 충분히 배려할 수 여건이 구비되어 있지 못하기 때문에 남한 사회적응에 필요한 심리적 정서적 안정을 위한 조치가 미흡한 실정이다.

---

153) 김성호, 「자유를 향한 새로운 삶을 위하여: "하나원" 실태 조사와 새로운 정책대안」 정책보고서, 2001, p.9.

 북한이탈주민들은 전문성의 부족으로 노동의 현장에서 어려움을 겪고 있으며 언어, 문화의 친숙성에도 불구하고 다른 나라에 정착하는 것보다 남한사회에 적응하는 것이 더 어려운 일련의 복잡한 문제를 내포하고 있다.154)

 현재 북한이탈주민들이 남한사회에 재정착하는 데 어려움을 겪고 있는 것으로 미루어 보아 북한이탈주민들이 겪은 어려움과 같은 종류는 아닐지라도 국가 통합과정에서 나타나는 새로운 환경에 남한 사람들도 북쪽에서 적응하는 데 어려움을 겪을 것이다.155)

 남한에 입국한 북한이탈주민들에게 현재 제시되고 있는 적응 훈련은 후에 남북통합과정에서 북한사람을 위한 체계적인 적응 프로그램을 개발하는 데 기준을 제시할 수 있다. 북한이탈주민들은 센터에서 제한된 생활을 하는 것에 대해 불평을 하지만 대다수의 북한이탈주민들은 하나원에서 보낸 시간들이 남한생활 적응준비에 도움이 된 것156)으로 보는데, 이는 하나원에서 교육받은 북한이탈주민을 대상으로, 하나원과 같은 사회적응 교육이 남한 사회 정착에 도움이 됐는지에 대해 도움이 됐다(72%)는 조사에 근거한다.157) 그러나 하나원에서의 교육이 실제 현실에서 취업교육에 별 도움이 되지 못했다는 주장도 있다.158)

---

154) Lee Sang Man, "Resettlement Training for North Korean Refugees", p.76, KOREA FOCUS, January–February 2001, Korea Foundation.

155) ibid., p.78.

156) ibid., p.83.

157) 「탈북자 사회적응실태 조사 결과」, 조선일보, 2001. 12. 10.

158) 하나원 직업교육이 부실하다는 것은 통계로도 나타난다. 하나원 퇴소자의 취업 비율은 32%(2000년 9월 말 기준)로, 남한정착 탈북자 전

하나원 교육의 장애요인을 구체적으로 제시하면 다음과 같다.

첫째, 거의 모든 하나원 훈련생들은 북한에 남아있는 가족들의 안위에 대해 염려하거나 중국 또는 제3국에서 기다리는 가족들을 남한에 데려오는 점에 대한 근심, 그 밖에 새로운 환경, 문화, 음식, 질병에 걸리기 쉬운 상태, 그들 간의 싸움 등에 의해 적응의 어려움이 있다. 심리적 차원의 적응을 위한 개인별, 유형별 상담지원이 어려운 상황에서 일괄적 교육은 한계를 갖고 있다. 대부분은 하나원 교육에 수용적이지만, 북한을 탈출하는 과정에서 어려움을 극복하여 남한사회 적응에 자신감을 갖고 있는 소수의 사람들은 부정적이고 회의적이며 심지어 냉소적이기도 하다. 그 결과로 3개월간의 하나원 교육이 시간낭비라고 생각하는 교육생도 있다.

둘째, 하나원 시설이 시골에 위치해 있기 때문에 피교육생이 일상적인 남한사회 생활의 실제적인 경험에 있어 매우 제한적인 기회를 갖는다. 하나원은 현지 산업관찰 방문과 자원자의 활동을 제공하지만 남한 사람들과 자유로운 상호작용은 피교육생들에게 매우 제한적이다. 훈련 프로그램은 분명히 이론적이며 실제적인 활동을 충분히 제공하지 않는다. 게다가 실제적인 직업교육의 결여는 많은 피교육생들에게 퍼져있는 비판의 원천이며, 그들의 훈련을 위한 열심을 해치는 결과를 초래한다.

셋째, 북한이탈주민들의 연령, 경력, 학력, 고향 등에 대한 고려 없이 모든 북한이탈주민에게 똑같이 획일화된 교육을 제공한다. 이것은 훈련의 효과뿐 아니라 프로그램에 대한 훈련상의 관심을 떨어뜨린다.

체 취업률 34%와 비슷했다. 이 문제를 계속 제기해 온 민주당 장성민 의원은 "하나원 예산 중에서 직업훈련 및 사회적응 훈련에 쓰인 비율이 13%에 불과하다"며 "하나원이 실질적인 정착지원 기능이 아니라 일시적인 수용소 기능만을 수행하고 있다"고 주장했다. 조선일보, 2001. 4. 27.

넷째, 대부분의 교육자들이 사회주의 국가에서 전 생애를 살아온 훈련생들의 기본 특성이 형성된 관습을 일반적으로 무시한다. 교육자들은 북한이탈주민들을 가르치는 최선의 방법과 그들이 알고자 하는 것이 무엇인지, 그들이 실제로 필요한 것이 어떤 종류의 교육인지에 대한 타당한 이해가 충분하지 않다. 한편 이 훈련 활동의 결과에 대한 체계적인 평가가 없기 때문에 이 프로그램은 훈련의 내용을 발전시키는 데 교육자 그들 스스로에게 의존한다. 따라서 교육자의 선택이 더욱 중요하다. 북한이탈주민의 의식에 대한 정확한 인식이 없으면 전문가가 선택될지라도 소기의 성과를 얻기 어렵다.

좀 더 효과적인 훈련을 위해서는 더욱 수용적인 훈련 프로그램을 발전시키는 준거로서 북한이탈주민의 문화 특성과 사고방식, 능력, 생활환경에 대한 체계적인 데이터를 축적하는 것이 필요하다.

기존 프로그램을 평가하면, 북한이탈주민에게 제시된 현 프로그램은 재적응 초기단계에 불안감을 제거하게 의도되어 졌다. 한국인간개발원에서 적응 훈련, 기독교와 카톨릭교회에서 다양한 심리적 안정 훈련, 다른 북한이탈주민들에 의한 성공적인 재적응 경우를 제시함으로 문화적 이질성을 극복하도록 디자인된 일반 훈련, 새로운 어휘, 한자, 컴퓨터 기술, 운전 및 요리 같은 실제적 훈련 등을 포함한다.[159]

하나원의 교육생 연령구성을 보면 가장 활발하게 경제활동을 할 20~40대가 72%[160]를 차지하고 있다. 그러나 실질적으로 하나원 퇴소

---

159) ibid., p.85.

160) 김성호, op. cit., p.7(1999. 7~2001. 3월까지 하나원에 입소하여 교육 받은 총 417명)

계	10세 미만	10대	20대	30대	40대	50대	60대 이상
417	22(5%)	53(13%)	113(27%)	130(31%)	58(14%)	26(6%)	15(4%)

후 취업률은 37%로서, 이 수치는 20~4C대의 절반에 해당되며 실제적
으로 상당수의 경제활동인구가 취업을 하지 못하고 있음을 알 수 있다.
또한 이러한 낮은 취업률은 과연 하나원의 직업훈련 교육이 얼마나 실
효성을 가지고 있는지 제고할 여지를 남긴다.161) 따라서 북한이탈주민
이 갖고 있는 특수성과 교육의 효율성을 고려하여 제2의 하나원을 건
립하고 북한이탈주민의 남한사회 적응에 필요한 안정적인 직업 확보를
위한 기본적인 취업능력 함양에 관심을 기울이는 것이 필요하다.

4) 하나원 교육프로그램의 대안 제시

　성공적인 적응은 북한이탈주민들이 남한 사회의 구성원으로서 생산
적인 삶을 즐길 수 있게 되는 것을 의미한다. 장기 적응을 진척시키는
방향으로 프로그램이 계획되고 시행되어야 하며, 북한이탈주민들이 겪
게 되는 문제들을 그들 스스로 해결할 수 있는 방식으로 실행되어야
할 필요가 있다.
　적응 프로그램의 효과를 높이려면 공적 당국과 사적 기구(시민단체)
양쪽에 의해 연결 조직되어야 한다. 동시에 부가적인 직업훈련과 심리
적 적응 프로그램이 제공되어져야 한다. 북한이탈주민들은 남한사회에
서 요구하는 자질부족에 의해 고용을 꾸준하게 유지하는 데 자주 실패
한다. 이러한 고용 문제는 순차적으로 사회경제적 붕괴를 가져오고, 남
한에서의 삶을 더욱 더 어렵게 만드는 재정적 어려움을 가져온다.
　북한이탈주민들을 남한사회에 잘 적응시키기 위해 좀 더 체계적인
태도에서 직업훈련이 제공되어져야 한다. 북한이탈주민을 위한 훈련프
로그램은 남한 주민과 원활하게 상호작용 할 수 있는 방법에 대한 교

---

161) ibid., p.8.

138

육을 포함하여야 한다. 북한이탈주민들이 남한사회에 적응하는 방법 중 하나는 남한사람들과 잘 지내는 것이다. 물론 이는 북한이탈주민들의 노력만으로 이루어지는 것은 아니다. 순응과 이해에 기초한 열린 마음의 태도를 북한이탈주민과 남한사람들이 채택할 때 성취될 수 있다. 북한이탈주민들이 남한사회에 효과적으로 적응하기 위해 하나원의 프로그램 이수 후에 추가훈련이 또한 필요하다.

민주시민을 갖는 것이 국가에 중요하다는 생각은 오늘날뿐 아니라 민족 통합의 미래에 본질적으로 작용한다. 시민들 사이에 진정한 민주주의 원리를 스며들게 하는 체계적인 훈련은 북한이탈주민들이 남한사회에 적응하도록 도울 뿐 아니라 민족 통합을 준비하게 한다.

하나원 교육이 교육프로그램의 개편을 통해 현행 3개월을 유지하되 민간단체나 지역자치단체를 중심으로 자발적인 후원단체가 참여할 수 있는 시간과 공간적 차원을 확보하는 것이 필요하며 향후 북한이탈주민의 입국이 증가하여 교육 대상자의 규모가 커질 경우 정부 주도의 교과 과정의 개정을 통해 민간단체 참여의 폭을 넓히는 것도 필요하다. 물론 교육과정의 개정이 사회적응교육의 실패나 수준 하락으로 이루어지지 않도록 자원 봉사 단체나 봉사자의 사전 교육 및 준비가 반드시 이루어져야 할 것이다. 교과과정은 예를 들면 다양한 형태로 실제 생활용품 구매하기, 산업장소 견학, 또는 가까운 지역 내 중소기업의 평범한 노동자의 삶을 볼 수 있도록 프로그램 작성, 북한이탈주민으로서 남한사회에 성공적으로 적응한 경우를 하나의 모델로 제시하기 등이 포함되도록 변화하여야 할 것이다.

북한이탈주민들이 하나원의 교육이 수료되면 정착할 지역을 선택하게 되는데 대부분 수도권 특히 서울을 선호하고 있다. 따라서 수료 시

하나원 생활에서의 성적 등에 의해 서울 정착을 허용함으로 갈등과 반발을 일으키고 있는 실정이다. 북한이탈주민 공동체를 지방에서 특히 농촌생활을 통해 시도한 경우162)가 있지간 성공적이지 못한 것으로 알려져 있다. 농촌 정착 희망자가 소수이고 또 남한 사회의 물질적 지원이나 헌신할 사람이 많지 않아 이러한 시설은 어려움을 겪고 있다. 처음에 정착할 의지를 갖고 함께 참여했던 사람들이 이런 저런 이유로 떠나는 것을 보면서, 좋은 취지에도 불구하고 이러한 운동이 외면되는 이유에 대해 운영자는 첫째, 이들이 농촌에 대해 확신을 가질 수 없기 때문이고 둘째, 이들이 끝없는 외부의 자극을 받기 때문이라고 말하고 있다. 즉, 이들의 눈에 비친 남한의 농촌은 사회적 약자들이 사는 곳이고 남한의 젊은이들에게조차 외면당하는 땅이므로 비전을 발견하기 어려운 곳이라는 생각때문이다. 또한 각종 사회단체의 강연 요청으로 인한 잦은 상경, 강연 사례비 등은 땀을 흘리는 것의 가치를 손상시키기에 충분하다. 이러한 교육에는 실물 경제 교육과 인성 교육을 같이 할 수 있는 민간단체들의 공동노력과 북한의 현실을 이해하고 현실에 접목할 수 있는 다양한 프로그램의 구성, 기에 헌신할 사람들이 있어야

---

162) 한민족 복지 재단에서 독립한 '고향ㅁ-을'은 북이탈주민 지원 업무를 담당하여 남한주민과 북이탈주민이 한 마을에서 함께 생활할 수 있고 북이탈주민들의 안식처가 될 수 있는 공동체 마을을 건립하고자 시도되었다. 1998년에는 북이탈주민 3명과 목사, 동역자 1명과 함께 옥수수 2,000평, 콩 1,700평의 농사를 지었으며, 북이탈주민 중 한 명이 옥수수를 이용한 국수제조기를 발명하여 국수를 제조, 출하하기도 했다. 이들은 북이탈주민에 대한 지원 정책의 방향이 실생활에 도움이 되는 것으로 짜여져야 하며, 돈을 주는 것은 한시적인 미봉책이 될 뿐이기 때문에 일자리를 주어야 하고 그것이 장차 자신의 사업체로 연결되어 꿈을 갖고 살아 갈 수 있어야 한다고 본다는 것이다.(이상만, "하나원 사회적응교육 프로그램 평가 및 개선방향", 2000, p.13)

하는데, 지원자가 없다는 것이 또 다른 중요한 문제점 중의 하나163)라 할 수 있다. 아울러 북한이탈주민의 선호만을 탓할 것이 아니라 정부의 적극적인 지방유인책이 강구되어야 한다.

5) 북한이탈주민의 심리적응 상태

'하나원'의 교육중점은 북한이탈주민들이 탈북 및 제3국에서의 은신·도피 생활 과정에서 겪은 심리적 불안과 자유민주주의 사회의 새로운 환경변화에 따른 정서적 불안감을 해소하기 위한 심리안정·정서순화에 두고 있다. 탈북자들에게 무조건 북한 문화를 버리고 남한 문화를 수용하라는 것은 문제가 될 수 있다는 것이다. 이것은 북한 문화를 철저하게 열등한 것으로 보고 무시하는 태도를 배경에 두는 것으로 탈북자에게 혼란과 불안을 가중시킬 가능성이 높은 것으로 보인다. 따라서 필요한 것은 그동안 형성된 북한의 특징을 어느 정도 인정해주고 그들이 가지고 있는 북한의 문화가 앞으로 이루어질 남북 통합사회를 더욱 풍부하게 만들고 발전시킬 수 있다는 시각을 갖는 것이 중요하다는 것이다.164) 이를 제대로 수행하기 위해서는 상담 심리 전문가의 증원과 상담시간의 확보가 필요하며 적극적인 재정의 뒷받침이 있어야 한다. 그러나 하나원의 적응프로그램에는 <표 VI-4>에 나타난 것처럼 정서순화 및 심리안정에 50시간(9.6%)을 배정하고 개인상담은 수시로 하도록 하고 있지만, 실제 교육생의 일과표와 위의 전체 교육프로그램 표를 보면 이러한 상담 프로그램이 실시될 여유 시간이 없음을 알 수 있다. 또한 개인 상담은 하루의 교육 과정이 모두 끝난 저녁 시간을 이용하

---

163) 이상만, op. cit., p.13.

164) 전우택, 『사람의 통일을 위하여』, 오름, 2000, p.105.

게 되어 있기 때문에 실질적으로 심신이 피로한 상태라 상담이 활발하
게 이루어지기 힘들다는 것이다.165) 이런 점을 감안하였을 때 좀 더 심
리 및 정서 상담 강화에 대한 제고가 필요하다.

　한편 남한사회에 적응할 때 북한이탈주민을 '북한에서 죄를 짓고 도
망한 범죄인', 또는 '가족을 버린 무정한 사람' 등으로 보는 남한사람들
의 편견에서 비롯한 시각에 위축되지 않는 심리적 안정과 자신감을 심
어 줄 필요가 있다. 남한사람들이 북한이탈주민을 대할 때 두려워할 필
요가 없도록 서로 간에 자연스럽게 접촉할 수 있는 기회를 제공한다면
적응을 더욱 용이하게 할 것이다. 남·북한주민은 서로 많은 차이가 있
음을 인정하고, 이를 두려워해서는 안 되며 대화나 공감대를 형성하기
위해 서로를 이해하고 적응을 도울 수 있는 프로그램을 강구해야 한다.
냉전 이데올로기하에서 남북한인들은 서로에 대한 적대감을 오랜 기간
교육받아왔다. 지금 변화가 이루어지고 있지만 오랜 시간의 반공교육
흔적을 지우기 어렵다. 북한이탈주민에 대한 잘못된 편견을 제거하고
이해와 관용의 정신으로 바라볼 필요가 있다. 우리와 다른 생각과 느낌
을 갖는 것은 이질적으로 여기기보다는 차이점으로 보아야 할 것이다.
더 많은 점에서 동질감을 확인할 수 있으며 여기에 관심을 둘 때 서로
간의 공감대를 형성에 큰 도움을 주기 때문이다.

6) 사회 각계각층의 협조 사항

　사회의 또 하나의 식민계층, 하류계층으로 북한이탈주민이 떨어지지
않도록 유도함이 필요하다. 왜냐하면 사회 중상층으로 편입되어 북한이
탈주민 스스로 자립하면 다른 북한이탈주민을 도울 수 있는 후원 및

---

165) 김성호, op. cit., pp.16-17.

지지계층에 편입 될 수 있기 때문이다.

　현재 정규 단체에서 행하는 북한이탈주민에 대한 금전적 지원은 주로 대형교회에서 전도를 목적으로 신앙생활 즉 교회 출석을 조건으로 지급하는 경우로 일인당 50만원 정도씩 지급하는 것으로 이런 지원은 자생력을 약화시킬 수 있다. 북한이탈주민들에게 지원금 중심의 지원체제는 체제 적응 효과 면에서 장기적이고 철저한 직업교육에 비해 효과성이 떨어진다는 전문가들의 견해166)가 있다. 정확한 북한이탈주민의 사회적응 가능성 분석 후 각 유관 부처와 시민단체들의 지속적인 협력과 지원이 필요하다.

---

166) 백영옥, "북한이탈주민 대책 연구", 세종연구소, 1999, p.22.

VII. 대안적 측면에서 종합적인 정책방향

1. 이주민에 대한 해외 사례연구

이주민 사례 선정에서 우리처럼 단일민족에서 여러 가지 이유로 이산의 고통을 겪었던 국가가 어떻게 국민통합의 과정을 수행했는가 하는 점에 초점을 두고자 한다. 본 연구에서 선택한 독일, 이스라엘, 베트남은 공통적으로 국가가 중심이 되어 이산되어 있는 자기민족을 적극적으로 유입했다는 점에서 특징을 분석해보고자 한다.

독일은 남북한과 마찬가지로 오랜 기간 분단 상황을 유지하다가 1990년 통일을 이룩하였고 이 후 통합과정에서 많은 문제를 야기하고 있다. 이러한 독일의 시행착오는 우리가 타산지석(他山之石)으로 삼는다는 점에서 독일의 이주민 정책을 분석할 필요성이 있다.

또한 이스라엘은 특수한 역사적 배경[167]을 갖고 독립한 이후 지금까지 끊임없이 유태민족의 이주를 수용하고 있다. 특히 구소련이 붕괴된 이후 대량이주가 이루어지고 있다는 점에서 우리에게도 있을 수 있는 북한이탈주민의 대량입국에 선행사례가 될 수 있으며 국내 북한이탈주민의 사회 적응 방안에 많은 참고가 될 수 있다고 본다.

마지막으로 베트남은 공산화 통일이 이루어진 후에 인접국으로 탈출한 많은 난민들이 제3국으로 망명을 시도하여 국제 문제를 야기하였다. 처음에는 많은 탈출 베트남인들을 난민으로 수용한 서방국가들이 일정

---

167) 이스라엘에 있어 시온주의 및 독립과정에 대한 자세한 내용은 주한 이스라엘대사관 홈페이지를 참조할 것,
http://www.israelemb.or.kr/facts/frame.html

한 시간이 경과한 후에는 그들을 난민이 아닌 단지 경제유민으로 규정하여 입국을 불허하게 되고 이에 유엔난민고등판무관(UNHCR)과 베트남정부는 협의를 통해 베트남 난민의 자발적 귀환을 유도하고, 이들의 베트남 정착을 지원하였다. 이러한 과정은 사회구조적인 원인으로 인한 북한 사회의 식량 및 경제문제에서 비롯된 대량 탈북사태가 앞으로도 발생할 가능성이 있기 때문에 북한 당국과 협의할 수 있는 자료적 가치가 있다고 본다.

물론 이상의 언급한 나라들은 우리와 문화가 다르고 나타난 상황이 다르기 때문에 이들의 성공사례를 한반도에 적용하면 유사한 결과를 초래한다고 단정할 수는 없다. 학문적 비교 연구를 함에 있어 주의할 점은 각 국가와 민족, 그리고 그에 해당되는 사회 성원들이 처해 있는 사회·문화적 특수성을 인식해야 한다는 것이다. 각 국가나 민족의 사회·문화적 배경과 환경이 다르기 때문에 섣불리 유사점을 도출하게 되면 시사점을 찾을 수 없을 뿐만 아니라 무리한 적용을 하게 되는 오류를 범할 수 있게 된다.168) 그러나 나름의 선행경험을 원용하여 한국의 상황에 맞는 방안을 강구할 수 있으리라 판단한다. 따라서 구체적인 지원방안의 내용들을 제시하기보다는 특징적인 면만을 제시하고 적용가능성을 분석하고자 한다.

1) 독 일

서독의 난민정책은 한국의 것에 비해 일관적이고 비정치적이며 적응력 제고에 역점을 두고 있다. 서독 정부는 1949년 분단 이후 동독주민

---

168) 이상만, "하나원 사회적응교육 프로그램 평가 및 개선방향", 2000, p.14.

의 탈출이 계속되자 1950년 「긴급수용법」을 제정하였다. 이 법은 인도
주의적 성격을 강하게 내포했으나 양독 간의 정치적 문제, 전후 서독의
사회·경제적 어려움으로 대량유입을 규제하기 위한 선별허가제를 실시
했다. 1961년 베를린 장벽이 설치되어 탈출자의 수가 격감하자 서독정
부는 시행령을 개정해 수용절차도 선별적 허가에서 단순한 신고 및 기
록방식으로 바뀌게 되었다. 따라서 이주자들은 서독 기본법이 정한 시
민권과 긴급 수용법에 의거한 사회적 보호를 받을 수 있게 되었다.169)

　　1989년 여름부터 동독 탈출 주민의 수가 급증하자 대규모 난민정책
이 수립되었다. 난민의 숙소마련을 위해 1989년 『임시거주지 확보에 관
한 법률』을, 생활안정 및 사회보장제도 혜택을 목적으로 『사회적응 및
동화를 위한 법률』을 제정했다. 1990년 난민 수용시설 확충에 대한 연
방단위의 재정지원을 위한 『임시수용에 관한 연방정부의 재정지원법』
을 제정하였다. 동독이주민에 대한 서독의 정책은 두 가지 특징을 가지
는데, 첫째, 서독의 국제법이 동독 주민을 자국국민으로 인정한다는 점
이다. 이러한 규정은 동독 이주민들의 서독정착과 적응에 대한 정부의
지원에 정당성을 부여하는 중요한 법적 기반이었다. 법적 차원뿐 아니
라 동독이주민에 대한 서독의 인도주의적 배려가 동독주민의 이주욕구
를 증대시킨 중요한 요인이 되었다170)는 것이다. 둘째, 서독이 동독이주
민을 수용할 수 있는 경제적 능력을 갖춘 점이다. 현재 한국은 법률적
인 해석에 있어서 북한 주민을 대한민국의 국민으로 보고 있으나 실제
에 있어서는 자국민에 대한 구체적이고 적극적인 인도주의적 배려를
하지 못하고 있는 실정이다.

　서독은 「긴급수용법」을 제정한 이후 이주민들에 대한 종합적·체계

169) 백영옥, op. cit., p.14.

170) ibid., p.15.

적인 지원을 제공하기 시작했다. 이 법의 기본원칙은 첫째, 이주민들이 서독사회에서 적응하여 자립, 정착하기 위해 필요한 임시적 지원을 제공하는 것이며, 둘째, 동독에서 생명의 위협을 무릅쓰고 동독을 탈출한 데 대한 보상의 차원에서 물질적 대가를 지불한다는 것이다.171)

이주민들의 수용절차는 일반적으로 연방수용소(입국 후 처음 2~3일)에서 주 중앙수용소(2~3일 수용)에서 임시거주지(개인주택 입주 전 약 1~2년)를 거쳐 개인주택 입주의 절차를 받게 된다. 서독 정부는 이주민 분산의 원칙을 지킴으로 집중이 가져올 수 있는 폐해를 방지하였고, 대량이주에 효율적으로 대응할 수 있었다. 또한 연고관계를 활용하여 이주민의 정착을 유도함으로써 재정부담을 줄이면서 적응으로 인한 사회문제를 줄일 수 있었다.172)

동독이주민을 위한 재정은 주로 연방정부에서 지급되었고 일정부분에 한해서 주 정부의 예산이 사용되었다. 지원 및 관리는 연방내무성의 총괄하에 유관기관들과 협조하에 이루어졌다. 긴급수용소에서의 임시지원은 정착보조금 지급, 기본적 구호 및 정착상담의 형태로 이루어졌고, 각 주에서의 정착지원은 주거지원, 정착금 지원, 취업상담 및 주선, 사회보장 혜택 제공 등의 형태로 이루어졌다. 이주민의 정착을 위해 기존의 사회보장체계를 효과적으로 이용함으로써 비용의 절감뿐만 아니라 이들의 사회통합에도 기여하였다는 것이다.173)

서독의 이주민 정책에 있어 정착금의 무상지급을 지양하고 대출제도를 활용하여 이주민들의 적극적인 적응의지와 책임의식을 높인다는 점

---

171) 윤인진(e), "탈북자의 남한사회 적응실태와 정착지원의 새로운 접근", 『한국사회학』, 제33집 가을호 1999, p.516.

172) ibid., p.516.

173) ibid., pp.516-7.

이다. 이주 초기의 신분적, 경제적 어려움에 대한 일정한 보상은 서독 정부가 담당하지만 이후의 적응과 생활에 대한 책임은 이주자 자신이 지도록 한다.

현재 한국에서 북한이탈주민들이 하나원 교육이 수료되면 정착금을 일시에 지급하고 있는데 이러한 방식은 북한이탈주민들의 자립심과 책임의식을 약화시킬 수 있기 때문에 자신의 삶에 대해 스스로 책임을 지는 방식으로 전환될 필요가 있다. 그러나 최근 북한이탈주민들이 받는 정착금은 한국에 들어오지 못한 가족들의 입국을 위한 경비로 쓰여지는 경우가 많은데 이에 대한 대책을 정부가 주도적으로 세워야 할 것이다.174) 한국의 사회복지 체계가 서독처럼 충분한 사회 안전망을 갖추지 못했기 때문에 단순비교는 무리가 있겠지만 능력이 없는 사람들은 국가가 사회복지체계에 흡수하는 방향으로 나아가야 할 것이다.

2) 이스라엘

가) 이스라엘 이주민 정책과 현황175)

이스라엘은 잘 알려진 것처럼 이주민에 의해 건국된 국가이다. 따라서 건국 초기부터 '유대인 협회(Jewish Agency)'라는 기관을 통해 해외에 거주하는 유대인들의 국내이주를 수용해 왔으며 1968년에 이주민부 (Ministry of Immigrant Absorption)를 내각에 신설하여 이주민 수용을

---

174) 「탈북자 정착금 가로채」, 연합뉴스, 2002. 4. 4; 「탈북자 정착금 밀입국 알선료로 악용돼」, 연합뉴스, 2001. 9. 24.

175) Ministry of Immigrant Absorption,
    http://www.mfa.gov.il/mfa/go.asp?MFAH00hu0 (2001-08-11) p.1-17.

위한 정책을 수립하고 실행해 왔다. 이스라엘의 이주민 정책은 기본적으로 첫째, 해외에 살고 있는 유대인은 그가 어디에 살았던지 이스라엘로의 이주가 무조건 허용되며, 둘째, 시온주의에 입각하여 이스라엘이라는 국가 안에 통합하려 했고, 셋째, 해외이주민들이 중류사회에 편입되도록 지원하여 이들이 정착에 실패하여 하층계급으로 전락하는 것을 막고자 하는 데 중점을 두고 있다176) 이러한 이주민정책의 영향으로 1989년 사회주의권의 붕괴로 구소련 지역 등으로부터의 이주가 급증하기 전까지 대부분의 이주민들이 이스라엘의 사회에 잘 적응하였다.

<표 Ⅶ-1>과 <표 Ⅶ-2>에 나타난 것처럼 1989년부터 1997년까지 약85만 명의 유대인들이 이스라엘로 이주해 왔는데, 이중 구소련지역으로부터 이스라엘로 대규모 이주가 시작되었는데 1990년부터 1996년까지 67만 명에 이른다. 이는 1988년 이스라엘 총인구의 15%의 증가를 의미하며177) 이전의 이주민과는 달리 자본주의 경제생활을 경험하지 못한 사람들이었다. 그러나 이스라엘 정부는 일정기간 기술적인 보호와 지원에 있어 특별한 배려를 통해 잘 정착하도록 도와주었으며 당초의 우려와는 달리 구소련 지역 출신 이주민들은 기술 및 교육수준이 다른 지역 출신보다 높은 것으로 나타나 순조롭게 이스라엘 사회에 적응한 것으로 나타나고 있다.178)

---

176) 최보선, "탈북주민 문제와 이스라엘의 이주민 정책", 『통일경제 1997. 2』 제26호, 현대경제사회연구원, p.100.

177) 1988년 이스라엘 총인구 4,476,800명(출처: http://www.cbs.gov.il/shnaton/st02-01_e.shtml); Gila Menahem & Miri Lerner "An Evaluation of the Effect of Public Support in Enhancing Occupational Incorporation of Former Soviet union Immigrants to Israel: A Longitudinal Study", April 1, 2001, 『Journal of Social Policy』, p.308.

<표 Ⅶ-1> 이스라엘 이주민 현황

연 도	이주민 수	연 도	이주민 수
1989	24,050	1994	79,844
1990	199,516	1995	76,361
1991	176,100	1996	70,919
1992	77,057	1997	66,000
1993	76,805	–	–

출처: Israel Central Bureau of Statistics, 1999

<표 Ⅶ-2> 이스라엘 이주민의 출신지역별 현황(1990~1996년)

지역 \ 년도	1990	1991	1992	1993	1994	1995	1996
구소련	185,200	147,000	65,100	66,100	68,100	64,800	58,900
유럽	4,500*	5,100*	3,900	4,200	4,500	4,100	4,200
북미&대양주	–	–	2,200	2,400	2,600	2,700	2,600
남미	–	–	800	800	1,000	1,500	2,200
기타	5,400*	20,900*	5,100	3,100	3,600	3,300	2,900

비고(에티오피아; 1990~1996년까지 32,591명 이주)
기타(아프리카와 아시아), * 표시는 항목이 다른 2개의 자료 비교 추정치

출처: Israel Central Bureau of Statistics[179] & Ministry of Immigrant Absorption[180]

---

178) ibid., p.307.

179) http://www.cbs.gov.il/shnaton/st05-01ɛb_e.shtml
    http://www.cbs.gov.il/shnaton/st05-03ab_e.shtml

180) http://www.mfa.gov.il/mfa/go.asp?MFAH00hu0, p.17.

최근 발표된 논문에서 구소련 출신의 이주민들이 이스라엘의 직업적 편입을 향상시키는 데 가장 중요한 역할을 한 것은 구소련에서의 이전 직업이나 교육보다 정부가 개입하여 실행된 직업재훈련이라고 밝히고 있다. 또한 직업재훈련 프로그램에 참여한 사람들이 참여하지 않은 사람보다 이주 전에 더 높은 수준의 직업을 가졌던 것이 사실이지만 그들 사이의 직업적 격차는 전자가 직업재훈련에 참여한 이후 증가하였다.[181] 이는 이스라엘 정부의 이주민들의 취업 및 사회 적응 정책이 효율적으로 작동하고 있음을 나타내 주는 것이다.

이 기간 동안, 실업률이 1991년 38.5%에서 1995년 9.6%로 감소하였고, G.N.P가 35%나 성장한 점은 이들의 이스라엘 사회 적응이 개선되고 소득이 향상되는 정착 양상을 보이는 것이다.[182]

나) 이주민부의 구조와 기능

이주민들의 적응·지원정책을 수립하고 총괄 집행하는 전담 부처인 이주민부는 이주민이 이스라엘에 이주 후 최초 3년 동안 경제적 직업적 사회적 문화적 통합을 책임지는 부서이다(주택지원의 경우는 5년간 지속).

이주민부에는 지원조정실(Absorption Service Division), 기획연구실(Planning and Research Division), 주거지원과(Housing Absorption Department), 고용지원과(Employment Absorption Department), 복지사업과(Welfare Service Department), 사회통합과(Social Integration Department), 히브리어교육과(Ulpan Department; Ulpan Class 교육문화

---

181) Gila Menahem & Miri Lerner, op. cit., p.327.

182) 백영옥, op. cit., p.20; 최보선, op. cit., p.101.

부와 연계 운영), 대학생국(Student Authority), 연구기술자 지원센터 (Center for the Absorption of Scientists) 등의 부서가 있어, 이주민이 자격이 있는 동안 예방적이고 지원적인 조치를 통해 이주민의 취약집단의 초기보호를 제공하며, 이주민의 교육적 상황에 가장 적합한 교육기관을 발견하여 제공하고, 이주민 스스로 구직할 수 있도록 기회를 마련하며, 실패하면 도움을 제공하는 등 총괄적으로 집행한다. 정책의 기본방향이 일방적 지시보다 도와주는 전략으로 스스로 구직할 수 있는 이주민의 상태를 분석하고 그들의 구직 능력 배양에 정책을 집중한다. 이주민들의 사회적 응이 개인적 상황, 사회적 상황(분위기), 즌제적 전망에 따라 달라질 수 있기 때문에 이들의 적응 과정을 끊임없이 모니터한다.

이주민부는 5개의 지역(Jerusalem, Tal Aviv, Central, Haifa, Beersheva)에 지부(district office)를 가지고 있으며, 각각의 지부는 지소(branches)들을 두고 있다. 이주민부는 각 지소에서의 일을 조정하는 지부에 더 큰 권위를 이양하는 업무 재조정 중에 있으며, 중앙과 지역 조직이 상호 연계하에 이주민 지원 업무를 수행하고 있다. 지부는 전국적으로 산재해 있는 동화지원센터(Absorption Center), 이주민 숙박소, 울판(히브리어 교육과정)에 있는 이주민들을 상대한다.183)

공항에 도착한 이주민들에게 관리들이 신속하게 접근해서 각 이주민들의 독특한 상황에 주의를 기울이고 차별 없이 편안하도록 서비스를 제공함으로 공항에서부터 이주민들에게 사회적응에 필요한 정보의 제공이 용이하다.

---

183) Ministry of Immigrant Absorption, op cit., p.2.

다) 취업지원의 형태

취업지원의 형태는 크게 3가지 형태, 즉 직업훈련 및 재훈련, 보조금 지급제도, 창업지원으로 구성되어 있다. 이주민의 개인별 특징 및 희망에 따라 가장 적합한 방식이 선택되어 개별 이주민의 취업지원 형태와 내용이 달라진다.

이주민부는 이전에 가졌던 직업(임학, 포도주 양조학, 철도 엔지니어 등)이 현재 수요가 없는 상태인 이주민을 위한 직업훈련 및 재훈련 과정의 재정을 집행하거나 돕는다. 이과정의 많은 참가자가 과학 기술과목의 교사가 될 것을 격려 받는다, 왜냐하면 예를 들어 기술자들은 고등학교에서 수학, 물리, 전기를 가르칠 수 있는 유능한 후보자이기 때문이다. 그런데 높은 인적자원으로 분류된 이주민을 다룰 때에 재훈련 프로그램은 인적자원의 이동과 성공적인 이주에 공헌하는 것으로 나타난다.

(1) 직업지도와 구직센터

이주민부는 각 구역에 하나씩 4개의 센터를 운영하는데 이곳은 개인적인 이유로 취업에 어려움을 겪는 이주민을 위해 훈련과 지원을 제공한다. 이주민들은 히브리어를 배우고, 직업훈련을 받고, 개인적인 창업지원을 받는 동안 그 센터에 4개월간 머무를 수 있다.

이주민 중 예술가와 운동선수들은 기술을 발전시키거나 장비를 획득하도록 지원을 받는 특별집단이다. 예를 들면 배우에게는 소리수업, 작가들에게는 번역 서비스, 운동선수에게는 코치를 할 수 있도록 배려한다.

(2) 산업적인 프로젝트

이주민부는 고용주들과 함께 다양한 프로젝트를 후원하거나 수행한다. 예를 들면 통신계통의 일을 위해 엔지니어들을 훈련시키는 프로젝트 따위다. 에티오피아에서 온 이주민들을 위한 독특한 프로젝트가 수행되었는데, 청년 유태교 학교를 위한 직업훈련 코스가 시작되었다. 군 입대를 하지 않은 에티오피아에서 온 이주민들에게 다양한 지원을 제공한다.

(3) 창업지원

이주민부는 최근 이주민의 15%가 그들 자신의 일자리를 기꺼이 창업하거나 할 수 있다는 사실을 보여주기 때문에 개인적인 동기유발을 격려한다. 부가적인 일자리 수천 개를 만들며 그 나라의 산업과 사업을 발전시키는 이러한 가능성을 환영한다. 따라서 이주민의 자본부족과 지방경제의 익숙하지 못한 것을 극복하도록 지도한다.

(4) 이주민 과학자들의 적응

수천 명의 이주민들은 과학자이거나 학자이다. 적응 센터는 부족한 여건하에 이 뛰어난 인적자원의 적응이 잘 이루어지도록 도움을 주고 있다. 센터는 이주민 과학자들을 등재하고 그들이 기준에 부합하는지 검사하고 그들의 전문적인 프로필을 작성하여, 대학, 개인 및 기업 연구소 등의 일자리를 찾도록 도움을 준다.

기존 프로그램하에 적응 지원의 수준을 고용주들과 협상하고, 재정지원을 결정한다. 그리고 과학자들의 작업장을 방문함으로써 적응과정을 점검한다.

(5) 직접적응

이주민들의 자율성을 극대화한다는 취지에서 고안된 직접적응 방식은 각종 지원 조치를 하나로 묶은 종합대책(Absorption Basket)으로 이스라엘 사회가 이주민 동화를 위하여 광범위한 서비스를 제공하는 공식체계와 비공식체계가 병행하면서 발전할 수 있는 단계에 이르렀다는 자신감의 반영이기도 하다.[184] 새로운 접근인 직접적응하에서 이주민들은, 자신에게 맞지 않는 삶의 방식과 장소가 이주민부에 의해 선택되는 것보다 그들이 원하는 방향으로 스스로 선택·적응하는 것이다. 직접적응은 5가지의 특징을 갖는다. 첫째, 선택의 자유를 보장하고, 둘째, 적응할 수 있도록 자원을 제공하며, 셋째, 구체적인 간격을 두고 지원하며, 넷째, 이주민에게 친척의 영향을 유도하고 그들과의 통합을 추구하며, 다섯째, 이스라엘 사회의 영향과 일상의 삶에 바로 이주민을 노출시킨다.

이에 따라 직접 적응방식의 종합대책은 첫째, 호텔숙박 알선, 아파트 물색, 기본경비제공 등 초기 동화 조치 둘째, 1년 치 임대비 셋째, 주거비용(세금, 전기, 가스비용 등)보조 넷째, 히브리어 학습기간을 포함하는 최초 6개월간의 생활비 보조 다섯째, 자녀 교육비 보조 여섯째, 기본가구 구입비 등을 하나의 패키지로 지원하는 방법이다.

종합대책에 포함된 지원금의 20%가 이주민들의 귀국 즉시 지급되며, 이는 3개월간의 집세와 최초 생활비에 해당한다. 나머지는 이주민이 자신의 주소와 은행계좌를 이주민부에 통보한 후에 이주민의 계좌에 입금시킨다. 이 방식은 이주민의 선택의 자유를 보장하고 이주민부와 이주민의 접촉을 최소화함으로 지원업무를 단순화시키고, 관료적 형식주의를 배격했다는 점에서 긍정적인 평가를 받고 있다. 그러나 유대정신과 유대어에 익숙하지 못한 이주민에게는 적합하지 않은 것으로 분석되었다. 왜냐하면 자율성에 근거하므로 이스라엘 사회에 적응할 수 있는 능력이 어느 정도 구비되어 있지 않을 경우 실패할 가능성이 높기

---

184) 최보선, op. cit., p.116.

때문이다.

모든 프로그램이 이주민에게 같은 정도로 영향을 미치는 것은 아니다. 이주민 고용주에게 보조금을 지급하는 것은 이주민의 소득향상이라는 측면에서 직업재훈련 프로그램보다 덜 효율적이다. 재훈련 프로그램이 보조금제도나 창업자금지원보다 가장 효율적이고 영향력이 있다.

재훈련은 구체적인 고용기관과 관련되어 있지 않고 일반적 수준의 지식과 기술을 훈련생에게 제공함으로 폭 넓은 전이성(轉移性)을 갖는다. 대부분의 정부 훈련과정은 이런 형태이며 사내훈련이나 현직훈련이 아니고, 이주민에게 공식적인 증명서를 제공한다.

이주민에 대한 보조금 제도는 대부분의 경우에 구체적인 회사에서 요구되는 지식과 기술을 교육생들한테 제공하므로 다른 회사로 전직할 때 활용도가 떨어져 미흡하며, 또한 공식적인 자격증이 없다. 보조금의 기한이 제한되어 있기 때문에 기한이 종료된 후에 새로 습득한 기술의 전이성이 낮기 때문에 소득이 적다.

여성이주민들의 재훈련을 통한 취업기회의 증가로, 고용주들이 공적인 재훈련을 더욱 요구하게 한다. 왜냐하면 남성이주민들과 비교해서 여성이주민들을 고용함에 잠재적 위험을 감소시키기 때문이다.

여성이주민은 고용주에게 보조금을 지급하는 것보다 재훈련을 통해 취업하는 것이 유리한 데 반해, 남성에게는 보조금 지급이 더 유익하다. 고용주를 위한 보조금이 재훈련이나 증명서를 필수적으로 포함하지 않기 때문에 재훈련에 의해 얻은 기술의 전이성이 자격증을 제공하는 외적인 구조에서 여성들에게 좀 더 유익하다고 볼 수 있다.

재교육 프로그램에 참여할 때 유익할지라도 사회적 수준이 낮은 상태에 있는 이주민들에게는 재훈련 프로그램 참여가 낮다는 것에 주목해야 한다. 또한 정부나 비정부 기구의 지원을 받은 사람들은 더 높은 소득을 얻는 데 유익한 것으로 나타났다.

대규모 이주민 유입사태에 공적인 개입의 영향이 이주민뿐만 아니라 다른 사회적 집단에도 마찬가지로 미칠 수 있다. 이것은 어떤 종류의 개입이 다른 가난한 집단의 기회를 개선시키는 것에 잠재력이 있다는 경쟁의 기초를 제공한다.

대규모 프로그램에 있어 참여는 자발적이고 프로그램의 참여가 실행의 중요한 측면이라는 것을 강조한다. 이주민들 사이에 각 직업적 분류에 편입하는 데 유용한 영향력을 주는 공적 후원기제는 높은 수준의 운영기술이 필요하다.

직업 재훈련과 같은 프로그램은 다른 것보다(예를 들면 보조금지급 등) 더 유익하다는 것이다. 정부의 개입이 남성이주민보다 여성이주민에게 더 유익하다는 발견은 공적인 프로그램이 이주민이든, 비이주민이든 가난한 집단의 유익을 위한 기회를 증가시키는 데 사용될 수 있음을 나타낸다.[185]

라) 기타 사회복지 지원

사회 복지를 위해 '사회통합과'와 '복지사업과'의 기능을 중점적으로 살펴보겠다.

(1) 사회통합과

이주민의 신속한 통합은 사회에서 제공되는 지원에 주로 의존하기 때문에 이스라엘 사회는 현재 수십만의 이주민들의 적응을 도와주기 위해 동원되어 왔다. 사회통합과는 여러 수준의 적극적 지원을 제공한

---

185) Gila Menahem & Miri Lerner, op. cit., p.328-330.

다. 우선적으로 이주민 적응의 결정적 중요성에 대해 설명해주고 이에 대한 비이주민(일반 이스라엘인)들의 인식을 높여주는 것이다.

사회통합과는 이스라엘 거주민들이 오랜 기간에 걸쳐 이주를 부정적인 측면에서 긍정적으로 수용하도록 노력해 왔고, 그 결과 이주민들을 지역사회발전을 위한 지렛대로 인식하게 되었다. 사회통합은 5년의 과정인데, 주택을 제외하면 다른 적응의 측면들은 3년이다. 이 기간 동안, 자원봉사 조직을 통해 모집된 수천의 자원봉사자들의 지원을 받아 이주민들의 통합욕구를 자극하려고 노력한다. 이주민들이 갖고 있던 기존 문화적 유산의 중요성을 인식하여 무조건 이스라엘 사회에 용해되는 것을 주장하는 대신 각 집단의 유산과 독특성을 보존하도록 한다. 예를 들어 사회통합과는 에티오피아 출신 유태인들의 민속을 고무시켰다.

종교 활동에 있어 대부분의 최근 이주민들은 수십 년 동안 유대교 전통과 접촉하지 않은 채 지내왔다. 이주민부의 반응은 유대교 명절에 관한 정보, 유대교 유산에 관한 세미나, 역사적인 유적지 여행을 포함하는 종교적 활동을 제시한다.

(2) 복지사업과

복지사업과는 이주민들이 실제로 필요한 도움을 확실하게 받도록 한다. 관련기관과의 협조하에 이주민들의 다양한 욕구에 적합하게 조치하도록 한다.

가) 교육 및 종교, 군복무지원

교육 문화부와 연계하에, 이주민학생의 욕구를 고려하여 그들의 학교생활에서의 적응을 확실하게 한다. 재정적인 지원, 개별적인 장학금, 풍부한 교육내용, 강화프로그램, 취약집단에 대한 넓은 범주의 프로제트, 이주민가족의 상담 및 지원을 제공한다. 적응지원에는 학교비용(등록금, 서비스비, 교재대, 여행비, 문화활동 및 개인적인 용돈)에 대처하는 보조금을 포함한다. 보조금은 충분치 않아서 복지사업과는 예외적으로 학습장애 및 적응장애를 갖는 학생들에게 개별적인 장학금을 지불했다.

풍부한 교육프로그램은 역사, 영어, 이스라엘지리, 1단계준비, 입학허가를 위한 별도의 준비, 컴퓨터에 의한 영어학습 등의 과목과 미취학프로그램의 강화를 포함한다. 여기에 덧붙여 교육부는 여름 울판[186]의 생활에서 삶을 풍요롭게 하는 활동들을 제공한다. 1990년 여름 울판의 생활이 과거에는 3주인 것을 6주로 연장하였다. 이유는 이주민 학생의 교육적 요구에 부응하고 부모들이 울판에서 생활하거나 직업적인 훈련과정에 참여하는 경우 그 아이들을 위한 조직화된 학습 환경을 제공하기 위해서이다. 여름 울판의 생활 속에서 참여자들이 이스라엘에 친숙해지기 위한 활동, 이벤트, 소풍, 그 외 여러 가지 프로그램의 경비를 제공한다.

러시아어 사용 이주민들을 위한 집단 상담가들을 훈련하는 안내 프로그램을 시행하였다. 평균 5년 이상 이스라엘에 거주한 이 상담가들은 이주민 부모들이 이스라엘 학교체제와 다양한 체계 및 서비스에 잘 대처하며, 이주민 아동의 적응에 수반되는 심리적-사회적 어려움에 잘 대처하도록 도와준다.

군대 담당 부서는 이주민들의 군복무 기간 동안 그들을 다루고 모니터하고 지원한다. 에티오피아에서 온 750명을 포함해서 약 1200명의 이주민 군인들은 오늘날 군복무를 하고 있다. 이주민 군인들의 삶을 향상

---

186) 울판이란 히브리어 교육과정으로 대부분의 이주민이 5-6개월 동안 이 울판을 매개 고리로 하여 이스라엘 사회에 편입되고 있다.

시키기 위한 재정적인 지원, 군복무 기간 동안 일반적인 이주민권리의 중지와 주택대출 및 전세금 지불의 도움 등을 포함한다. 에티오피아로 부터 온 부모 없는 군인들은 주택, 가구, 다른 일용품과 가정생활을 꾸미기 위한 재정적 지원을 얻는 데 도움 받을 자격이 있다. 대상 군인들을 돌보는 것은 청년 알리아(유태학교)의 학습 마지막 학년에 시작하며 에티오피아 이주민들의 특별과정을 포함한 사전 예비 입대를 통해 계속한다.

이 부서는 최근 부모 없는 이주민들의 근 제대 후까지 돌봄을 확대하여 그들을 시민생활로 재통합하도록 도와주고 직업훈련으로 이끌었다. 이러한 행동들은 군대와 제대군인지원사무소와 협조하에 이루어졌다.187)

나) 의료지원

이주민부는 이주한 날로부터 6개월 동안 완전한 의료보험(앰뷸런스 치료, 의료적 지원, 입원)을 모든 이주민에게 제공한다. 이러한 서비스는 이주민에 의해 선택된 네 개의 건강자금 중 하나를 통해서 제공된다. 에티오피아에서 온 이주민들의 특별한 필요의 관점에서 이주민부는 그들에게 6개월을 더 보장하여 12개월 동안 지원하도록 결정했다. 의료지원의 중요한 특징은 첫째, 다양한 기관과의 협조(건강기금들, 국가보험, 보건부) 둘째, 이주민들의 건강보험 권리로서 그들을 위한 상담 및 지도 셋째, 실제 현장에서의 규범과 방법에 대해서 돌보는 자와 사회사업가들에게 행하는 교육과 지도 넷째, 이주민들의 변화하는 욕구에 따른 의료의 실제향상을 들 수 있다.

---

187) Ministry of Immigrant Absorption,
　　　http://www.mfa.gov.il/mfa/go.asp?MFAH00hu0(2001-08-11) p.11.

처음 6개월 후부터 해당기간 3년의 말까지 여러 가지 이유(연령, 질병, 물리적 장애, 실직 등)로 의료기금에서 거절된 이주민을 대처할 특별의료보험 계획을 유지한다. 보건부와 노동 및 사회문제부에 의해 실행된 조치는 이주민들의 매달 소득에 따른 수수료(보험료)로 입원을 포함한 충분한 사용을 제공한다. 이것은 최근의 이주민 추세를 반영하지 못하는데 이는 새로 도착한 대부분이 최초 6개월간의 조치로 해결되기 때문이다.

부서 참모 위원회는 보험이 보장되지 않는 이주민들의 특별한 호소를 다룬다. 몇몇은 악성종양 및 신장질환 같은 질병으로 고통 받고 있는데 이는 의료보험이 거절되었기 때문이다. 또한 몇몇은 의료기금에 속해있지만 기금이 처리할 수 없어 특별조치가 요구된다. 그들 자신의 이유(태만, 망각, 보험료의 적시 미납 등) 때문에 의료보험이 되지 않는 사람들이 있다. 위원회는 개인의 보험이 되지 않는 이유와 그의 사회경제적 환경을 고려하여 각 경우를 논의, 조치한다.[188]

3) 베트남

가) 베트남의 난민 처리

베트남 난민 처리에 관한 구체적인 대책의 수립과 실시는 크게 세 시기로 나눌 수 있다.[189]

제1기(1975~1979년)는   유엔난민고등판무관(UNHCR)등   국제기구가

---

188) Ministry of Immigrant Absorption, 앞의 글, p.12.

189) 제성호, "베트남 탈출난민에 대한 국제적 보호: UNHCR의 활동을 중심으로" p.4-6.

베트남 난민문제에 본격적으로 개입하기 이전 베트남 인접 국가들에 의해 난민에 대한 인도적인 구호 및 지원이 이루어진 시기이다. 이 시기에 주안점은 난민 수용소를 건립하여 난민을 임시로 수용하고 이들을 심사하여 서방 국가들에 정치적 망명을 주선하는 일이었다. 대부분 개발도상국가인 인접 국가들은 계속된 난민유입을 감당하기 어려운 형편으로 강력하게 유엔과 국제사회에 책임분담을 요청하기에 이른다.

제2기(1979~1989년)는 보트 피플에 대한 인도적 처리를 주장하는 국제여론과 동남아 국가들의 비용분담 요구에 직면하여 UNHCR과 미국 등 서방국가들은 1979년 「제1차 인도차이나 난민에 관한 국제회의」를 개최하게 되었다. 그 결과 고통분담 및 조정방침에 따른 「순차적 출발계획」(Orderly Departure Programme: 이하 ODP)이라는 것이 마련되었다.

ODP란 안전하고 합법적인 이주를 위한 공식통로로, 베트남에서 정규 출발절차와 계획을 통한 이주가 가능하도록 함으로 베트남인들이 불안한 상태에서 비밀리에 보트로 나라를 떠나는 것을 국제사회가 줄이려고 노력한 결과이다. ODP는 제3국 재정착을 위한 신청 마감일의 엄격한 실시와 난민캠프의 폐쇄로 난민유출 동기를 줄이려고 노력했고 현실적으로 베트남 탈출자들의 수를 감소시키는 등 가시적인 성과를 거두었다. 그러나 ODP의 본래의도와 다르게, 베트남 정부가 탈출한 베트남인들의 본국 가족에게로의 달러 송금을 막지 않아 사실상 난민의 불법 탈출을 묵인한다는 점에서 악용된다는 비판이 제기되기에 이른다.

제3기(1989~1999년)는 CPA의 실행이 중요 특징이다. 1975년 사이공 함락 이후 등장한 초기 베트남 난민은 정치적 박해를 피해 달아난 경우가 대부분이지만, 1980년대 후반 이후 시작된 대량의 난민은 경제적 빈곤함으로 인한 것이 주된 이유이었다.

베트남 정부가 난민들의 유출을 묵인 또는 방조하고 인근의 국가들은 계속된 경제적 난민(economic refugee) 수용을 거부하게 되었다. 그래서 동남아시아의 국가들은 새로운 베트남 난민들을 본국으로 되돌아가도록 위협했다. 이런 상황하에서 근본 문제해결을 위해 국제사회는 1989년 6월 제2차 인도차이나 난민회의를 소집하였다. 회의에 참여한 아시아의 첫 번째 망명국가들, 서구의 재정착국가들, 그리고 유엔난민고등판무관은 포괄적 행동계획(the Comprehensive Plan of Action for Indo-Chinese Refugees: 이하CPA)에 동의하였다. 베트남으로부터의 모든 망명 추구자들은 난민요청의 권리가 주어졌고, 그 지위가 개별적으로 심사되어졌다.

CPA는 보트 피플을 위한 전면적인 재정착문제를 조정하는 것으로 다음의 내용을 포함하고 있다.190)

첫째, 모든 베트남 탈출자들은 우선적으로 일차적 피난처에 도착할 수 있어야 하며, 도착 후 난민자격심사를 받아야 한다.

둘째, 난민이라고 판정된 자들은 제3국에 재정착할 수 있다. 그러나 난민 자격을 받지 못한 이들은 UNHCR의 보호하에 본국으로 돌려 보내진다. UNHCR은 이들이 탈출했던 것으로 인해 본국에서 불이익을 당하지 않도록 노력한다.

셋째, CPA 프로그램은 UNHCR에 의해 계획되어져야 하며, 귀환자들에게는 재건 원조를 제공한다.

넷째, ODP의 기준과 과정을 확대하며, 이산가족이 재결합한 경우와 난민자격을 가진 자들의 합법적 이주를 원활히 하기 위해 난민인정 절차를 간소화한다.

다섯째, 탈출만 하면 당연히 재정착될 것이라는 잘못된 믿음으로 인한 탈출을 막기 위해 "대규모 홍보 캠페인"을 베트남에서 착수한다.

---

190) UNHCR, The State of the World's Refugees, New York: Penguin Books, 1993, p.27.

CPA는 난민인정을 받지 못한 베트남인들의 자발적인 귀환과 귀환자들의 성공적인 재정착에 초점을 맞추고, 재정착의 성공을 위한 감시활동 및 방문을 UNHCR이 수행하도록 하였다.191)

난민인정을 받은 경우 재정착이 제3국에서 이루어졌는데, 아시아 각 국들은 일본을 제외하고는 그들을 항구적으로 받아들이는 것을 거부했기 때문에 난민 모두는 서구에 재정착하도록 받아들여졌다. 비난민들은 1999년 3월까지 궁극적으로 베트남에 돌아가야만 했다. 그래서 11만 명의 비난민 보트 피플은 베트남에 돌아갔다. 비록 대부분은 난민으로서의 정당한 주장을 갖고 있지 못했다고 판단되지만 UNHCR은 이 복귀자들에게 실질적 재정지원을 하여 왔다.192)

베트남으로의 본국송환 시, UNHCR은 송환자들이 월남을 불법적으로 떠난 것 때문에 처벌받지 않고 그들의 재통합에 잘 따라가는지를 입증하기 위해 베트남에서의 송환자들을 심도 깊게 감시하였다.

1999년 3월에 송환자의 45%가 UNHCR 직원에 의해서 감독되었다. UNHCR은 베트남 정부가 복귀집단들을 처형하지 않았으며 이들을 차별하지 않았다는 것에 만족하였다. 덧붙여서 송환프로그램을 통해서 UNHCR은 복귀자들을 흡수하는 지역 정부의 능력을 끌어올리는 700개의 작은 발전계획의 실행에 자금을 대었다. CPA는 최초 망명국가인 아세안의 시각에서는 1996년 7월 1일에 공적으로 종식되었고 홍콩에서는 1년 후에 종식되었다. 이 송환 프로그램을 완결하는 데 UNHCR은 베트남에서의 활동을 단계적으로 축소하였다.193)

---

191) 김미림, "난민문제와 UNHCR의 역할", 숙대대학원 정치학석사학위논문, 1995, p.82.

192) UNHCR Country Profiles-VIETNAM
   http://www.unhcr.ch/world/asia/vietnam.htm (2001-08-29) p.1.

나) 베트남에서의 UNHCR 활동194)

전쟁 중이던 1973년부터 UNHCR이 업무를 보기 시작했으며, 북쪽에 건축자재 및 옷감을 보냈고 남쪽에는 전쟁으로 황폐화된 쿠앙트라이 지방에 농민이 재정착하도록 도왔다. 1975년 전쟁이 종식된 지 몇 주 이내에 UNHCR은 파괴된 각종 시설물 우유공장, 학교, 공장, 병원, 도로와 교량을 건설하는 데 도움을 주었던 하노이에 사무실을 열었다. 또한 내전을 피해 피난 온 캄보디아 난민들을 도왔다.

1979년 5월 UNHCR와 베트남 정부는 제네바에서 소위 보트 피플들의 통제되지 않는 탈출의 대안으로서 정상적인 출국프로그램(ODP)을 세우는 데 합의하였다. 이 기관은 가족 재결합과 국제이민조직체의 다른 인도주의적 경우를 다루었을 때, 베트남으로부터 안전과 합법을 보장받아 33만 명 이상이 이주하도록 도움을 주었다.

이주 프로그램의 성공에도 불구하고 베트남인들은 다른 수단으로 조국에서의 탈출을 계속했다. 1989년 약 70여 개의 국가가, 특히 재정착국가로서 아시아는 베트남 난민에 대한 동정심이 떨어지는 가운데 비밀 탈출을 금지한다는 CPA를 채택하였다.

지역의 수도에서는 도착한 베트남인들이 계속 수용되었지만 검문 절차를 통해 보트 피플 가운데 누가 1951년 협약에 따른 난민으로 인정받는지 결정하도록 하였다. 3억 5천 만 불의 국제기구 비용하에 1996년에 CPA가 종식되기 전까지 대략 50만 명이 서구에 정착되었다. 베트남은 모니터하는 것을 수용하는 데 동의하고 UNHCR은 역사상 복귀운동

---

193) ibid., p.1.

194) Refugees Magazine-Europe: the debate over asylum
　　http://www.unhcr.ch/pubs/rm113rm11310.htm(2001-08-29) p.1-4.

에서 가장 심도 깊은 평가를 시작했다. 모니터는 난민이 거주하는 주택을 직접 방문하여 가구별로 실시하고 있다. 난민과 당국 간에 무슨 문제가 있지 않은가, 아동의 취학에 문제가 있지는 않은가 여부를 확인하고 있으나, 모든 가구를 100% 확인할 수는 없는 형편이라고 한다. 1999년 중반까지 UNHCR의 베트남어 구사 모니터 요원 7명은 11만 명의 복귀자 중 40% 이상을 개별 적으로 방문해 왔다. 한편 베트남에 돌아온 자들 중에는 베트남 국내법을 위반한 범법자들이 많은데, UNHCR은 이들의 귀환 후 상황을 사안별로 모니터하고 있다. 특히 UNHCR은 탈출 전 범죄행위를 한 귀환자의 경우 이들이 경미한 처벌을 받도록 노력하고 있다.

UNHCR은 베트남 정부 내에서 귀환난민의 재정착을 전담하는 부서인 「노동이민문제 및 사회사업부」(Ministry of Labor Immigrant and Social Affairs: MOLISA)와 지방에 설치되어 있는 MOLISA 지부와 긴밀히 협력하여 베트남 난민들의 귀환에 관련된 재정지원, 행정절차 협의, 사후 재정착 실태 확인을 비롯한 지원을 제공하고 있다. 이 두 기구간의 관계는 다음과 같다.

UNHCR은 귀환자들이 많이 몰려드는 21개 성(province)에서 연 300만 달러에 이르는 재정으로 Micro-Project라는 귀환자 정착지원프로젝트를 운영하고 있다.195) UNHCR은 이 프로그램에 대한 제안서를 중앙 및 지

---

195) UNHCR은 상당한 숫자의 난민을 받아들인 지역사회에 세부계획 (Micro-Project)의 형태로 원조를 제공하고 있다. 여기서 세부계획은 많은 수의 귀환자들을 받아들인 마을과 지역사회에 건강, 교육, 농업, 축산, 어업분야와 경제 산업 기반의 확립을 목표로 하고 있는데, 이를 위해 구체적으로 귀환자를 대상으로 한 직업계획 실시, 미성년자의 귀환과 이산가족의 재결합 원조, 교육시설의 설치, 초등교육과 직업교육을 위한 교육장비 제공 등의 지원을 하고 있다.

방 MOLISA를 통해 전달받는다. UNHCR은 6개월마다 귀환자 정착지원을 위한 프로젝트가 실시되는 현장을 직접 방문하여 확인, 감독, 평가 등의 임무를 수행한다. 그러나 프로젝트의 구체적인 집행은 MOLISA를 통해 이루어진다. UNHCR이 선호하는 지원분야는 지역사회에 필요한 개발 프로젝트이며, 이러한 사업에 우선순위가 부여된다.196)

베트남에서 25년 동안 UNHCR은 1억 천3백만 불을 소비하였다. 이 비용의 내역은 망명이 거부된 자의 복귀를 위해 7천백만 불을, 재통합을 위해 3천5백만 불, 또한 대략 6백여 개의 작은 마을 발전 계획을 추진하는 데 천4백만 불 등으로 쓰여졌다. 예를 들면 하노이 외곽에 있는 축산 농장은 수도에 닭과 계란 공급을 계속한다.

UNHCR의 역할에 대한 계속된 인식이 있어 왔고 그 업무가 정부 범주 내에서 빈번하게 언급된다. 보트 피플의 드라마가 계속됨으로 UNHCR의 현장 직원 카이 닐슨은 상황이 처음에 매우 어려웠고 복잡했다고 말한다. "이제 우리는 방해받지 않는 접근을 하였고 전에 백인이 한 사람도 가본 적이 없는 마을을 갔지만 우리의 선한 의지로 인해 좋은 인상을 받았다. 우리는 정직한 중계자들이었다."197)

탈출 초기 연도에 대부분의 난민들은 남부 베트남에서 나왔다. 1980년대 말까지 이 패턴은 변화되었고 가장 최근에 도착한 난민들은 대부분 북쪽에서 나왔다. 이 사람들은 재정착 국가들로부터 거의 동정을 받지 못하였다. 비록 그들이 자유를 꿈꾸었다고 하지만 그 당시 대부분의 베트남인들은 경제적 변화의 불확실성을 피해 탈출한 것이다. 국영 기업은 민영화되었고 그 나라의 유일한 고용주 정부는 국영기업 노동자

---

196) 제성호, op. cit,, p.11.

197) Refugees Magazine-Europe: the debate over asylum
http://www.unhcr.ch/pubs/rm113rm11310.htm(2001-08-29) p.2.

들을 해고하였다. 심지어 대학 졸업생들은 직업을 얻을 수 없었다.

전반적인 재통합 프로그램이 성공적이 되는 동안 몇몇의 베트남인들은 다른 사람들보다 고향에서 더 나은 생활을 하도록 재적응하였다.

> 한 하노이 상인은 베트남 이외의 어느 곳에 정착하기 위해 가족 소유의 금(5만 불)을 소비했다. 그러나 그는 난민 수용소에서 사촌동생이 살해당하는 것을 보았고 그 때 그가 지적한 살인자들의 친척들로부터 살해 위협을 받았던 홍콩 수용소의 5년간 생활을 마감하였다. 아무토대도 없는 상태에서, 베트남으로 돌아갈 것을 결심했다. 오늘 날 그가 고백하기를 "이제 나는 결코 떠나지 않을 것이다. 나는 돈이 있고 여행자로서 나는 어디든 갈 수 있다. 내가 돈 버는 것을 방해하는 자는 아무도 없다. 십년 전 나는 이 모든 것을 가질 수 있는 꿈을 꿀 수 없었다"[198]

UNHCR에 우호적인 그는 우리가 비록 UNHCR에 의해 후원을 받았지만 홍콩에서 실질적인 난민지위를 획득할 실질적인 기회를 얻지 못했다고 말한다. "그래서 많은 데모, 단식투쟁, 싸움이 있었다. 그럼에도 UNHCR사람들은 아직 자신에게 동정을 나타내고 있고 이는 놀라운 일이다. 왜냐하면 우리는 공격적이고 늘 요구하기 때문이다."[199]

호치민 시에서 베트남인들은 해외로 나가는 방법을 모색하기 위해 아직도 UNHCR 사무실을 방문한다. 미국에 친척이 있는 망명이 거부된 자들이 이주를 위해 한 번 더 기회를 갖는 하노이와 워싱턴 정부사이의 양국 간 협정에 따라 처리할 것을 기대한다. 그들이 도움을 요청하면서 UNHCR이 난민수용소에서 했듯이 그들을 도울 수 있다고 생각한다. 그러나 UNHCR의 단계적 철수를 통해 전(前)보트 피플들은 이제는 홀로 서야 한다는 것을 깨닫기 시작했을 것이다.

---

198) ibid., p.3.

199) ibid., p.4.

2. 북한이탈주민에 대한 종합적인 정책방향

북한이탈주민이 남한사회 적응에 성공한다는 것은 남북통일에 의한 남북한 사회통합에 시금석이 될 수 있다. 이를 위해서는 지금까지의 북한이탈주민 정책이 상당한 경제적 비용에도 불구하고 실제적으로 한국사회의 북한이탈주민 적응에는 가시적인 성과를 보인다고 볼 수 없기 때문에 전면적 재검토를 통해 효율적인 방향을 모색하고, 유형별, 단계별지원정책을 강구하며 이를 위한 여건 조성이 필요하다. 따라서 북한이탈주민에 대한 총괄적인 정책 방향에 있어 다음과 같은 기본원칙이 준수되어져야 할 것이다.

첫째, 한국정부가 책임을 가지고, 북한이탈주민을 위한 합리적인 지원사업에 적극적으로 참여하고 지원하여 국내외 NGO들과 긴밀한 협조관계를 가진다. 왜냐하면 북한이탈주민 문제를 처리함에 있어 NGO들만으로는 한계가 있기 때문에 정부차원의 지원이 있어야 하기 때문이다. 그러나 최근 NGO들에 의해 이루어진 북한이탈주민 '기획망명'으로 인해 정부와 대립국면을 맞고 있는 상황에서 협력관계를 유지하기란 어려울 것이다. 우선은 NGO들과 정부가 북한이탈주민 문제해결에 대한 기본적 방향에 있어 조율이 선행되어야 하며, 협력 분위기 조성이 이루어진 후에는 상황변화에 따른 순발력과 적응성을 살리기 위해 정부는 기본 방향을 제시하고 지원하되 세부적인 문제까지 간섭하지 않는 방향으로 접근해야 한다.

둘째, 민족 통합 및 인권차원에서 재외북한이탈주민을 실제적으로 최대한 수용하며, 수용 시 노약자에게 우선권을 부여할 뿐 아니라 북한이탈주민들을 정치적 난민으로 인정받는가의 여부에 관계없이 안전이 보장될 수 있다는 상황하에 자발적 귀환을 비롯한 다양하며, 현실적이고 적극적인 방안을 제공하여 현재의 불안한 탈북상태를 해결해야 한다.

셋째, 한국정부는 국내 북한이탈주민의 적응문제에 대해 지방자치단체와 연계된 지역단위의 북한이탈주민 지원단체와의 긴밀한 협력을 유지하며 활성화하는 것200)이 필요하다

넷째, 북한이탈주민 문제를 비롯한 변화된 남북 상황에 대한 전향적인 이해를 가져오기 위한 대 국민 통일교육이 활성화되어 한국국민이 북한이탈주민의 한국사회 적응에 관심과 참여를 할 수 있도록 유도한다.

기본 원칙에 입각해서 북한이탈주민의 탈북과정을 단계별로 나누어 지원방안을 제시하겠다.

3. 유형별, 단계별 탈북과정에 따른 정책방안

1) 해외 사례연구에서 나타난 특징을 수용한 북한이탈주민 정책방향

첫째, 독일, 이스라엘 및 베트남에서 이주민 정책은 오랜 기간 동안 적극적인 수용정책을 폈다는 점이다. 북한이탈주민 수용은 장기적이 될 가능성이 크다는 점을 인식하고 적극적인 포용 및 수용계획을 세워야 할 것이다.

둘째, 중앙정부가 모든 것을 수용할 수 없기 때문에 지방정부의 보다 적극적인 참여를 유도하고 과감한 권한의 이양이 병행되어야 할 것이다.

---

200) 부산과 태릉(노원구)에서 시범적으로 형성된 북한이탈주민을 지원하기 위한 지역자치단체의 연결망 구성사업 등이 그 예라 할 수 있다.; 이기영, 「북한이탈주민 정착지원을 위한 지역협력체계 구축의 방향성」, 북한이탈주민 지원 민간단체협의회 심포지엄, 2001.

　셋째, 이스라엘과 독일의 경우처럼 모든 형태의 민간단체가 참여하고 자원봉사자가 참여할 수 있는 방안을 강구해야 하며 이를 위해 선행되어야 할 것은 냉전체제 하의 반공이데올로기에 경색되어 있는 국민들에게 북한이탈주민들의 수용과 포용이 사회 발전에 일익을 담당할 수 있다는 통일 및 준비교육이 반드시 이루어져야 한다. 먼저 들어와 3년 이상 한국사회에 적응한 선임 북한이탈주민들로 이루어진 후원자 내지는 자원봉사자들과 연결하여 나중에 입국한 북한이탈주민이 남한 사회에 잘 적응하도록 돕는다.

　넷째, 독일과 이스라엘처럼 북한이탈주민 개인별 특성을 세분하여 이들에 대한 지원을 현실적인 여건에 따라 조정해야 한다. 유형별로 분류하여 가장 적절한 지원이 될 수 있도록 북한이탈주민 능력 및 여건을 고려하여 조언을 해주는 상담위원회(가칭)를 가동하여야 할 것이다. 북한이탈주민 전문가, 상담전문가, 직업 전문가, 북한이탈주민 출신으로 남한사회에 적응한 지 5년 이상 된 자 등으로 구성하여 실제적인 도움이 될 수 있도록 조언하고 이 결정을 존중하여 지원이 이루어지도록 한다. 이스라엘의 이주민 정책에서처럼 북한이탈주민에 대한 교육에서 개인별 여건에 따라 한국인의 일상적 삶에의 노출 학습을 강화할 필요가 있다. 이를 통해 북한이탈주민 스스로 적응능력을 배양토록 유도, 스스로의 선택능력을 함양하도록 하는 것이다.

　다섯째, 해외에 있는 북한이탈주민에 대해 난민인정을 위한 국제사회를 향한 노력과 병행하여 북한이탈주민의 의사를 최대한 반영하여, 단순한 경제적 이유로 인한 탈북으로 자발적 귀환을 원할 경우 베트남의 사례를 참고하여 그들이 처벌받지 않고 북한으로 자발적으로 귀환할 수 있도록 도와준다. 관련당사국과의 공식, 비공식적인 접촉과 협의를 통하여 귀환한 북한이탈주민이 북한사회에 성공적으로 재정착할 수 있도록 유도하는 것이 필요하다. 강제송환과 처벌로 연결되는 현재의 비인도적 상황을 개선하기 위해서는 다양한 방법으로의 접근이 절실하다.

단 베트남의 상황과 차이점은 여러 가지를 들 수 있겠지만 우선 베트남은 공산화되어 통일된 상태에서 초기의 베트남 난민들이 정착해야 할 뚜렷한 목적지가 없었지만, 북한이탈주민의 경우는 남북이 분단된 상태이기 때문에 탈북 이후 남한으로 입국할 분명한 목적지가 있다는 것이 차이점이라 생각한다. 따라서 북한이탈주민들이 남한 사회에 대한 환상만을 지니고 있을 때 자발적 귀환은 어려워질 뿐 아니라 남한에 입국한 후에도 적응에 어려움을 겪게 될 가능성이 높다. 1차적으로 남한사회에 대해 막연한 환상제시보다 정확한 정보를 북한이탈주민에게 전달하는 것이 필요하다.

2) 탈북 단계(탈북의 원인 해소)

북한사회는 겉으로는 평등을 내세우고 있지만 실제로는 주민 전체를 3개 계층(핵심, 동요, 적대), 51개 성분으로 분류하여 이에 따라 적대계층에 속하는 사람은 다양한 형태로 제재를 가하고, 신분 상승의 기회를 막고 있다. 따라서 이 계층에 속하는 사람들이 탈북 하려는 동기가 강한 것은 당연한 이치이다.

북한 사회구조의 이런 상황하에서 식량 및 경제의 위기가 초래되었을 때 초기 북한이탈주민의 대부분은 식량위기를 원인으로 들고 있다.[201] 따라서 탈북문제를 해결하기 위한 방안으로 크게 3가지를 제시할 수 있다.

첫째, 식량지원, 둘째, 농업생산성 향상도모, 셋째, 경제 활성화 방안

---

201) 좋은벗들, ibid., p.3.

협의(남북경협)를 들 수 있다. 부연하면 다음과 같다.

가) 식량지원

긴급 식량획득이 필요한 경우 북·중 국경선(예를 들면 두만 강변)에
서 북한이탈주민 지원단체에 의해 '생명바구니'라고 하는 식량과 약간의
생필품을 넣은 주머니를 도강한 북한이탈주민에게 제공함으로 대다수
는 자발적으로 북한으로 귀환하는 경우가 있고, 도강한 후 중국의 조선
족 마을로 숨어 들어온 북한이탈주민들이 민간단체의 도움을 받는 경
우가 있다.

중국당국에 의해 북한이탈주민을 돕는 일은 불법으로 규정된 것을
시행하기 때문에 항상 강제송환과 추방의 위험이 상존하고 있는 상태
이다. 최근 장길수 군 가족들의 북경 주재 유엔난민고등판무관
(UNHCR)사무소 진입사건이나 8개월 후 또다시 발생한 북한이탈주민
25명의 베이징 소재 스페인 대사관 진입사건의 여파로 중국 내의 북한
이탈주민들의 위치가 더욱 불안해지고 있으며, 국경선 경계강화로 탈북
이 더욱 어려워진 상황이라 한다.202) 그럼에도 불구하고 북한이탈주민
발생의 근원적인 원인이 해소되지 않는 이상 탈북상황은 계속될 수밖
에 없다고 보이며, 이의 해결을 위해서는 중국 당국과 한국정부 간의
공식, 비공식 접촉을 통해 동절기 기간만이라도 한시적으로 안전지대
(safe zone)를 설치하여 긴급식량을 제공할 수 있도록 하고 이들이 자
발적 귀환을 할 수 있도록 유도한다. 소요되는 모든 경제적 비용은 한
국정부와 NGO들이 마련하고 일의 추진과 집행은 중국의 민간단체나

---

202) 「북, 중서 탈북자 대대적 수색(종합2보)」, 연합뉴스, 2002. 3. 20; 「탈
북방지 북 감시 카메라」, 연합뉴스, 2002. 4. 12.

국제기구가 담당하도록 역할을 구분한다.

국경의 지뢰지대에서 방황하거나 인신매매, 강간, 폭행을 당하거나 노동력을 착취당하는 사례들을 방치한 채 현실적으로 실현이 어려운 난민인정만을 추구하는 것은 잘못된 방향으로 나아간다고 볼 수 있다. 소수의 난민자격을 인정받을 수 있는 구체적인 사례를 수집하여 누적시킴으로써 UNHCR을 비롯한 국제사회에 증거로 제시하도록 추진하는 것과 병행하여 북한이탈주민의 유형에 따른 현실적 해결 방안을 강구하는 것이 난민인정에만 매달리는 것보다 더 효율적인 방안이라고 판단된다.

현실적인 대안으로 최근에 제시되고 있는 것이 "일시적 보호(Temporary Protection)"의 개념이다. 이금순의 주장에 따르면 북한이탈주민의 경우 일반적으로 정치적 난민으로 규정하기에는 현실적으로 한계가 있기 때문에 이들에 대한 실질적 보호방안을 강구하기 위해서는 '일시피난민'의 개념을 적용하는 것이 바람직하다는 것이다. 탈냉전 이후 지역분쟁의 증가로 난민과 유사한 상황에 처한 국내외실향유민(Internally & Externally Displaced Persons)이 급증함에 따라 UNHCR과 각 국들은 보호의 범위를 축소하고 있다. 내전을 피해 국경을 넘은 긴급피난민의 경우에도 난민지위를 부여하지 않고, 제한적인 보호만을 실시하는 것이 일반적이다. 이는 자국 내 정착으로 인한 사회적 부담을 피하기 위한 것으로, 심지어 인도주의가 정착된 서방국가들의 경우에도 난민판정절차를 엄격히 하고 있어 국제인권기구들의 비난을 받고 있는 실정이다.

이에 따라 UNHCR은 현실적인 대안으로 1992년부터 일시적 보호(Temporary Protection)를 인정하여 개별국가의 신속하고 융통성 있는 보호를 유도하고 있다. 일시적 보호는 관련당사국의 합의하에 일반화된 갈등·분쟁 또는 인권남용지역을 탈출한 피난민에게 보호를 제공하는 한 방식으로, 난민보호상 의무인 난민인정 절차와 난민의 제반권리(교육, 복지, 노동권)에 대한 유보가 인정된다. 그러나 일시적 보호에 대한 명확한 법규정이 없기 때문에 실제상 일시적 보호에 대한 개별국의 해석 및 적용에는 상당한 차이가 있을 수 있다. 일시적 보호의 대상은 일반적으로 엄격한 의미의 정치적 난민(1951협약과 1967의정서 규정)에만 한정되지 않고 포괄적인 의미의 난민에게 적용될 수 있기 때문에 인도주의에 부합되는 제도이나, 약 6개월 정도의 보호를 허용하는 잠정적인 해결방식이기 때문에 사태가 장기화 될 경우 어려움이 있다.[203] 일시적 보호체제는 입국허용, 강제추방금지, 인도적 대우, 위협 소멸 후 자발적 귀환을 원칙으로 하며, 대량 피난민의 유입에 대해 단기간에 사용하는 응급수단이다.

중국을 설득하기 위해서는 북한이탈주민들의 현실이 정치적 망명의 경우보다는 식량과 생필품을 구하기 위한 경우가 다수임을 인정하고, 중국 내 체류 희망자들에 대한 '일시적 보호'를 유도하는 것이 바람직하다. 일시적 보호개념을 도입할 경우 북한 내 식량난이 완화될 경우 자발적인 귀환을 추진하는 것을 기조로 한다. 이는 일시적 보호로 인해 북한이탈주민들의 국내수용 요청이 둔화될 경우 북한의 입장에서도 바람직할 것이다. 일시적 보호에 대한 국제사회의 지원이 실시될 경우 관련지역 정부에게도 간접적으로 도움이 될 것이나, 다만 중국정부의 입장에서 이러한 지원이 조선족의 영향력을 강화하는 형식은 원하지 않을 것으로 보인다는 것이다.[204]

---

203) 이금순, "북한이탈주민들의 법적 지위와 현실" pp.1~2.
　　　http://www.jungto.org/gf/archive/korean/ngo/ngo3.htm

204) ibid., p.2.

이러한 주장은 난민 인정의 현실적인 어려움에 근거하여 상당수 관련분야의 지지를 받고 있는 것으로 보인다. 확실한 대안책이 마련되지 않은 상태에서 이러한 주장은 상당한 설득력을 갖고 있다고 생각한다. 그러나 일시적 보호가 충분한 대안으로 역할을 하기 위해서는 일시적 보호가 갖고 있는 특징과 문제점을 충분히 검토하고 이를 한반도 상황에 적용할 때 고려되어야 할 측면까지 분석하는 것이 필요하다고 생각한다.

이금순이 앞에서 언급한 바와 같이 '일시적 보호'는 잠정적인 해결책이며, 위협이 소멸된 후에는 자발적 귀환이 원칙이며, 그 밖에 '일시적 보호'는 베트남 난민의 해결이나 코소보 난민에서 나타났듯이 국제적인 책임공유와 참여를 특징으로 하고 있다. 따라서 현 상황에서 중국에 있는 북한이탈주민들을 일시적 보호 형태로 중국 정부가 받아들일 때에는 다음과 같은 문제를 예상할 수 있다.

첫째, 대략 6개월 정도의 단기간의 보호이기 때문에 북한의 경우처럼 경제위기의 원인이 구조적인 측면에 기인하여 단기간에 문제의 해결이 이루어지지 않을 때 근본적인 해결책이 될 수 없으며 장기적인 해결책이 병행되거나 준비되지 않으면 더욱 큰 혼란을 야기할 수 있다.

둘째, 탈출의 원인이 소멸되었을 때 '자발적 귀환'을 원칙으로 하고 있는데 북한이탈주민들이 자발적 귀환을 원치 않을 때 이에 대한 대책이 강구되어야 한다. 베트남의 경우는 망명을 희망하는 사람을 심사하여 공식적으로 수용하는 방안을 마련하였다. 북한이탈주민이 자발적 귀환 후에 북한 내의 정착이 가능하도록 지원이 필요하며 이에 대한 후속적인 조치가 있어야 할 것이다.

셋째, 일시적 보호를 중국이 수용했을 경우 탈북의 근본적인 원인이 해결되지 않아 북한주민의 대량 유입으로 연결될 경우 이에 대한 방안

176

이 강구되어야 할 것이다

넷째, 일시적 보호 및 자발적 귀환 후 북한 내의 정착에 이르기까지 관련국가와 국제기구의 책임공유[205] 문제가 논의되어야 할 것이다. 우선 관련국가인 중국, 북한, 남한의 협의가 이루어져야 하며 일시적 보호 후 자발적 귀환자에 대한 처벌 금지 및 정착에 대한 경제적 지원과 이를 감독할 국제적 기구의 수용 등이 관련국가들 사이에 논의되고 합의된 상태에서 일시적 보호는 그 결과에 성공을 거둘 수 있을 것이다.

그런데 중국은 북한이탈주민을 불법 월경자로 자국과 북한과의 관계에서 해결될 문제로만 파악하여 국제기관의 관여를 거부하고 있으며 북한의 경우 역시 말할 필요가 없다. 따라서 임시방편으로 우선 시간을 벌자는 측면에서 일시적 보호를 추구한다 할지라도 중국의 수용의사가 없을 경우 실행할 수 없으며 설사 중국이 수용한다 하더라도 전술한 바와 같이 여러 단계의 어려움이 남아 있다고 하겠다.

일시적 보호(Temporary Protection), 안전지대(safe zone)설치 등은 난민이 체류하고 있는 국가의 동의가 필요한 것이므로 현재로서는 중국당국의 동의를 이끌어낸다는 것이 쉽지 않으나 중국이 원하는 경제적 투자 등의 합의를 통해서라도 계속적으로 동의를 요구해야 한다. 시일이 걸릴 것으로 예상되므로 과도기적 방안으로 동절기에 한해서 중국당국의 북한이탈주민 검문검색을 중지하고 민간단체의 북한이탈주민 지원사업을 묵인할 수 있는 비공식적인 협의가 이루어져야 할 것이다.

북한지역에 남한정부에 의한 식량지원은 '퍼주기식 지원'의 논란이 있었으나 북한의 식량위기를 해소하는 데 일조를 한 것으로 보인다. 문제가 되는 부분은 분배의 투명성 확보이다. 왜냐하면 투명성의 확보만이 대북지원에 있어 남한국민의 국민적 합의를 이끌어낼 수 있기 때문이

205) Joan Fitzpatrick, op. cit. pp.14-16.

다. 이를 해결하기 위해 끊임없이 국제기구 세계식량프로그램(WFP)의
감시체계가 더욱 활성화되어야 한다.

나) 농업생산성 향상도모

 일시적인 식량지원만 이루어진다면 구조적 원인에 의해 매년 식량위
기가 초래될 것이며 근본적인 해결책은 요원할 것이다. 따라서 농업생
산성 향상을 위한 근본적인 지원이 필요할 것이다. 전술한 바와 같이
북한의 에너지 위기는 연쇄적으로 생필품 부족과 비료, 농약 등의 농자
재 및 농기계의 생산 중단을 가져와 심각한 농업생산의 감소를 가져왔
다. 하나의 방안으로 북한과의 접경지역인 중국 연변 조선족 자치주에
한국공단을 설립하여 경제성을 검토한 후 한국정부의 지원하에 농자재
및 농기계 공장을 가동하여 저리 차관 형태로 북한을 지원하는 방안과
현재 논의 중에 있는 개성공단을 같은 방법으로 이용하여 노동력 활용
및 임금 창출을 통한 식량구입 능력을 신장시키는 안을 생각해 볼 수
있다. 농업 기술의 이전을 통해 다수확 및 병충해에 강한 품종의 소개
등이 있을 수 있다. 그 밖에 북한의 농업생산성 향상을 위한 방안으로
이미 시행 중인 것으로 바람직한 형태를 예시하면 다음과 같다.
 '옥수수 재단'[206]의 김순권 박사가 다수확 옥수수 품종의 개량종을 통
해 식량부족상태의 해결에 일조를 하고 있는 경우와, 또한 유진벨 재
단[207]에서 결핵환자를 위해 패키지 형태로 약품에서 생활용품과 농기구
까지 지원하는 경우 등이다.

---

206) 옥수수 재단의 홈페이지 http://icf.or.kr/k_frame.htm

207) 유진벨 재단의 홈페이지 http://eugenebell.co.kr/korea/

다) 경제 활성화 방안 협의(남북경협)

북한사회 구조의 개혁을 통한 경제 활성화를 시도하는 것이 현 시점에서 어렵겠지만, 현실적으로 가능한 사항부터 남북한 협력을 통해 경제를 활성화한다면 북한 경제를 개선하는 데 일조를 할 수 있을 것으로 기대되며, 나아가 북한이탈주민 문제를 해결하는 데 도움이 될 것으로 판단된다. 예를 들면 남북한의 농업용수 사용 시 남북한을 관통하는 임진강, 한탄강의 관개수로에 협조체제를 구축하여 남북한 모두가 사용할 수 있는 방안을 모색한다든지, 동절기에 남아도는 남한의 전력을 전력난에 시달리는 북한으로 송전하는 등의 남북 전력 협력 방안을 한반도 에너지 개발기구(Korea Energy Development Organization: KEDO)와의 관계 속에서 양측 모두에게 경제적 이익을 창출할 수 있도록 적극 강구해야 한다.

또한 노동력 집중을 요하는 노동집약적 산업을 유치하여 소득신장을 통해 구매력을 신장하는 것도 한 가지 방안이 될 것이다.

3) 제3국 체류(중국)단계

중국에 있는 북한이탈주민들은 식량난 초기에 필요로 하는 소기의 식량을 획득하면 대다수가[208] 자발적으로 북한으로 귀환하였다고 한다. 시간이 경과할수록 북한사회의 식량사정이 개선될 근본적인 변화가 없기 때문에 자발적 귀환을 망설이게 되며 이후 중국에 식량유민으로 불안한 상태로 생활하거나 중국공안당국에 검거되어 강제송환을 당하게 되는 것이다.

---

208) 좋은벗들, op. cit., p.3.

북한이탈주민들이 가장 고통스러워하는 것은 신분의 불안으로 언제 강제송환 당할지 모른다는 불안감이다. 신분의 불안정이 약점이 되어 모든 인권침해의 근본 원인이 되고 있다. 재중 북한이탈주민이 향후 바람직하게 선택할 수 있는 가능성이라도 남아있는 것은 대략 3가지이다. 첫째, 자발적 귀환, 둘째, 중국 및 제3국에 안전하게 정착할 수 있는 여건마련, 셋째, 한국 입국이다. 이중 첫째와 둘째에 대해 부연하겠다.

가) 자발적 귀환

자발적 귀환이 성공적으로 정착하기 위해서 반드시 전제되어 고려되어야 할 점은 다음과 같다. 첫째, 탈북사실에 대해 북한당국의 조사기간이 1주일 이내이면서 단순한 식량획득 등 경제적 이유일 경우 경미한 처벌(향후 탈북 하지 않는다는 각서 작성 포함)을 북한당국으로부터 약속 받아야 할 것이다. 둘째, 귀환한 후 생활할 수 있는 경제적 여건 마련, 지원이 필요하며 UNHCR의 베트남 난민 지원방안을 참고하여 구체적 방안을 모색해야 한다.

이를 위해 UNHCR과 베트남 당국이 체결한 것과 같은 양해각서가 한국 및 중국과 북한 당국사이에 이루어져야 한다. 남한은 남북협력기금을 활용하거나, 다른 방법으로 경제적 지원을 강구해야 한다. 가능한 일방적인 지원보다 상호 협력할 수 있는 노동집약적 산업을 북한에 유치하여 남쪽에서 자본을 지원하여 북한의 노동력을 흡수하는 과정에서 북한이탈주민 재정착의 기회를 제공할 수 있도록 마련한다. 구체적으로 중소기업 공단을 유치하여 이들의 취업을 우선적으로 배려하며 생활할 수 있는 여건을 마련할 수 있다.

북한이탈주민이 1951, 1967년 난민협약이 따른 분명한 기준에 충족되며, 본인이 남한행을 원하는 경우 이를 난민으로 인정하여 남한으로 올 수 있도록 중국과 북한을 설득하는 것이 필요하며 여의치 않을 경우 중국이 아닌 제3국에 북한이탈주민 정착촌을 건설하여 이곳에 정착할 수 있도록 유도한다.

남한으로의 북한이탈주민 수용은 현재의 남한정권이 겉으로는 북한 이탈주민의 무조건 수용을 천명하지만 실제로는 선별 수용하여 외교공 관에서 별 도움을 주지 못하는 것과는 다르게 진짜 '선별수용'을 해야 할 것이다. 여기서 필자가 주장하는 '선별수용'은 현지에서 가장 강제송 환의 가능성이 높으며, 인권적 침해가 심한 정도에 따라 노약자, 가족동 반의 북한이탈주민, 여성 등에 우선순위를 두어 수용하며, 수용순위의 기준은 전문가들의 합의에 의해 결정되는 것을 의미한다. 이는 인도적 이며, 현실적인 측면을 모두 고려한 현 상황에서 가장 적실성 있는 방 안이 될 것이다.

나) 중국의 체류(정착) 여건구비

북한이탈주민들에게 있어 우선 중요한 것은 불안한 상태의 신분에서 벗어나 신분의 안정을 가져오는 것이며, 둘째는 기본적인 의식주를 해 결하는 것이다. 후자의 경우 기본적으로 강제송환의 두려움에서 벗어난 다면 해결책이 보다 쉽게 이루어질 것으로 판단된다.

(1) 북한여성과 중국인의 사실혼 인정(본인이 원할 경우)

현재 북한이탈주민의 양상을 보면 여성의 비율이 매우 높아 구호단 체 요원의 추계에 따르면 80%에 이른다고 한다. 이들의 대부분이 인신 매매나 중국의 한족 및 조선족과 결혼을 하는데 그럼에도 신분 보장이 되고 있지 않은 상태이다.

이를 양성화시켜 현재 중국인(한족이든, 조선족이든)과 사실혼 상태에 있는 북한주민으로 본인이 원할 경우 국제결혼을 통해 중국인으로 귀화하는 것을 수용할 수 있도록 요청한다. 중국도 인구의 도시집중 현상으로 인해 나타나고 있는 농촌에서 부족한 여성을 확보한다는 차원에서 적극적으로 검토하도록 유도한다.

향후 북한여성의 중국진출을 공식화해 정식 절차를 통해 결혼 등을 위해 중국으로 떠날 수 있도록 유도하며 중국인과의 결혼을 중개할 뿐 아니라 한국남성과의 결혼을 중매할 수 있도록 유도한다. 중국의 현실적 상황을 고려해 중국으로 결혼을 목적으로 입국할 여성의 수를 일정한 인원으로 제한할 수 있도록 한다. 한국의 농촌 총각의 경우 결혼 문제가 심각하며 이를 위해 연변 여성을 구하러 중국으로 향하는 경우가 많다는 점을 고려해 적극적인 검토가 필요하다.

(2) 긴급피난 시 식량지원

이미 언급한 바와 같이 두만강이나 압록강 지역에 안전지대를 구축하여 중국 입국은 거부되나 최소한 동절기(11월-2월) 동안만이라도 긴급구호 식량의 요청이 가능하여 도움을 받을 수 있도록 조치한다.

중국의 홍십자사(적십자사) 또는 인도주의 NGO를 활용하여 인도주의적 지원을 할 수 있도록 유도하고 남한 정부와 NGO는 이를 후원한다. 이러한 활동이 가능하도록 중국, 남북한의 비공식 접촉을 통해 중국 공안당국과 북한 당국의 묵인을 유도한다.

(3) 노동력 필요한 곳에 집단이주 허용

북한의 남성일 경우 중국 내 노동력이 필요한 곳에 집단적으로 이주할 수 있는 기회를 제공한다. 러시아의 벌목처럼 노동력이 필요한 오지나 험한 작업환경에 북한이탈주민이 신분의 불안을 느끼지 않고 생활할 수 있는 여건을 공식, 비공식적으로 중국 정부와 논의할 필요가 있다.

(4) 현지 체류

중국과의 비공식 채널을 통해 북한이탈주민들의 단기 체류가 장기 체류로 변화되지 않도록 유도하여 자발적 귀환이 이루어질 수 있는 여건을 마련한다. 국제기구와 남한 및 중국정부의 협조하에 NGO가 재중 북한이탈주민 지원사업을 주도하고 정부가 비용을 분담하는 형태가 바람직하다. 연변지역 투자를 확대하여 북한이탈주민의 노동력 흡수방안을 강구하되 신중한 검토가 필요하다. 왜냐하면 이로 인해 탈북주민의 증가를 야기할 수 있기 때문이다.

자발적 귀환 시 북한당국이 북한이탈주민을 처벌하지 않고 수용할 수 있도록 비공식 협상이 요구되며, 자발적 귀환 시 북한이탈주민의 자립기간을 위한 지원이 필요하다. 북쪽의 특정 지역에 남한 측 투자 공단을 설립하여 복귀자의 노동력 활용과 연계시키며, 나진 선봉지역에 투자 공단을 확보하여 활용할 수도 있다.

(5) 제3국 이주(한인촌 건설)

몽골 태국 미얀마 등 제3국 이주를 하나의 방안을 생각할 수 있다. 외교 협상을 통해 북한이탈주민의 처해진 상황에 따라 가장 용이한 지역을 선택할 수 있으나 외교적인 여건, 경제적인 상황, 지역적인 위치 등을 고려해 볼 때 현재로는 몽골이 가장 좋은 지역으로 판단한다.

몽골에 공단 조성 등 경제성을 감안한 투자로 새로운 노동시장을 형성하여 신규 노동인원이 필요할 때 북한이탈주민을 일정비율 채용하도록 하는 것이 한 방법일 수 있다. 한편으로 몽골 시민권을 원하는 경우 획득할 수 있도록 몽골정부와 협의가 있어야 할 것이다.

4) 한국입국 및 정착단계

현재 북한이탈주민이 남한에 입국하면 대성공사에서 1개월, 하나원에서 2개월의 조사 및 적응교육이 이루어지고 있는데 북한이탈주민 입국자 수가 증가함에 따라 현실적으로 현재의 인원과 시설로 교육을 실시하기 어려운 실정으로 하나원 증설이 논의되고 있다. 따라서 실제 도움이 되고 관심을 갖는 교육과정으로 재편성 간소화할 필요가 있다. 즉 현재의 적응교육 기간은 유지하되 교과과정의 개정을 통해 하나원에서는 남한 사회 적응을 위한 기초교육 및 심리적응 교육만을 전담하도록 교과를 편성하고 하나원 교육이 끝나면 전문가들 중심의 상담위원회가 북한이탈주민의 개인 성향과 특징 및 상담을 통해 진로에 필요한 조언을 하고 본인의 의사를 참고하여 다양한 진로를 제공한다.

이스라엘의 이주민 정책에 나타난 특징을 검토하여 북한이탈주민 개인의 능력과 여건에 따라 다양한 선택을 할 수 있도록 유도한다. 즉 남한 사회로 바로 진출하거나, 친척들과 함께 적응하도록 하거나, 중국에서 오랫동안 자본주의 영향을 받아 개인사업을 하거나 할 경우 이에 필요한 적절한 금융지원 및 컨설팅을 제공하며 아직 취업능력이 미흡한 경우에는 본인의 의사를 충분히 고려하여 대학, 또는 제2 하나원에서 다양한 형태의 직업교육을 통해 취업 및 적응능력을 함양하도록 유도한다.

제2 하나원은 직업교육실시에 주력할 필요가 있다. 왜냐하면 직업이 불확실할 때 북한이탈주민의 한국사회에서의 위치가 불안하며 '2등 국민'이라 불릴 수 있기 때문이다. 제2 하나원의 교과과정은 6개월~2년까지 다양한 선택이 가능하도록 편성하고 공단근처에 설립하여 기업, 공장에서 원하는 기능을 바로 숙지할 수 있도록 하며 그 밖에 자유롭게 남한사람과의 접촉을 통해 적응교육이 실생활에서 실시되도록 다양한 동아리 프로그램을 편성 실시한다.

우리와 비교해서 상대적으로 사회보장제도가 완비되어 있는 독일의 경우는 동독의 이주민을 수용하는 과정이 우리보다 안정적이라 볼 수 있는 데 반해서 한국의 경우 사회 안전망이 충분치 못하기 때문에 북한이탈주민이 하나원 교육을 마치고 사회로 홀로 서기를 하는 경우 매우 위태로운 상태이다. 이에 대한 정부의 방안은 매우 미흡한 실정으로 방관적인 자세로 내버려둔다고 볼 수 있다. 따라서 북한이탈주민들이 남한사회에 제대로 정착할 수 있도록 실질적인 취업교육을 하는 것이 필요하다. 이런 목적을 위하여 취업교육을 전담하는 제2의 하나원 설치가 절실하다.

현재 하나원은 북한이탈주민의 대량 입국이 이루어진다면 수용능력에 있어 한계를 넘어설 것으로 예상되는 바 제2의 하나원 건설이 시급하다. 현재 북한이탈주민의 2개월간의 교육 과정을 제1의 하나원에서는 자본주의 사회에 대한 이해와 일반적 수준에 적응 교육 및 심리 적응을 시행하고 북한이탈주민의 개별적인 자유의사에 따라 직업교육만을 전담하는 제2의 하나원 건설이 시급하다. 제2의 하나원은 직업전문 학교 형태로 산업공단에 위치하여 현장에서 요구하는 기능과 기술을 활발히 수용하여 북한이탈주민 교육과정에 피드백(feedback) 하는 살아있는 교육을 실시해야 한다.

직업전문 학교형태로 교육기관 및 과정이 탄력적으로 운영될 수 있도록 자율성을 최대한 보장하고 재교육 및 수시 교육의 장으로 활용될 수 있도록 교과과정을 편성한다. 일반적 수준의 기능과 지식을 교육하여 공적인 자격증을 획득하도록 지도하고 취업할 기업에서 요구하는 현장 기능을 익히기 위한 1개월 정도 인턴교육 후 취업하도록 함으로써 현장에서의 적응력을 높이도록 한다. 예를 들어 한국사회에 건설직(목공, 도배 등의 기능직)의 경우 능숙한 기능을 지닌 기능공이 부족한 상태이므로 이에 관한 기능 습득을 하면 남한 사회 정착이 용이할 것이다.

한편으로 북한이탈주민의 적응교육이 성과를 거두기 위해서는 북한이탈주민들에게만 국한되어서는 안 되며 남한 사회의 구성원 간의 상호작용이 중요하기 때문에 각 시민단체들의 북한이탈주민 적응교육에 참여할 수 있는 프로그램을 활성화하고 사회통합의 일환으로 북한이탈주민에게 따뜻한 관심을 유도할 수 있는 대 국민 통일교육이 필요하다. 북한이탈주민 중 선발하여, 교육시킨 후 교육요원으로 활용하는 방안이 강구될 수 있다. 북한이탈주민들이 남한 사회에 성공적으로 정착하면 이들은 남·북한사회를 모두 경험한 사실을 바탕으로 남북통합 사고 인식에 기여할 것이며 통일 후 남북한 주민들 간의 사회통합을 선도할 사람들로 인식될 것이다. 우선은 현실적으로 먼저 입국하여 남한사회에 정착한 북한이탈주민 중에서 능력과 자질을 갖춘 자를 선발하여 대 북한이탈주민교육에 활용할 수 있을 것이다. 북한이탈주민 보호 및 구제사업에 모든 북한이탈주민들의 인적자원을 활용하여 북한이탈주민 유형별 분류에 따라 적합한 인원을 적응도우미로 활용할 수 있을 것이다.

5) 북한이탈주민 정책을 효율적으로 진척시키기 위한 제도적 변화

정부의 북한이탈주민을 위한 전담부처 설립 필요하다. 현실적으로 새

로운 부처 설치가 어렵다면 통일부 산하에 '북한이탈주민 적응 지원국'
(가칭; 이하 지원국으로 약칭)을 신설하여 북한이탈주민 문제 해결을
위한 보다 구체적이고 체계적인 정책 집행이 가능하도록 구성되어야
할 것이다. 현실은 통일부의 한 과209)에서 직원 몇 명이 북한이탈주민
문제를 전담하고 있는 실정이다. 북한이탈주민에 대한 당국자의 인식
수준을 엿볼 수 있다. '지원국'을 중심으로 재외 북한이탈주민들에 대한
대책을 강구하고 해결하도록 유도하며, 이들 중 한국에 입국한 북한이
탈주민들이 남한 사회에 적응하는 데 발생하는 모든 문제에 대한 지원
및 조정의 역할을 담당해야 한다. 예를 들면 북한이탈주민이 입국하면
하나원 수료 시 일시에 지급되는 정착금 지급방법을 유형별로 다양화
하며, 무이자 대부 등 다양한 지원을 개설하여, 이들이 사회 건전한 국
민으로 남한사회에 뿌리내릴 수 있도록 방향을 유도해야 한다.

특히 '지원국'에서는 북한이탈주민의 탈북 동기(식량 위기, 범죄, 체재
반항 등)를 수시로 분석하고 탈북 직후 탈북 목적에 따라 분류하며, 제3국
체류(주로 중국)에 따라 대체로 초단기(1주일~1개월 이내) 단기(1~3개
월) 장기(3개월 이상)로 구분할 때 초단기와 단기가 전체 북한이탈주민의
50% 이상210)을 차지하고 있으나, 점차 장기 체류자, 2회 이상 탈북 경험
이 있는 자, 가족을 동반한 자들의 발생이 증가하고 있음으로 남한으로의
입국하려는 재외 북한이탈주민들의 노력이 더욱 증가할 것임으로 이에 대
한 장·단기 계획 및 대책을 세워 적극적으로 시행해야 한다.

민간단체 및 자원봉사자에 대한 교육과 지도를 통해 북한이탈주민
지원사업에 사회 각계각층의 시민들이 관심과 배려를 할 수 있도록 유

---

209) 통일부 산하 사회문화교류국 소속의 정착지원과에서 북한이탈주민에
   관한 업무를 담당.

210) 좋은벗들 엮음, op. cit., p.23.

도한다. 또한 정책의 일관성을 가지고 통일된 방향으로 관여한 모든 단체나 정부기관이 협력할 수 있도록 유도한다. 전술한 북한이탈주민의 목적과 여건에 따른 유형별 지원을 위한 '상담위원회'의 지원 및 관리감독을 수행한다.

북한에서의 탈북 원인을 제거함에 있어 한계가 있지만, 최선의 노력을 경주하는 것이 필요하며, '퍼주기식'이 되어서는 안 되고 실태 조사 및 이에 따른 문제 해결 방안으로 접근해야 한다. 그 한 예로 북한의 농업기반구축에는 기본적인 구조개선이 필요한데 단위당 생산단가가 너무 높다면 전략 산업으로 식량생산은 중요하겠지만 다른 방법을 병행하여 모색함이 필요하다고 생각한다. 산악지형에 맞는 관광산업 개발에 주력하면서 외화 획득 산업육성에 주력 스키장, 호텔, 온천 등을 개발하고 시설하여 관광산업 위주로 나아가며 여기에 필요인력으로 북한이탈주민의 자발적 귀환자를 활용하는 방안을 신중히 검토할 수 있을 것이다. 한편으로 중국, 러시아, 북한에 경제 투자 시 일정부분 현지인과 더불어 북한이탈주민을 고용할 수 있도록 하는 방안에 대해서 검토해야 한다.

VIII. 결 론

　모든 북한이탈주민을 난민으로 보기 어렵다. 따라서 북한이탈주민을 유형별로 나누어 지원대상자에 따른 적합한 방안을 제시하는 것이 필요하다. 지금까지는 북한이탈주민 개인별 특성이나 유형에 따른 지원이 거의 고려되지 않은 상태에서 필요에 의한 선별 수용 외에는 방임상태로 내버려 둔 경향이 있다.

　UNHCR에서 북한이탈주민에 대해 일부 난민이 존재한다는 언급은 그간 국내외 NGO의 난민인정을 위한 노력의 부분적 결실로 볼 수 있다. 그러나 이러한 언급은 당장 중국을 비롯한 제3국에 있는 북한이탈주민들이 난민으로 인정받는 것과는 별개의 문제이다. 물론 장기적으로는 난민으로 인정받고 신분적 안정을 가져올 가능성이 없지 않지만 현재로서는 매우 낮아 보이며 단기적으로는 계속 북한이탈주민의 신분이 불안할 뿐 아니라 이러한 일련의 과정을 거치면서 오히려 중국 공안당국은 더욱 검문검색을 강화하여 북한이탈주민을 체포하여 북한으로 강제 송환하고 있는 실정이다.

　북한이탈주민들을 유형별로 나누어 유형에 따른 다양한 접근이 필요하다. 정치적 난민일 경우에는 난민으로 구정하거나 적극적으로 남한입국을 유도해야겠지만 단순한 식량위기 때문에, 또는 보다 나은 생활을 위해 북한을 탈북 했을 경우에는 난민으르 규정하기 어려울 뿐 아니라 난민지위를 부여하려는 접근은 실효성이 적을 것이다. 왜냐하면 국제적으로 경제적 이유로 인한 난민지정이 어려울 뿐 아니라 이는 중국당국의 기존주장을 확인한 결과에 지나지 않으므로 중국을 설득하기가 여의치 않기 때문이며, 또한 남한정부는 대북 정책을 추진하는 과정에서 북한을 자극하지 않으려고 하기 때문이다. 중국당국과의 접촉에서 중국의 입장을 전향적으로 검토하고 현실적으로 해결해 나가는 방안을 강구할 필요가 있다.

따라서 경제적인 이유로 탈북 한 대다수의 북한이탈주민들은 적극적으로 자발적 귀환을 유도하도록 하는 방안도 신중하게 검토해야 한다. 북한이탈주민들은 남북한 공동의 적이 아니며, 남북한 모두에게 버림받는 존재도 아니다. 따라서 해결 방안 모색에 남북한이 적극적으로 관심을 갖고 참여해야 하며, 필요하다면 남한 당국이 적극적으로 북한 당국을 설득하여 탈북상황을 줄여가도록 노력해야 한다.

문제는 정치적 난민이냐 아니면 경제적 난민이냐를 판단할 충분하고 분명한 판단 기준의 존재 여부이며, 그렇다면 난민 여부를 누가 어디서 판단하고 이를 북한이탈주민과 관련된 국가들이 수용할 것인가가 또 다른 문제로 파생된다.

북한이탈주민들을 북한으로 자발적 귀환하도록 유도하는 것이 마치 인도주의를 포기한 것처럼 논의된다면 이것은 잘못이다. 다만 자발적 귀환이 강제귀환으로 변질되지 않도록 유의할 필요가 있으며, 때로 북한이탈주민들이 갖고 있는 한국사회에 대한 환상 즉 한국에만 가면 모든 것이 해결되며 누구나 잘살 수 있다는 환상은 바르게 정정해 줄 필요가 있다. 다시 말해 과대평가도 아니고 과소평가도 아닌 정확한 사실이 전달되어 신중한 판단이 이루어지도록 해야 하며, 사실에 근거한 정보를 가지고 남한에 입국한다면 쉽게 좌절하기보다는 북한이탈주민들의 남한사회 적응력이 이전보다 높아질 것이다.

따라서 자발적 귀환을 유도하도록 적극적으로 노력하는 것도 탈북문제를 해결하는 중요한 방안 중 하나가 되어야 하며, 자발적 귀환에는 반드시 다음의 두 가지 선행조건이 충족되어야 한다. 첫째, 탈북사실에

대해 처벌하지 말거나 경미한 처벌로 마무리 할 것, 둘째, 귀환한 후 생
활할 수 있는 경제적 여건 마련이다. 이를 위해서는 북한당국의 확실한
답변이 있어야 하며, 또한 남한당국은 지원을 책임지고 귀환자의 상태
를 모니터할 수 있는 제도의 성립을 북한 당국으로부터 약속 받아야
한다.

이를 위해 베트남 난민의 자발적 귀환을 유도한 UNHCR의 지원방안
을 참고할 필요가 있다. 동시에 공개적인 장소에서 북한이탈주민들에 대
한 난민 여부, 자발적 귀환의 자율성 판단 등이 가능할 것인지, 공개 장
소에서 자율성이 보장된 상태에서 이상의 진술과 판단이 이루어지기 위
해서 어디서, 어느 기관이 이 문제를 맡을 것인지, 또 이 경우 최소한 중
국, 남한, 북한이 합의할 수 있어야 하는 문제를 어떻게 해결할 것인지에
대한 세심한 분석이 요구된다. 우선 중국당국이 금지하고 있는 UNHCR
의 북·중 접경지역 내 북한이탈주민들에 대한 접근이 허용되어야 하며
소수라 할지라도 난민협약에 따른 협의의 정치적 난민에 대한 심사가 이
루어지도록 촉구하는 것도 하나의 방안이 될 것이다. 이에 대해서는 향
후 과제로 지속적인 연구가 필요하다고 생각한다.

북한이탈주민 문제에 있어 남북한과 중국의 국가적 입장에서 현실적
으로 해결을 구하는 것이 쉽지 않다. 중국은 북한이탈주민 문제를 중국
과 북한 간의 문제라며 1960년에 체결한 '조·중 밀입국자 범죄자 상호
인도 협정'과 1986년 체결된 '국경지역 업무협정'에 따라 북한이탈주민
을 강제 송환하고 있으며 공개적이고 국제적인 문제로 비화하는 것을
인정하려하지 않는다. 따라서 UNHCR의 개입에 대해서도 허용하지 않
고 있는 실정이다.

중국과의 비공식 접촉을 통해 문제를 해결하기란 어려울 것으로 생
각된다. 왜냐하면 중국은 사회주의 혈맹국으로서 북한을 자신의 지지

192

세력으로 두고 싶기 때문에 북한의 눈치를 볼 것이며 이런 관계하에서 북한의 동의 없이 북한이탈주민 문제에 적극적으로 중국이 다가서기를 기대한다는 것은 불가능하다. 따라서 오히려 중국보다는 북한과의 접촉을 통해 북한이탈주민 문제해결을 추구하는 것이 효율적이고 합리적이라 생각한다.

북한이 실제로 북한이탈주민을 묵인하고 있거나, 북한이탈주민을 막을 수 있는 치안유지 능력이 상실된 상태라면, 북한당국에 전향적인 제의를 통해 민족 내부의 문제로 해결할 수 있는 방안을 모색하는 것도 하나의 방안이 될 수 있다.

북한이탈주민 문제에 대한 실질적 방안을 제시하면 다음과 같다.

첫째, 근원적으로 북한이탈주민 발생이 감소하도록 유도한다. 북한의 식량난 및 경제위기를 해소할 수 있도록 효과적인 지원 방안을 강구한다. 농업 생산력 제고를 위한 긴밀한 협조체제를 유지하고, 남북경협을 활성화함으로써 북한 경제 수준의 개선을 도모하는 것이 보다 근원적인 문제해결에 접근하는 것이 될 것이다.

둘째, 자발적 귀환을 선택할 수 있는 방안을 강구하는 것이 필요하다. 강제송환이 아니라 필요한 물품과 돈을 일정기간 노력하에 가져갈 수 있는 방안을 검토해 볼 수 있다. 연길 등에 협력공단을 설치하고 일정 비율 북한이탈주민 고용하고 자발적 귀환 시 북한에 정착할 수 있는 지원방안을 모색한다. 왜냐하면 재탈북을 방지하기 위해, 생활 여건의 개선이 필요하기 때문이며 이를 위해 베트남 난민의 경우를 참조한다. 이는 중국 당국의 협조 없이는 불가능하며, 남·북한, 중국의 3개 국가가 북한이탈주민 문제해결을 위한 국제회의를 열어 대책을 강구하는 것은 하나의 방안이 될 수 있다. 명백한 범죄행위로 인한 도피성 탈북 북한주민에 대해서는 북한 및 중국당국의 법에 따른 처리를 인정함도 필요하다. 물론 자치하면 인권침해의 소지가 다분히 있기 때문에 매우 조심스러운 접근이 요구되며, 유보사항으로 구체적이고 객관적인 사항에 한해서 북한이탈주민의 범법사항에 대한 처리를 인정하도록 유도함이 필요하다.

셋째, 북한이탈주민을 위한 효율적인 지원 정책을 수행하려면 정부와 NGO 간의 긴밀한 협조체제 구축이 절실하다. 그 일환으로 남북한 경협 차원에서 서해안 공단입지로 거론된 해주와 남포, 신의주 중에서 압록강 주변에 작은 규모의 경제 특구로 신의주에 중국이나 러시아시장 등을 겨냥한 경공업 위주의 소규모 공단을 설정, 남한기업과 당국이 NGO와 협력하여 공단을 조성하여 노동력을 흡수하는 것이 적합하다고 생각한다.211) 여기에 자발적 귀환자의 수용을 의무로 하여 NGO가 운영하는 기업에서 생긴 이익금은 북한의 소외계층이나 북한이탈주민 지원사업에 사용되도록 하며, 이를 북한이 확실히 인지하도록 한다. UNHCR의 베트남 난민 자발적 귀환자의 재정착 지원사업을 참고하여 적극적으로 소규모지원사업을 시행하는 것이 필요하다. 예를 들면 식량제공, 무료급식소 운영, 주택건설, 농업기반시설, 농사지도 등을 주도한다.

넷째, 노인과 어린이, 여성에 대한 최소한의 인도주의적 지원체계 마련을 중국의 홍십자사(한국의 적십자에 해당), 중국의 NGO(조선족의 기독교 단체 등)들을 활용하여 이들이 지원사업의 주체로 전면에 나서고 한국 정부와 한국의 NGO들이 후원하는 형태가 현실적이며, 가능한 직접적인 참여는 자제하는 것이 필요하다. 왜냐하면 그렇지 않으면 탈북자에 대한 실질적인 도움에서 효율적이지 못한 것으로 나타나기 때문이다.

다섯째, 북한이나 중국에서 북한이탈주민의 처리가 어려울 경우 이들

---

211) 「서해안공단 부지선정 어디까지 왔나」, 연합뉴스, 2000. 6. 13.

국가로부터 제3국, 예를 들면 몽골 등에 북한이탈주민 정착촌을 건설함에 있어 최소한 묵시적 동의를 이끌어 내야 할 것이다. 이에 수반되는 일체의 비용을 남한 정부가 책임져야 하며 묵인의 대가로 북한의 경제적 지원까지 고려해야 한다.

여섯째, 북한이탈주민 중 정치적 난민이 분명할 경우, 이를 판단하고 구조할 수 있는 국제단체의 활동 요구가 정부와 NGO차원에서 적극적으로 국제사회에 제시되어야 한다. UNHCR의 적극적 참여를 요구하고 난민협약에 따른 분명한 정치적 난민의 사례를 축적하여 국제사회에 제시함으로써 한국을 비롯한 참여국가가 난민을 수용할 수 있는 길을 모색하여야 한다.

일곱째, 중국 내 북한이탈주민 문제를 원만히 해결하고 조정하는 역할을 수행하기 위해 관련 전문가(외교 담당, 북한이탈주민 전문가, NGO전문가 등으로 구성)를 파견해야 한다. 이들이 북한이탈주민 문제 해결을 위해 비공식적인 대 중국 접촉을 시도하고 중국에 진출해 있는 NGO 간의 업무 조정 및 문제 발생 시 갈등 해결의 역할을 담당하도록 한다. 부처 간 업무의 중복을 해결하고 현지에서 상당한 재량권을 가지고 문제를 해결할 수 있도록 권한과 책임을 부여해 주어야 한다.

여덟째, 국내 북한이탈주민의 적응 면에서 지역 협력체계 구축을 통한 사회복지 정책으로 문제를 해결해 나아가는 것은 아직 분명한 성과를 드러낸 것은 아니지만 사회 통합에 효율적인 방법이며, 지방자치단체와 북한이탈주민 후원을 위한 민간단체 등의 지역 협력체제를 구축하는 것이 앞으로의 사회통합을 위해 필요한 일로 생각한다. 냉전체제의 논리로 북한이탈주민 문제를 해결하려는 자세를 버리고 사회 복지의 측면에서 접근하는 것이 필요하며, 전국적인 네트워크를 통해 정보의 축적과 공유를 유도한다면 지금보다 훨씬 효율적인 적응이 이루어질 뿐 아니라 현재의 시설과 운영시스템만을 활용해도 북한이탈주민 수용의 여력이 증가할 수 있으리라 본다. 매년 증가하고 있는 북한이탈주민의 입국자 수를 고려할 때, 이들을 수용하는 것이 남한 노동시장에 어느 정도 영향을 끼칠 것인가를 연구, 분석하여 북한이탈주민들의 수용과정에서 외국인 노동자들이 담당했던 업무를 공유하는 것도 하나의 방안이 될 수 있음을 검토해야 한다.

아홉째, 북한이탈주민과 남한주민들과의 교류에 있어 남한주민들에게 냉전 이데올로기의 영향과 북한이탈주민에 대한 편견(가족들을 버리고 온 인정 없는 사람이란 비난 등)이 있기 때문에 북한이탈주민들을 받아들이기 어렵다. 남한 사람들에 대한 통일교육을 통해 북한이탈주민에 대한 새로운 인식이 필요하다고 보며 북한이탈주민들의 입국을 새로운 사회건설의 기회로 보는 사회 전반의 인식 전환이 필요하다. 자연스럽게 남한사회의 인적자원(직업 및 교육기회, 친분관계 등)에 연결될 수 있는 사회적 연결망의 확충은 북한이탈주민들에게 필수적이다. 독일의 이주민 정책을 살펴보면 독일 정부가 시민 대학, 스포츠 동호회, 세미나 프로그램을 적극 활용하여 이주민들과 현지주민들 간에 친밀한 교제와 접촉을 늘리려고 노력한 것[212]을 알 수 있다.

이상의 대안들은 북한이탈주민의 문제를 해결함에 있어 국제사회로부터 인정받아야 할 난민 측면도 있지만 민족의 화합을 도모해야 할 같은 민족이라는 측면도 있다는 점에 바탕을 두고 있다. 따라서 북한이탈주민이 탈북 해서 제3국을 거쳐 한국에 입국하여 한국사회에 적응하는 데 성공하도록 현실적 대안을 제시하여 이끌어 가는 것이 앞으로 다가올 남북한 사회통합의 시금석이 될 수 있다는 점을 명심해야 한다.

---

212) 윤인진, "북한이탈주민 사회적응과 정책과제", 조선일보, 2001. 7. 23.

[보 론]

중국의 탈북자 정책 연구

I. 서 론

최근 북한이탈주민(이하 탈북자로 약칭)과 관련된 국·내외적인 상황이 복잡한 양상을 보이고 있다. 2001년 이후 빈번해진 '기획망명'[1], 2004년 발효된 미국의 '북한 인권법', 인권법 발효 후 더욱 활발해진 '기획망명'과 이 와중에 비용을 받고 탈북자의 한국입국을 주선하는 행위자(일명 탈북 브로커)의 사회문제화, 이어지는 대량탈북자의 국내입국, 중국의 대대적인 탈북자 단속 및 색출의 악순환 등을 들 수 있다.

1990년대 중반 북한의 자연재해에 따른 극심한 식량부족과 경제적 어려움으로 발생했던 탈북자의 특징이 2000년대에 들어서면서 그 양상이 변화하고 있다. 2001년 장길수 가족 난민 신청사건[2]이래 계속된 재중 탈북자들의 중국주재 외국공관으로의 탈출러시는 '기획망명'이라 부르면서 남한사회에 비판적 논쟁이 활발해지는 계기가 되었다.

논점은 '기획망명'으로 소수의 탈북자가 망명에 성공했을지라도 중국에 남아있는 대다수의 탈북자들에게는 도피생활이 더욱 어려움을 가져온다는 주장과 기획망명을 주도하는 비정부기구들(NGOs)의 탈북자 구호사업이 더 이상의 해결 방안이 보이지 않는 상태에서 국제여론을 환

---

1) '기획 망명'은 2001년 6월 27일 베이징(北京)주재 유엔난민고등판무관실(UNHCR)에 난민지위 인정 및 망명을 요청한 북한 탈북자 장길수 가족 이후 잇달아 지속된 중국주재 외교관서로의 탈북자의 망명을 일컫는 말로 학술적으로 정의되지는 않았으나 사회 일각에서 사용되는 용어를 차용함. 최근에는 '기획탈북'이라고도 하며 본고에서는 함께 사용함.

2) 기획망명의 효시로 알려져 있음(서울신문, 2004. 10. 2).

기시켜 인도적 방안이 제시될 것이라는 주장의 대립이다.

결국 남한 정부가 탈북자 문제에 관해 소극적인 자세에서 벗어나 적극적인 해결의지를 보이지 않는다면 이 문제는 더욱 어려움이 가중될 것이다. 최근 탈북자들의 입국이 해마다 늘고 있고, 미국의 '북한인권법'이 발효되는 등 국제적 환경의 변화가 향후 탈북자의 동향에 영향을 미칠 것을 고려할 때 적극적이고 전향적인 자세에서 재외 탈북자의 문제 해결 방안을 검토·보완하는 것이 시급하다.

기획망명이 결과적으로 중국에 체류 중인 소수의 탈북자를 제외하고 나머지 다수의 탈북자들의 인권 상태를 악화시킨 면은 분명하기 때문에 재발이 방지되어야 하지만, 기획망명이 일어날 수밖에 없었던 절박한 상황에 대해 신중한 검토와 해결 방안의 모색이 필요하다.

한편으로 북한 주민의 인권과 탈북자의 인권을 분리할 필요가 있다. 물론 재중 탈북자는 탈북이전에 북한 주민이었고 그들에 의해 북한의 인권상황이 구체적으로 알려진 것은 사실이다. 그러나 1990년대 중반 이후 탈북자들의 발생의 근본 원인은 북한의 인권상황에서 유발된 것이 아니라 식량난에서 비롯된 것이다.[3]

본고에서는 재중 탈북자의 인권침해에 대한 연구로 범위를 국한시켜, 이를 해결할 수 있는 방안들이 의도하지 않은 북한의 대량탈북으로 이어진다든가, 최소한 탈북자의 증가로 이어질 수 있는 갈등상황을 검토하여 합리적인 정책적 방안을 강구하고자 한다. 이제는 탈북자 문제가 조용한 외교만으로는 해결이 어려운 복합적인 국면을 맞이하고 있다. <표-1>에 따르면 2000년 들어서면서 한국에 입국하는 탈북자의 수가 급증하는 양상을 보이고 있다. 이와 더불어 재중 탈북자의 기획 망명도

---

3) 김귀옥, "'귀향권 보장' 등 남북공조로 해법 찾자", 『월간 말』 2004. 9., pp.74-75.

증가하고 있는 것으로 알려지고 있다. 탈북문제의 해결 방안을 모색하기 위해 기획 망명사례 분석과 미국의 '북한인권법' 통과 서명 발효가 갖고 있는 의미를 분석할 필요가 있다. 2001년 장길수 가족 망명사례 이후 증가해온 기획 망명들을 분석의 대상으로 삼고자 한다.

<표-1> 탈북자 연도별 입국현황

구분	'89까지	'90~'93	'94	'95	'96	'97	'98	'99	'00	'01	'02	'03	'04	합계
인원	607	34	52	41	56	86	71	148	312	583	1,139	1,281	1,637	6,047

출처: 통일부 자료 일부 년도를 통합(90~93년) 조정하여 재편집 함.(2004년 10월말 현재)

재외 탈북자들에 대한 기존 연구방법을 고찰하면 양적인 증가에 비해 사회과학적 조사방법에 근거한 연구물이 희소하고, 기초적 실태 조사 없이 과거 소수의 연구자나 NGOs의 제한된 규모의 조사4)를 계속 인용하고 있는 실정으로 탈북자 지원 및 조사에 대한 중국 정부의 불법 규정에 따른 처벌로 말미암아 지속적인 조사가 이루어지지 못하고 있다.

탈북자 현황과 실태 조사는 중국 당국이 탈북자를 '불법 월경자'로 규정하고 있고 어떤 국제기구의 접근도 불허하는 가운데 공식적인 조사가 불가능함으로 어떤 문헌에 등장하는 재중 탈북자의 규모도 확실한 근거가 없는 추정치에 불과하며, 탈북자의 유형을 어떻게 분류하느냐에 따라 탈북자의 규모가 달라진다. 즉 단기간 체류했다 귀환하는 경우 탈북자에 포함할 것인가, 또한 체류기간을 어느 정도로 둘 것인가 하는

---

4) 좋은벗들, 「두만강을 건너온 사람들: 중국 동북부지역 2,479개 마을 북한 '식량난민' 실태 조사」 서울: 정토출판, 1999; 윤여상, "중국에 있는 북한이탈주민 실태 조사 보고서", 「생명과 인권」 '98 겨울 No.10.

것이 연구자들 사이에 합의된 바가 없기 때문에 어떻게 규정하느냐에 따라 규모가 달라질 수 있다.

어차피 추정에 불과하다면 <표-1>에서 보는 것처럼 남한으로 입국에 성공한 탈북자의 수가 증가하고 있다는 점에서 역 추적도 가능하며 이 증가 현상은 남한행을 위한 탈북자들의 방법이 보다 다양화되어 성공확률이 높아진 것도 원인 중 하나이겠지만 탈북자의 규모가 작지 않음을 시사하고 있다.5)

물론 이것만으로 재중 탈북자의 규모가 증가했는지를 판단할 수 없다. 단지 재중 탈북자들이 중국에서의 체류기간이 길어지면서 자본주의 사회에 대한 적응력이 높아지고, 다른 한편으로 한국입국에 대한 방안을 과거보다 시행착오 없이 실행함으로 한국입국자 수만 늘어날 수 있다는 의견도 가능하다. 그러나 절대적 수치 및 규모에서 최소 수만 명의 탈북자가 인권의 사각지대에 무방비로 노출되어 있다는 의미를 지님은 분명하다.

한편으로 중국 내의 탈북자들을 돕고 있는 소수의 비정부기구(NGO)들로는 길수군 가족의 난민지위신청으로 드러난 '길수가족구명운동본부'(공동대표 김동규)와 국외단체로는 미국의 '자비재단'(Mercy Corp.)6)

---

5) 박상봉, "중국 내 탈북자 현황, 정책 및 전망", 「새로운 차원에 접어든 북한난민 문제의 해결과 접근」, 원재천편., 한국해양전략연구소, 2003, p.46.

6) 본 연구에서 탈북자의 인터뷰 등의 조사는 '자비재단(Mercy Corp.)' 관계자의 도움에 힘입은바 크다. 필자가 직접 중국에서 몇 군데의 은신처(shelter)에 기거하는 북한이탈주민들과 숙식을 함께 하면서 21일간 (1999. 12. 16~2000. 1. 7)에 걸쳐 심층면접(deep interview)을 실시하였다. 질문의 형태는 정해진 틀에 의해 규정하지 않고 가능한 자유롭게 자신의 이야기를 전개해 나갈 수 있도록 분위기를 조성하였다.

등이 있다.7) 이들 국내외 NGO들이 활동을 벌이고 있으나 탈북자들을 돕는 행위자체가 해당 재류국(在留國)의 실정법을 위배하는 행위이기 때문에 탈북자의 현황에 관한 구체적인 정보를 얻기가 어렵다. 설사 어느 특정 구호단체의 부분적인 정보를 얻었다 하더라도 이것을 구체적으로 밝혔을 경우 중국에 있는 정보원과 그 일에 관여하고 있는 기관 관계자들이 보호되지 못할 수 있기 때문에 공개적인 발표에는 조심성이 요구된다.

따라서 재중 탈북자의 규모, 현재의 상황, 정확한 강제송환의 수, 인권침해 실태, 탈북자의 필요 등에 관해 상당부분 추정에 의존할 수밖에 없으며 본 연구도 이런 한계를 지니고 있다.

본고에서는 탈북자에 대한 정책적 연구로 새로운 양상에 적실성을 담보한 대안을 제시하기 위해 몇 가지 중점을 두고자 한다. 탈북문제에서 중국은 지금까지 중·북 간의 문제로 한정지어 왔다. 탈북자의 인권 문제가 제기되면서 동북아의 문제로 확대되어 국제문제화 되고 있다. 이런 상황에서 탈북자가 발생하여 한국으로의 망명을 요청하는 경우 상황에 따라 유연한 모습을 보이고 있다는 점에 유의할 필요가 있다.

과연 탈북자에 대한 중국 당국의 정책 기조가 근본적으로 변화된 것인가? 본 연구에서는 탈북문제의 가장 중요한 축으로 작용하는 중·북 간의 관계에 대한 분석을 토대로 형성된 중국 당국의 탈북자 정책을

---

7) '북한주민의 생명과 인권을 지키는 시민연합'(이사장 윤현), '북한 민주화 네트워크'(대표 조혁), '좋은벗들'(이사장 최석호), '탈북난민유엔청원운동본부'(본부장 김상철), '두리하나선교회' 등이 대표적인 조직들이다. 그 밖에 국외단체의 활동이 활발하게 전개되고 있는데, 대표적 단체로 일본의 '북한민중구조 긴급행동 네트워크'(RENK)와 '북조선 귀국자의 생명과 인권을 지키는 회', '북한난민구원기금', 미국의 '북한인권위원회'와 '세계난민과 인권재단'(EAGIS) 벨기에의 '국경 없는 의사회'; 「탈북자 지원단체 현황과 실태」, 연합뉴스, 2002. 3. 15.

시기별, 내용별로 분석하여 근본적인 특징을 추출함으로서 '기획망명'과 미국의 북한인권법 발효 이후 변화된 복잡한 지형 속에서 한국정부가 추진해야 할 탈북자 정책 방향에 대한 보다 진전된 논의를 열어가고자 한다. 탈북자의 시기별 특징 특히 2000년대 기획망명 이후 최근의 특징을 중점적으로 분석하고, 이에 따른 중국의 입장을 중국의 대한반도 정책의 기본방향과 결부시켜 중국의 탈북자 정책을 분석해 보고자 한다.

Ⅱ. 탈북 시기별 중국의 입장

1990년 중반의 자연재해를 겪으면서 심각한 식량난으로 인해 수백만의 아사자가 발생한 북한 사회에서 탈북자의 1990년 초기부터 중반, 2000년 초기, '기획망명', 최근(2005년)에 이르는 시기별 특징과 이에 따른 중국의 입장을 살펴보면 다음과 같다.

1. 1990년 이전부터 1990년대 중반

1990년대 들어 사회주의권의 붕괴에 기인한 러시아와 중국의 경제변화가 북한경제의 침체에 영향을 끼쳐 지속적인 마이너스 경제성장을 하고 있으며 이후 몇 년간 연속된 홍수와 가뭄 등의 자연재해가 겹치면서 식량부족 사태가 심화되었다. 부족한 식량을 수입할 수 있는 경제적 여건이 미흡한 상태에서 지역에 따라서는 1992년부터 식량배급이 중단되어 취약 계층 중심의 북한 주민들은 절박한 식량 부족 상황에 직면하여 탈북이 급증하게 되었다.

북한주민들이 중국을 통하여 막연하나마 남한의 경제발전에 대한 정보를 얻게 되면서 탈북을 촉진하는 요인으로 작용하였다.8) 탈북자들은 일단 북한을 벗어날 경우 대부분 중국으로 향하고 있다. 그 이유는 지리적으로 국경의 대부분을 중국과 접하고 있고, 연변지역에 조선족이

---

8) 김병로, 「북한이탈주민 발생 배경 분석」 민족통일연구원, 1994, 통일정세 분석 94-11.

많이 생활하며, 친척들이 존재한다는 점 등으로 인한 탈북의 용이성 때문이다.

국경선에 연해 있는 압록강과 두만강 중 특히 두만강 상류는 폭이 좁고 수심이 얕아 평상시 강 양쪽에 사는 주민 간의 왕래가 용이하고 빈번하였을 가능성이 높아 보이는데 이는 강을 사이로 조선족과 북한 주민 대부분이 함경도 출신으로 서로 인척관계가 많았고, 사회주의 혈맹국으로 상호우호적인 관계에서 국경 부근 월경자에 대해 대수롭지 않게 여기거나 우호적인 태도를 보였기 때문이다.

중국은 1960년대 3년 기근(1960~1962)시기와 문화혁명(1966~1969) 직후 식량 사정이 어려웠을 때 북한 당국과 주민들이 사회주의 혈맹국에 대한 인도주의와 동포애를 발휘하여 식량지원 및 조선족 귀국에 도움을 주었고, 중국과 조선족들은 이에 대한 보답으로 탈북자들에게 호의적인 태도를 보였다.

따라서 중국은 북·중 양국간 1960년대 초에 맺은 '조·중 밀 입국자 송환협정'과 1986년 '국경지역의 국가안전 및 사회질서유지 업무를 위한 상호협력 의정서'와 1993년 '길림성 변경관리조례'를 근거로 불법월경자를 규제하였으나 여러 가지 정황으로 볼 때 식량난이 본격화된 90년대 중반 이전에는 탈북자 인원수도 상대적으로 적고 호의적인 분위기로 인해 관대한 처리를 했던 것으로 추정된다. 여기에는 탈북자의 대다수가 단기간의 월경을 통해 약간의 돈과 식량을 얻게 되면 북한으로 귀환하는 형태로 중국에 장기간 체류하거나 제3국으로 망명하는 경우는 소수인 점에 기인한 측면도 있다.

2. 1990년 중반(식량난 악화)에서 1990년대 후반

전술한 1960년대 식량지원 및 도움과 이에 대한 보답으로 식량난 초기 중국의 조선족들은 우호적이었다. 북한의 식량난과 경제난이 심각하여 대량의 아사자가 발생했던 1995~1996년 북한주민 다수가 식량부족 사태를 해결하기 위해 중·북의 국경을 넘었다. 이때는 대다수가 긴급피난의 성격이 강하며 약간의 식량과 돈을 얻게 되면 다시 북한으로 돌아오는 경우가 많았지만 북한으로 귀환한 후에도 식량난 해소 방안이 없기 때문에 재탈북 하는 경우가 늘어나고 장기체류 및 한국을 포함한 제3국 망명을 시도하는 경우가 늘어나기 시작한다.

이전 도움을 갚는다는 시각에서 조선족 동포들이 적극적으로 식량지원을 주도하였다. 중국공안당국도 특별하게 북한 당국의 요청이 있는 경우를 제외하고 적극적 검문, 검색에 나서지 않았으나 북한주민의 탈북이 국제문제화 되고 대량 탈북의 우려가 높아지면서 국경 및 중국 내 탈북자에 대한 검문검색을 강화하여 강제 송환함으로 남·북한 및 중국 간 긴장관계를 유발한다.

중국 지린성(吉林省) 동북아 연구소의 '북한의 탈북자 및 사회현상에 대한 보고서'에 따르면 북한으로 강제 송환한 탈북자 수가 1995년 이전 매년 2백~3백 명에서 1996년 589명으로 늘었고 1997년에는 5439명, 1998년에는 6300여 명으로 증가했다.[9] 비록 적지 않은 수가 강제송환되었지만 이 시기에는 탈북자에 대한 동정론이 우세하였다. 또한 국내외 인권단체들이 중국에서 탈북자 문제에 대해 다양한 활동을 전개하던 시기였다.

---

9) 박상봉, "중국 내 탈북자 현황, 정책 및 전망", p.56.

중국 공안 당국은 탈북자들에 대한 지원에 대해서 공개적이지 않고 사회 안정을 해치는 불안요소를 드러내지 않는 경우에는 묵인하는 경우가 많았다는 것이 인권단체 관계자들의 견해이다. 물론 이는 인도주의적이거나 합리적인 결정이 아니라 매우 자의적인 판단에 의한 것으로 상황에 따라 가변적인 조치이다.

3. 1990년대 후반에서 2000년대 초(기획망명 이전)

중국은 탈북자가 급증하자 앞서 언급한 협정 및 조례에 덧붙여 1997년 3월 14일 제8기 전국인민대표회의에서 형법에 밀입국의 안내 및 운송에 대해 '국경관리방해죄'를 추가하여 처벌을 강화하였다. 탈북규모의 증감은 북한과 중국의 탈북자 정책, 즉 탈북자의 수색, 체포, 강제송환에 의해 영향을 가장 많이 받아왔으며, 중국당국은 이제까지 탈북자에 대해 시기별로 집중단속, 묵인 및 완화정책을 반복하여 왔다. 즉 연례적인 특별단속기간이 지나면 단속이 완화되는 경향을 보이기도 했으나, 특별한 시점에는 수색이 강화되기도 했다.[10]

탈북자를 보호하는 미션홈(mission home)의 조선족운영자에 따르면 중국 속담에 "바람이 심하게 불 때는 잠시 몸을 낮추어 바람을 피하며 기다려라! 잠잠해진 후에 행동을 개시한다."며 특별단속기간에는 탈북자 구제사업에 더욱 조심한다고 증언[11]한 적이 있다.

---

10) 이우영 외, 『북한이탈주민 문제의 종합적 정책방안 연구』, 통일연구원, 2000, p.10.

11) 필자가 1999. 12. 25 중국 연길시 어느 은신처에서 조선족(30대 중반)과 인터뷰한 내용.

예를 들어 미국 난민구호단체인 미국난민위원회(USCR)가 지난 6월 14일 발표한 '2001년 세계 난민실태 조사보고서'에 따르면 지난해 중국정부가 강제 송환한 탈북자 수가 최소 6천 명이며 지난해 6월에만 5천 명이 북한으로 강제 송환되었는데 6월에 이같이 많은 숫자가 강제송환된 것은 김정일 국방위원장이 중국을 방문한 직후이고 남북 정상회담을 앞두고 있던 6월초에 중국에서 탈북자에 대한 단속이 집중됐기 때문인 것으로 분석하고 있다.[12]

중국 공안당국에 의한 재중 탈북자의 즘문·검색 강화, 이어지는 대대적인 강제송환, 탈북자 구호단체에 대한 탄압 등으로 탈북자들의 최소한의 인권보호가 불가능해진 NGO들은 탈북자문제 해결을 위한 새로운 방법을 모색하게 되고, 이로 인해 '기획망명'의 이름으로 국제사회에 탈북자문제를 부각시키는 데 힘을 쏟게 된다.

4. 2001년(기획망명 이후)에서 2005년 현재 (2000년대 변화하는 탈북상황)

1990년대 탈북상황과 다르게 긴급 상황에 따른 생계형 탈북자의 수는 감소하고 있으며 2001년부터는 더 나은 삶을 위해 탈북 하는 양상도 나타나고 있다. 그러나 수백만의 아사자를 초래한 90년대 중반의 극심한 식량난에 비해 2003/2004년의 곡물 생산량이 416만 톤으로 추정됨으로써 전년도에 비해 공급량이 4.7% 가량 증가를 보이는 등 약간의

---

12) http://www.kidoknews.com/old/china2001061901.htm(2005년 1월 31일 검색)

호조를 보이는 것 같으나 안정적으로 북한의 경제가 회생될 기미를 보이지 않고 있다. [13]

특히 지난 2002년 7월 1일 경제관리개선 조치는 배급제를 공식적으로 폐기하고 일부 시장적 요소를 도입하는 등의 획기적 조치를 하였으나, 이 조치가 인플레를 가져오고 빈부 격차를 더욱 확대시키고 있다는 우려를 낳고 있다. 현재 북한은 필요한 식량의 약 30% 이상을 해외 원조에 의존하고 있는 실정이다. 이러한 경제위기와 식량난은 북한의 한계계층에게 피해를 주고 탈북자 문제를 야기시키는 중요한 원인으로 지금도 지속되고 있다.[14]

<표-2>는 장기간에 걸친 탈북상황의 변화양상을 요약한 것이다. 최근 탈북자의 국내 입국 급증이 현재 북한에서 중국으로의 탈북이 늘어난다는 의미는 아니다.[15]

2000년에 들어와서 이슈가 된 탈북자 사례로는 2000년 중국을 경유해 러시아로 탈북 한 '탈북자 7인 송환' 사례가 있고, 2001년 장길수 가족 망명 사례, 2002년 주중 스페인 대사관 망명 사례, 2003년 선양 일본 총영사관 망명사례와 주중 한국총영사관에 중국 공안원이 진입하여 탈북자를 강제연행하고 한국외교관을 폭행한 사건 등이 있고, 2004년 동남아 체류 468명 입국 및 주중 캐나다대사관 망명사례 등을 들 수 있

13) FAO/WFP, "Special Report: FAO/WFP Crop and Food Supply Assesment Mission to the Democratic People's Republic of Korea", October 30, 2003. (검색일 2004. 11. 5)
http://www.fao.org/documents/show_cdr.asp?url_file= /DOCREP/006/J0741E00.HTM

14) 이원웅, "북한의 인권위기: 국제사회 동향과 정책적 제언" 「통일문제연구」, 평화문제연구소, (2003. 11. 후반기), pp.4~5.

15) 문화일보(2004. 7. 28)

다. 이중에서 본고에서는, '장길수 가족 망명', '주중 스페인대사관 망명', '동남아 체류 468명 입국', '주중 캐나다대사관 망명'을 중심으로 기획망명이 빈번하게 이루어진 2001년 이후 탈북자를 둘러싼 유관국가(한국, 중국, 북한)들의 입장을 분석한다.16)

<표-2> 장기간에 걸친 탈북상황 변화 양상

	1990년대	2000년대 이후
탈북목적	식량 및 경제사정 악화에 따른 긴급 상황 해결, 일부 정치적 망명 추구	식량 및 경제악화에 따른 탈북이 감소 점차 보다 나은 경제적 삶 추구
탈북자의 출신배경	초기에는 함경북도 출신의 남성 노동자가 대부분이었으나 점차 북한 전역에서 탈북자 발생	여성 탈북자가 다수이며 가족 탈북인 경우 급증
탈북자의 행동특징	긴급 상황에 따른 탈북목적이 해소되면 북한으로 자발적 귀환이 많았으나 점차 재탈북과 중국 장기체류, 남한으로 입국 추구	아직은 자발적 귀환의 경우가 상당하나 처음부터 남한 및 중국을 포함한 제3국에서의 삶을 추구하는 경우가 증가

---

16) 필자가 4가지 사례를 선택한 이유는 다음의 특징을 지니고 있기 때문이다. 첫째, '장길수 가족'은 '기획망명의 효시'로 국제사회 특히 난민 문제를 다루는 유엔난민고등판무관(UNHCR)에 문제를 제기한 점이고, 둘째, '주중 스페인 대사관 망명'은 국제 비정부기구(INGOs)들의 긴밀한 협력으로 이루어진 점이고, 셋째, '동남아 체류 468 명 입국'과 '주중 캐나다 대사관 망명'은 가장 최근의 사건으로 일시 대량입국이란 점과 미국의 북한인권법 통과 이후 탈북자 양상에 대한 분석의미가 있다는 점이다.

<표-3>[17]을 참고하여 탈북자에 대한 중국의 입장을 살펴보면 탈북자 문제는 북·중 간의 문제이며, 난민이 아니라 불법월경자에 불과하다는 기본적인 원칙에는 변화가 없으나 시기별로 명분에 큰 손실이 없는 경우에 융통성 있는 태도를 보이고 있다. 특히 '장길수 가족망명' 사례의 경우 중국이 비교적 우호적인 모습을 보였는데, 이는 세계무역기구(WTO) 회원국인 동시에 2008년 올림픽 개최 국가이며 유엔 안전보장회의의 상임이사국으로서 자신의 위상에 걸 맞는 인권정책의 개선에 대한 국제사회의 비판적 여론을 무시할 수 없었기 때문일 것이다. 또 모든 분야에서 협력관계가 강화되고 있는 한국 입장도 고려되었을 것이다.

---

17) 국민일보(2001. 7. 2, 2002. 5. 21), 한국일보(2002. 3. 16, 2004. 7. 28), 문화일보(2002. 3. 15, 2004. 7. 28), 서울신문(2004. 9. 30), 동아일보(2004. 10. 10.), 세계일보(2004. 10. 2), 경향신문(2004. 10. 1) 등을 참조하여 필자가 작성.

<표-3> 2000년대 중요 탈북자 사례

	장길수 가족 망명	주중 스페인대사관 망명	동남아처류 457 명 탈북자 입국	주중 캐나다대사관 망명
시기	2001년 6월	2002년 3월	2004년 7월	2004년 9월
특징	· 기획망명의 효시 · 중국 탈북자 처리에 유연한 변화 · 탈북자로는 처음 베이징 주재 유엔난민고등판무관(UNHCR) 진입, 난민지위인정과 망명요청	· 국제비정부기구(INGOs)들의 기획망명사례 · 가족 단위의 망명 (6가족 집단 망명) · 향후 기획망명 발생가능성 증폭 · '식량과 압제로부터의 자유'의 성명서 낭독으로 정치적 난민임을 선언.	· 동남아시아에 체류하고 있는 탈북자들의 누적 사유에 허당된 특수 사례로 향후 대량 탈북 사-태와 무관 · 중국에서 동남아시아로 향한 남방 루트를 이용한 한국행	· '북한 인권법' 미의회 통과로 인한 영향력 파악 · 대사관에 진입한 탈북자 44명은 주중 외국 공관이나 외국인 학교에 진입한 사례 중 최대 규모임. · 중국 당국은 탈북자의 신병 인도를 공개적으로 요구했으나 거절당함.
국제정세및주변국입장	· 중국은 WTO 가입 및 2008년 올림픽 개최국가로 인권 정책에 대한 국제사회의 비난여론 의식	· 좌와 동	· 동남아 국가들은 한국에 상대적으로 우호적이고 북한에 영힣력이 약해 중국 국경 월경만 성공하면 한국행 성공률이 높음.	· 2008년 베이징 올림픽의 성공을 위해 중국은 '반인권 국가'라는 오명을 쓰려고 하지 않을 것임
결과	· 난민지위 인정하지 않고 제3국으로 추방 · 탈북자 및 지원활동을 하고 있는 NGOs에 대한 감시, 통제 강화	· 베이징 주재 외국 공관 경비 강화 · 신속하게 제3국행 결정으로 한국행 입국 성공 · 재중 탈북자 단속 강화의 역풍	· 국내적으로 탈북자 대책의 변화 요구 · 대량 입국으로 남북 관계의 갈등 유발	· 중국은 탈북자의 외국 공관 진입 시 흉기 소지나 폭력 행사를 '일종의 테러 행위'로 규정 단호한 처리 천명
한계	· 난민지위 인정 및 난민수용소 설치 등 근본 대책 수용 가능성 희박	· 탈북자를 불법 월경자로 간주하는 종전 입장 고수	· 중국 당국의 남방루트에 대한 감시 강화로 새로운 탈출로 개발 필요 · 탈출 비용 증가	· 중국은 북한 인권법 통과 이후 탈북자들의 외국 시설 진입 증가에 대한 우려와 북한과의 우호 관계 유지

당시 중국 외교 고위관리들의 탈북자에 대한 입장표명[18])에서도 탈북자 처리에 대한 유연한 변화를 엿볼 수 있으나 이후 중국 동북부에 체류하는 대다수 탈북자에 대한 중국당국의 검문검색 강화를 통한 강제송환의 역풍을 고려할 때 중국당국의 이중적 잣대를 인식해야 할 것이다.

2002년 주중 스페인 대사관 망명사례에서 우선 중국 내 외국공관 농성, 제3국 경유, 한국행으로 이어지는 코스가 탈북자들의 유력한 한국 망명 통로로 자리 잡게 돼 유사한 사태가 빈발하였고 장길수 가족 사례에 이어 6가족이 집단으로 거사를 감행한 데서 나타나듯 개인이 아닌 가족 단위 탈출도 큰 흐름으로 자리 잡았다.

중국은 당시에도 난민 지위를 인정해 달라는 요구를 받아들이지 않고 탈북자들을 불법 월경자로 간주해온 종전 입장을 고수했다. 중국 정부가 신속하게 제3국행을 결정한 것은 앞으로도 세계무역기구(WTO)가입, 올림픽 개최 등으로 국제적 시각을 갖추게 된 중국이 탈북자의 인도적 처리 요구를 무시하기 어려웠기 때문이다. 그러나 역풍도 심해 길수군 사건 때와 같이 단속이 강화돼 탈북자들의 처지가 더욱 어려워졌다.

2003년도에는 주중 스페인 대사관 망명사례와 유사한 형태의 중국 주재 외교공관 진입이 일어났으나 중국공안당국의 외국공관 경비 강화로 탈북자들의 진입이 점차 어려워지자 한국공관으로 몰려들었다. 이 과정에서 주중 한국총영사관에 중국공안원이 진입하여 탈북자 강제연

---

18) 국민일보(2002. 5. 21): 첸치천(錢其琛) 중국 외교담당 부총리는 20일 "중국의 정책은 탈북자 문제를 잘 처리해 주는 것"이라고 말했다. 첸부총리는 지난 16일에도 "중국은 탈북자들을 북한에 돌려보내지 않고 있다"고 언급했다. 이에 앞서 탕자쉬안(唐家璇) 외교부장도 19일 길수군 친척 5명의 신병인도와 관련, "인도적 견지에서 처리하겠다"고 밝혔고, 외교부장치웨(章啓月) 대변인도 "중국은 법률에 근거하고 또 인도주의 관점에서 출발하여 이 사건을 처리할 것"이라고 강조했다.

행 및 한국외교관을 폭행한 사건이 발생 한국과 중국 사이에 외교 갈등을 가져오기도 하였다.

탈북자들의 잇단 외국 공관 진입을 통한 '기획 망명' 및 그 여파로 외교공관의 경비가 강화되면서 다국적 NGOs는 1월 18일 산둥성 옌타이에서 탈북자 80여 명으로 해상탈출을 시도하다 실패하였다. 이로 인해 중국 내 탈북자들의 상황이 크게 악화됐다.19)

중국외교부 장치웨 대변인은 '보트 피플' 체포를 확인하면서 탈북자와 이를 돕는 NGOs에 대한 단속을 강화하겠다고 경고하였다. 국경없는 의사회 등 관련단체들은 중국이 2002년 12월부터 탈북자 단속을 위한 '100일 작전'에 들어가 이미 3200명을 북한에 송환하였으며, 지린성 등에 1300명이 구금되어 송환을 기다린다고 주장했다.20)

2004년에 미국의 '북한인권법'이 하원을 통과한 전후에 동남아시아 각국에 체류 중이던 탈북자들은 더 이상 체류하기 어려운 누적된 문제에 의해 468명이 두 번에 나누어 입국하게 되었다. 한국으로 대량 입국한 사상 최대규모라는 점에서 국내적으로는 탈북자 수용정책 및 시설의 보완이 필요하게 되었다.

<표-3>에서 언급한 바와 같이 이번 입국은 특수한 사례로 향후 계속될 가능성은 희박한 것으로 보인다. 대체로 동남아국가들은 한국 정부에 상대적으로 우호적이고, 북한의 영향력은 약해 중국 국경을 넘는 것만 성공하면 한국행 성공률이 높아진다는 게 탈북자들의 설명이다.21)

이 일로 조용한 외교정책의 근본적 변화가 있기를 기대하기는 어려울 것이다. 그러나 조용한 외교라는 것이 정부가 소극적으로 가만히 있

---

19) 동아일보(2003. 4. 4), 국민일보(2003. 1. 21).

20) 「북한인권백서」, 통일연구원, 2004, pp.223-224.

21) 문화일보(2004. 7. 28).

으라는 의미는 아닐 것이다. 한국정부는 조용한 외교 가운데에서 인권 문제에 대한 일관되고 강력한 의지를 보여줄 필요가 있다.

  가장 최근에 발생한 주중 캐나다 대사관 탈북자 망명사례는 주중 외국공관이나 외국인 학교에 진입한 경우들 중 가장 규모가 큰 44명의 탈북자들로 이루어졌다.[22] 중국 당국은 대사관에 진입한 탈북자 44명의 신병 인도를 강하게 요구하면서, 탈북자의 공관 진입 시 흉기 소지나 폭력 행사는 '일종의 테러 행위'로 간주해 사법 처리하겠다고 천명했다.

  탈북자의 주중 외국 공관 진입에 대한 중국 정부의 강경한 태도는 '탈북자 인권 존중' 못지않게 '테러 방지'에 상당한 정책적 무게가 실리고 있음을 의미한다. 이런 '기획 진입'이 중국 당국을 다시 자극해 강경한 탈북자 정책을 펴게 하는 악순환의 양상으로 나타나고 있다.

  그러나 중국 정부가 탈북자들의 자유의사에 반해 강제 송환을 추진하는 반(反)인도주의적 조치를 취하지는 않을 것이며 2008년 베이징(北京) 올림픽의 성공을 위해 전국가적 역량을 집중하고 있는 중국이 '반인권 국가'란 오명을 쓰려고 하지는 않는 다는 것이다.[23] 한편 중국 베이징(北京) 주재 캐나다 대사관은 2004년 9월 29일 대사관 구내로 진입한 44명의 탈북자들이 장기체류할 가능성에 대비하고 있고, 이들을 당분간 중국 당국에 인계하지 않을 방침임을 언급하였다.[24]

  이상의 사례를 통해 볼 때 중국은 원칙적으로 탈북자가 난민이 아니고 불법 월경자로 북한과의 송환 협정에 따라 강제송환을 시행하면서도, 주중 외국공관에 진입한 탈북자에 한해서 인도적 관점에 따라 제3국의 추방을 통한 한국행을 인정해 왔다. 중국 당국이 이러한 이중적

---

22) 서울신문(2004. 9. 30).

23) 동아일보(2004. 10. 1)

24) 세계일보(2004. 10. 2)

행태로 나타난 것은 <표-3>에 나타난 바와 같이 WTO가입, 2008년 올림픽의 성공적 개최를 위한 욕구, 경제협력이 증대하고 있는 한국과 가능한 우호협력 관계 지속 등이 원인이라고 할 것이다.

결국 탈북자 인권정책에서 중요한 것은 중국의 국제적 위상에 걸맞게 개선할 것을 요구하는 국제사회의 비판이다. 따라서 탈북자 구명활동은 남북한만이 해결해야 할 문제로 볼 것이 아니라 국제적인 관심과 행동을 불러 일으켜 국제적인 네트워크를 통해 이루어야 한다. 그럴 때 한국에서도 탈북자 문제에 진지하고 적극적인 관심이 일어날 것이다.[25]

---

25) 국민일보(2000. 3. 18)

Ⅲ. 중국의 탈북자 정책 내용별 분석

1. 탈북자를 보는 중국정부의 시각

　탈북자에 대한 중국 당국의 시각은 식량난으로 북한에서 대규모 탈북이 이루어지던 1990년 중반부터 지금까지 시종일관 '불법 월경자'로 규정하고 있다. 탈북자가 발생하기 시작한 초기에는 조선족을 중심으로 인도적 관점에서 공식적으로 사회문제화 되지 않는 이상 불법사항에 대해 관대한 입장을 표방하였고 대체로 묵인하는 입장이었으나 시간이 경과하면서 탈북자의 수가 많아지고, 조선족들이 많이 주거하는 중국 동북부 지역을 중심으로 각종 사회일탈현상이 발생하면서 사회문제로 불거지게 되었다. 이에 중국 공안당국은 검문검색을 강화하여 발견 즉시 체포하여 북한으로 강제송환하고 있다.

　또한 중국은 북한주민 탈북을 중·북 간의 문제로 파악하고 있으며 관련당사자로 북한과의 관계에 대해 관심을 우선적으로 보이고 있다. 물론 내부적으로는 한국의 입장이나 국제적인 인권단체의 인도적 견지에 따른 압력에 대해서도 부분적인 고려는 하는 듯하지만 가장 중요한 우선순위는 중국의 국가적 이익의 기반 위에 대 한반도 정책과 연계된 대북정책이 일차적인 관심사라고 생각한다. 왜냐하면 경제협력 차원에서 강화되고 있는 한·중 관계에 대한 북한의 우려를 무마시켜야 할 필요성과 패권주자로 등장하고 있는 중국으로서는 어쩔 수 없이 미국과의 경쟁구도에서 사회주의 파트너로서의 북한의 존재가 갖는 가치 및 소수민족 정책에 대한 중국 동북부 지역 불안요소의 해소 등을 들 수 있기 때문이다.

2. 탈북자를 난민으로 볼 수 있는가?

탈북자에 대해 한국의 NGOs와 국제 NGOs는 난민 인정을 강력히 주장하는 것으로 그 논리를 펴고 있다. 지금까지 탈북자가 난민으로 인정되어야 함을 주장하는 입장에서 제시하는 근거를 살펴보면 다음과 같다.

첫째, 북한에서 탈북자들이 실질적으로 반정부적 반체제적인 행동을 하지 않았을지라도 허가 없이 국외탈출을 시도한 것이 체제에 대한 저항적(정치적 의견을 달리하는) 의사표시를 한 것과 동일한 결과를 낳게 된다면, 일차적인 탈출동기가 빈곤 내지는 기아로부터의 탈출이라는 경제적인 요인일 경우에도 탈출자에 대한 정치적 박해 및 처벌이 명백하기 때문에 국제관례상 난민에 해당하게 되며, 강제송환이 금지된다.26)

둘째, 북한으로 탈북자가 강제 송환되면 반역죄로 처벌받는데 최근에는 단순히 식량을 구하기 위해 국경을 넘은 사람들은 체포되더라도 북한에서 비교적 경미한 처벌을 받은 사례도 확인된다. 그러나 북한에서 주요기관에 근무했던 사람, 북한으로의 복귀를 미루며 체제이탈이 의심되는 사람, 중복 탈출한 사람, 한국인이나 기독교 단체와 접촉한 사람, 한국행을 시도한 사람27) 등은 예외 없이 반역죄로 처벌하기 때문에 탈북자 중 상당수가 여기에 해당될 수 있다. 또한 처음에는 단순히 경제적 이유로 탈북 했다 하더라도 대체로 성인남자의 경우에는 강제 송환되면 처벌을 받게 되는데, 경우에 따라 징역 1년 이상28)일 때에는 난민

---

26) 김일수, 「거주이전의 자유와 북한의 국외탈출죄」, 『생명과 인권』 여름 No.8, 1998, p.5.

27) 김현호, "탈북자 문제의 이해와 대책", 조선일보 2001. 7. 23.

28) ibid.,: 북한헌법 제117조 "허가 없이 국경을 넘는 자(또는 승인을 받은

으로의 자격이 충분하다.

셋째, 국제적으로 난민의 개념은 확장추세를 보이고 있다. 1951년 난민협정에서 출발한 난민 개념은 1969년 OAU(아프리카 통일기구)헌장에서부터 확대되기 시작했는데 이는 탈식민지 과정에서 내전과 무력분쟁이 빈번하게 발생한 아프리카 대륙에서 전통적인 1951년 난민개념으로 해결할 수 없는 유민(流民)이 발생하게 되었고 이의 해결을 위해 난민개념의 확대가 필요했기 때문이다. 1980년대 동남아시아의 베트남, 캄보디아, 라오스에서 발생한 유민들이 인접 국가로 대량 유입되면서 확대되고, 중앙아메리카 내전에서도 유민이 발생하여 전 세계적으로 증가하고 있는 실정이다.29) 이러한 추세로 볼 때 정치적 박해가 아닌 경제적 이유(식량위기 등) 즉 생명의 절박함으로 유민이 되었다 하더라도 강제송환은 금지되고 인도주의적 관점에서 보호되어야 한다는 것이다.

이에 반해 현실적으로 인정받기 어렵다는 주장도 나름의 논리적 근거를 제시하고 있다. 이를 살펴보면 다음과 같다.

첫째, 난민의 개념적용은 아직도 협소한 편이다. 물론 난민 개념의 확

경우에도 지정된 국경통과지점이 아닌 다른 지점으로 넘나드는 자도 포함)는 3년 이하의 노동 교화형에 처한다."라고 규정하며, 제119조에는 "허가 없이 지정된 항해구역 또는 어로구역을 마음대로 이탈한 자는 1년 이하의 노동 교화형에 처한다."라고 규정하고, 제118조에는 "국경관리 부문에 근무하는 관리일군이 비법적으로 국경을 넘나드는 자를 도와준 경우에는 2년 이상 7년 이하의 노동 교화형에 처한다."라고 규정하였다.

29) Joan Fitzpatrick, "TEMPORARY PROTECTION OF REFUGEES: ELEMENTS OF A FORMALIZED REGIME", the April 2000 issue of the American Journal of International Law, v94, #2, pp.1-5. http://www.asil.org/ajil/fitzpatr.htm(2002년 1월 10일 검색)

장 추세가 나타나고 있기는 하지만 아직 실제 난민의 발생 현장에서 적용되는 경우는 엄격한 편이다. 왜냐하면 세계적으로 난민의 수가 급증하고 있으며 국제사회가 부담해야 하거나 또는 난민발생의 인접 국가가 부담해야 할 정치적 경제적 사회적 몫이 너무 크기 때문이다.

둘째, 탈북자의 경우 초기의 식량위기에 따른 절박성이 시간이 경과하면서 '보다 나은 삶'의 형태로 변화되어 난민 인정요구의 정당성이 퇴색하였다. 난민 인정을 요구하는 근거가 불충분해짐으로써 중국이 주장하는 경제적 이주, 불법월경에 불과하다는 주장을 반박할 근거가 매우 취약한 상태이다.

셋째, 현실적으로 난민발생 현지국인 중국에서 난민 인정을 하지 않으면 UNHCR의 역량이 제한되어 있어 난민 인정이 불가능하다. 현재의 상황에서 중국당국이 지금까지 천명한 외교적 입장을 고려해 볼 때 난민 인정 가능성은 희박하다.

넷째, 북한에서 단순히 경제적 이유로 탈북 한 자에 대한 처벌의 강도를 시기별로 차이를 두어 국제사회의 인권적 압력을 무력화시킬 여지를 제공하고 난민 인정의 토대를 취약하게 하였다.

필자가 보기에 가장 중요한 것은 난민 체류국으로서 중국 당국이 난민 인정의 판정권(initiative)을 쥐고 있는데 현실적으로 이를 인정할 가능성이 거의 없다고 보기 때문에 국제적 압력, 즉 WTO가입과 2008년 북경올림픽 개최를 계기로 국제사회에서 강대국으로 중국의 위치를 나타내기 위해서는 인권 문제에 솔선수범해야 한다는 주장으로 근본적인 변화를 기대하기란 불가능한 것으로 생각한다.

난민 규정의 이중적 구조가 국제사회에 존재하는데 인권침해에 대한 목소리는 높아도 실제적으로 난민을 수용하겠다는 데 적극적인 국가는 거의 없는 실정이다. 따라서 탈북자들이 난민의 지위를 획득하더라도 갈 곳은 한국뿐이다. 미국은 북한 인권법을 통해 탈북자를 받아들일 수 있는 법적인 절차를 마련했지만 실제적인 행동으로 보일지는 미지수이며 유럽이나 일본 역시 난민 수용에는 회의적이다.[30]

3. 중국의 대한반도 정책과 탈북자 정책

동구권이 붕괴되는 1990년대 초부터 경제난과 식량난을 겪기 시작하여 1990년 중반의 자연재해를 겪으면서 심각한 식량난으로 인해 수백만의 아사자가 발생한 북한사회에서 탈북자 발생과 이에 따른 중국의 입장을 중국의 대한반도 정책의 기본방향과 결부시켜 탈북자 정책을 분석하면 다음과 같다.

중국은 1992년 한국과 수교한 이래 경제적인 측면에서 한국과의 교류활성화를 통해 국가이익을 추구하고 정치적으로는 사회주의 혈맹관계인 북한과 전통적인 우호관계를 지속함으로써 패권주의 성향을 보이고 있는 미국과의 경쟁관계에서 완충국(buffer state)의 필요성으로 남북한 균형정책을 유지해 왔다.

1990년대 중반 북한은 구소련을 위시한 사회주의 국가들의 붕괴로 인해 외부로부터의 지원이 단절된 데 이어, 자연재해로 인해 심각한 경제적 어려움과 식량난을 경험하게 된다. 이에 중국은 한반도에서의 세력균형이 한국 쪽으로 기울었고 북한은 중국에게 경제적으로 부담이 될 뿐만 아니라 국제무대에서도 중국의 입장을 난처하게 하는 존재로 파악된 적이 있다.[31] 이런 상황에서 수교(1992년) 이후 한·중 관계는

---

30) 양운철, "탈북자에 대한 미국의 시각", 「정세와 정책」 2002-07(통권72호) p.8.

역사상 그 유례를 찾기 어려울 정도로 빠르게 발전하였다.

그럼에도 불구하고, 중국이 북한체제를 유지시키려는 정책을 변경하기보다 지속할 가능성을 제기한다. 중국에게 북한은 전략적으로 중요한 존재다. 이러한 사실 때문에 중국은 그동안, 북한과의 갈등에도 불구하고, 북한을 지지해 왔다. 아울러 중국의 한반도 정책에 중요한 영향을 끼치는 중·미 관계 또한 일시적으로 개선되었음에도 불구하고 여전히 경쟁적 성격을 벗어버리지 못했다.

그러나 한때 한국으로 기울었던 중국의 한반도 정책도 남북한 모두와 포괄적 관계를 유지하는 균형정책으로 되돌아갔다. 중국의 대외관계는 점차 다자주의를 강조하며, 세계에서 중국의 적극적 역할을 언급하고 있다. 군축이나 국제기구의 참여, 평화에 대한 강조를 통해 중국의 이미지를 제고시키려 하고 있다.[32]

이런 과정에서 패권주의 성향의 미국 존재가 중국에는 위협요소로 등장할 수 있다. 즉, 경쟁구도의 대미관계가 중국이 한반도 정책을 결정하는 데 얼마나 영향을 미치는가 하는 것이 중요한 요인으로 작용한다. 이러한 관점에서 한국과의 관계를 강화하면서도 동시에 북한체제를 유지시키려 한다. 예를 들어 북한 핵문제와 관련하여 중국은 한반도 비핵화를 주장하면서도 동시에 북한에 안보 우려를 해소할 것을 거듭 주장한다.

중·미 관계에는 갈등과 협력이 공존하다. 특히 최근 들어 미국이 대테러 전쟁 수행이라는 전략적 고려에서 중국과의 관계를 조정하면서

31) 신상진, "중국의 대북한 정책: 정책변화 요인가 주요사안 분석", 세계지역연구논총 제13집, p.217.

32) 이진영, "탈북자 기획망명 사태에 대한 중국의 반응", 「정세와 정책」 세종연구소 2002-07, p.4.

양국관계가 개선되었다. 그럼에도 불구하고 중국 내에서는 자국에 대한 미국의 견제가 근본적으로 변화되지 않을 것이며, 따라서 중·미 간의 경쟁은 불가피할 것이라는 인식이 지배적이다.

중국은 전 세계적 차원에서 다극화를 추진하고 동아시아 지역에서 자신의 영향력을 제고시킴으로서 미국의 패권주의에 대응하려 한다.[33] 이러한 경쟁구도 아래 미국의 북한인권법 제정은 중국 입장에서 볼 때 북한 체제에 대한 위협이며 동시에 중국에 대한 압박 수단으로 이해될 수 있다. 이런 상황에서 중국은 한반도의 남북한에 대해 균형정책을 추구한다.

이는 남북한 모두와의 관계를 유지하고 발전시킴으로서 자신의 영향력을 확보하고 또 확대시키려는 중국의 의도를 반영한다. 한편으로 중국은 장기적으로 한반도에서 출현할 통일 한국이 자국에 우호적인 정책을 취하도록 유도하려는 의도에서 한국과의 관계를 증진시키려 한다.

북한과의 관계를 유지하는 것이 미국과의 관계에서 압박 카드로 작용하기 때문이다. 이런 맥락에서 중국의 대북 경제지원 및 교역 강화전략은 무엇보다 북한의 극심한 경제난으로 인한 북한체제의 불안정을 억제하려는 데 있었다. 즉 중국은 북한체제의 불안으로 북한주민의 대규모 월경 가능성 등을 염두에 둔 것으로 보인다.

기본적으로 중국에서는 대 남북한 전략 및 정책은 남북한 현상유지가 선호된다. 중국의 한반도 전략기조는 다음과 같이 분석될 수 있다. 한·중 관계의 확대라는 요인과 더불어 미국에 대한 대응이라는 중국의 전략적 고려요인이 존재하고, 북·중 관계에서 일방적 지지보다는 한국과의 실질적인 정책공조도 주저하지 않는다. 이는 북한에 대한 중

---

33) 김재철, "중국의 '등장', 균형정책, 그리고 한반도", 『중소연구』, 한양대학교 아태지역연구센터, 2004. p.22.

226

국의 지원이 양국 간의 이념적 공통성이나 역사적 유대를 반영하기보다 중국의 국익에 근거한 전략적 선택임을 보여주며 향후 중국의 한반도 정책에 변화보다 계속성이 강하게 나타날 것임을 제시한다.[34]

지금까지 언급한 중국의 한반도 정책 방향은 남북한 균형 상태를 유지하는 것이며, 당분간 근본적인 변화를 가져올 것으로 보이지 않는다. 이런 시각에서 중국의 탈북자 정책은 탈북자에 대한 '불법 월경자' 및 '강제송환'의 구조에서 비판적인 대외 인권단체의 여론을 무마하기 위한 일부 탈북자의 제3국을 통한 한국입국을 허용하거나 묵인하는 것으로 진행될 가능성이 높다. 물론 인권단체들은 탈북자들에 대한 인권탄압이 시정되지 않을 때에는 2008년 북경올림픽 불참 운동을 시도한다고 중국당국을 위협하고 있으나 소기의 성과를 거둘 것인지 의문이다.

결국 기획망명이 이루어지던 과정에서 첸치천(錢其琛) 중국 외교담당 부총리의 "중국은 들어오는 사람 처벌하지 않고 나가는 사람 막지 않는다."며 "중국의 정책은 탈북자 문제를 잘 처리해 주는 것"[35]이라는 인도주의 표방은 전략적인 근본원칙에서는 변함이 없고 전술적인 방안에서의 이중성을 드러내는 것이다. 이로 인해 중국 입장의 근본적인 변화가 있다고 판단할 수 없다. 다시 말해 중국의 국제사회 위상변화에 따른 인권정책의 이중성을 드러내어 북경외교관서 탈북자 망명사례에 대한 인도주의적 처리와 중국 동북부 지역에서 발각된 탈북자에 대한 강제송환이 동시에 이루어지고 있는 것이다.

---

34) ibid.,, p.42.

35) 국민일보(2002. 5. 21).

4. 미국의 북한인권법 의미와 전망

미국의 북한인권법은 법사위원회를 거쳐 2004년 7월 21일 미 하원을 통과하고, 9월 28일 상원 일부 수정 통과, 10월 4일 수정된 법안 하원 재통과 10월 18일 부시 미 대통령의 서명으로 공식 발효가 되었다.[36] 북한 인권법의 모체가 되는 것은 2003년 11월 상·하원에 상정된 '2003 북한자유법(North Korean Freedom Act of 2003)'으로 허드슨 연구소(Hudson Institute)의 마이클 호로위츠(Michael Horowitz)가 초안 작성을 주도한 것으로 대량 살상무기와 관련한 대북 압박의 의미가 담겨 있었다.

하원을 거치면서 국내외의 다양한 비판에 직면하면서 법안의 명칭도 '북한 자유법'안에 비해 보다 중립적인 표현인 '북한 인권법'안으로 변경되었고, 북한 인권과 무관한 대량 살상무기 관련 조항도 삭제되었다. 그러나 최초 법제정의 취지가 대량 살상무기와 관련지어 북한에 대한 압박의 의미가 있었기 때문에 나중에 관련조항이 폐지되거나 다소 온건하게 수정되었다 하여도 최초의 취지에 담긴 의미와 별 차이가 없다고 본다. 따라서 미국이 대북한과의 관계에서 인권을 가지고 핵협상, 6자회담 등에서 주도권을 장악하려는 정치적 의도를 담고 있다는 의혹을 받고 있다.[37]

북한 인권법의 목적은 북한 내 기본 인권의 존중과 보호·증진, 북한 난민에 대한 보다 지속적인 인도적 해법의 모색, 대북 인도적 지원에

---

36) 김수암, 이금순,, "미의회 '북한인권법': 의미와 전망", 통일정세분석 2004-16, 통일연구원, (2004. 8), pp.2-3.

37) 윤인진, "미국 하원의 <북한 인권법안> 내용과 통과 의미-북한 인권 문제 주도권 확보한 미국", 『통일한국』, 평화문제연구소, 2004년 9월호, 통권 제249호, p.72.

대한 모니터링, 접근성, 투명성의 강화 등이며, 주요 내용은 크게 1) 북한 주민들의 인권 증진 2) 궁핍한 북한주민들에 대한 지원 3) 북한난민의 보호로 되어 있다.

재중 탈북자와 관련된 구체적 내용은 첫째, 북한 당국의 허가 없이 북한을 벗어난 북한난민, 탈북자, 고아, 탈북여성에 대한 인도적 지원을 위해 2005년부터 2008년까지 매년 2천만 달러를 지원한다는 것이다.

둘째는 북한주민이 미국에 망명을 신청할 수 있는 자격과 관련하여 한국의 헌법적 권리로 장애가 되지 않는다고 규정하고 있다. 이에 탈북자 지원사업을 해온 NGOs은 매우 고무된 모습으로 '몽골에서의 난민촌 건립'을 재개하려는 움직임으로 나타나고 있으며, 중국에서는 북한 인권법이 미 하원을 통과한 시점에 미국의 주중 외국인 학교와 주중 캐나다 대사관에 탈북자들의 진입 사건이 일어났다.

이로 미루어 무차별적인 외교공관 난입 가능성이 증대될 것으로 전망되며, 이에 대해 중국 당국은 베이징 외곽에 있는 탈북자 은신처를 급습, 한국행을 계획하던 탈북 추정자 65명과 한국의 탈북자 지원단체 소속 한국인 2명을 전격 연행하였다는 보도[38]를 통해 중국 당국의 탈북자 정책이 강경방침으로 선회하고 있다는 추정을 가능하게 한다.

원칙적으로 인권의 사각지대에 있는 재중 탈북자들의 인권 침해 문제를 해결하기 위해 북한 인권법을 계기로 삼아 중국, 북한, 남한이 공식 또는 비공식 협의를 통해 모두가 승리(win-win system)할 수 있는 실질적인 방안을 모색해야 할 것이다.

'조용한 외교'로 대표되는 탈북자에 대한 기존 정책의 고수만을 외칠 것이 아니라 변화된 상황에 능동적으로 대처하고 실질적인 해결을 도모하는 방안 모색이 절실한 시기이다.

---

38) 연합뉴스 2004. 10. 27.

Ⅳ. 한국정부의 미래 지향적 탈북자 정책

탈북자문제에 대한 중국의 정책방향에서 볼 때 현상의 유지나 부차적인 문제의식을 가지고는 해결의 가닥을 찾기 어려운 시점에 이르렀다. 발상의 전환을 통해 해결 방안을 모색해야 할 것이며 한국정부가 주도적으로 중국, 북한, 한국이 상호 협력하여 문제를 해결할 수 있는 상생(相生: win-win system)의 계기를 마련해야 한다.

그럼에도 불구하고 지금까지 탈북자 문제와 같은 인권문제는 남북간의 정치논리에 의해 항상 부차적인 논제로 취급되어 왔다. 특히 2000년 6월 남북 정상회담을 앞두고 탈북자 문제로 인하여 회담에 부정적 영향을 끼쳐서는 안 된다는 입장이 지배적이었다.[39]

이런 논리는 4년이 지난 지금도 한국 정부의 기본 방침에는 변화가 없을 것으로 추정된다. 왜냐하면 현재 통일부 장관의 인식도 기존의 입장과 그 맥을 같이 하고 있기 때문이다.[40]

여권에서 "남북간 정상회담" 가능성이 매스컴에 거론되는 이 시점에서 탈북자 문제를 과거와 유사한 맥락으로 진행할 가능성이 높다. 그러나 국제 환경이 변화하였고, 기존 정책의 답습은 대미관계나 국제사회

---

39) 이신화, "탈북자와 인간 안보", 『계간 사상』 2001년 여름호, p.212.

40) 정동영 장관은 이날 서울 정부 중앙청사에서 가진 내외신 기자회견 중 "우리 사회의 (탈북자) 지원 단체가 제3국을 유랑하는 탈북자의 어려움을 인도적 견지에서 도와주는 것에서 벗어나 북한 주민의 탈북을 유도하거나 조장하는 일이 있다면 이것은 대북 화해 협력정책에 부합하지 않을 뿐만 아니라 남북관계에도 좋지 않은 영향을 미칠 수 있다"고 말했다. 동아일보, 2004. 8. 15.

에서 탈북자 인권문제에 대한 한국정부의 입장이 신뢰를 형성하지 못한다는 점에서 궁색해질 수 있음을 지적할 수밖에 없다.

재중 탈북자의 가장 시급한 인권문제는 강제송환이다. 대부분의 NGOs나 탈북 문제를 연구하는 학자들의 공통된 주장은 어떤 형태로도 '강제송환'만큼은 막아야 한다는 것이다.[41] 강제송환을 막는 방안으로 탈북자 본인의 의사에 따라 다음과 같이 나누어 볼 수 있다.

1) 중국을 비롯한 제3국에서 정착
2) 제3국을 통한 한국입국
3) 북한으로의 자발적 귀환

이상의 방안들을 실현하기 위한 선행조건은 중국 당국의 동의로 일시적 보호(Temporary Protection)나 이와 유사한 임시시설이 필요하다. UNHCR은 현실적인 대안으로 1992년부터 일시적 보호를 인정하여 개별국가의 신속하고 융통성 있는 보호를 유도하고 있다. 일시적 보호의 대상은 일반적으로 개별국가의 신속하고 융통성 있는 보호를 유도하고 있다. 일시적 보호의 대상은 일반적으로 엄격한 의미의 정치적 난민(1951협약과 1967의정서 규정)에만 한정되지 않고 포괄적인 의미의 난민에게 적용될 수 있기 때문에 인도주의에 부합되는 제도이나, 약 6개월 정도의 보호를 허용하는 잠정적인 해결방식이기 때문에 사태가 장기화될 경우 어려움이 있다.[42]

일시적 보호체제는 입국허용, 강제추방금지, 인도적 대우, 위협 소멸

---

41) 이신화, op. cit., p.213.

42) 이금순, "탈북자들의 법적 지위와 현실", pp.1-2
    http://www.jungto.org/gf/archive/korean/ngo/ngo3.htm

후 자발적 귀환을 원칙으로 하며, 대량 피난민의 유입에 대해 단기간에 사용하는 응급수단이다. 베트남 난민들을 대상으로 이루어졌던 UNHCR 의 일시보호 프로그램은 검토할 수 있는 선례가 된다. 자발적 귀환이 어려운 경우 예들 들어 가족탈북, 납북자, 국군포로 등은 3국의 합의를 통해 한국 입국도 가능하리라 생각한다.

1)안의 경우 중국으로부터 대규모 탈북자의 정착에 대한 동의를 얻어 내는 것이 현실적으로 어려울 것 같다. 왜냐하면 북한의 경제 및 정치적 여건이 개선되지 않는 상황에서 중국의 정착 허용이 이루어지면 대규모 탈북상황이 발생할 가능성이 있으며, 이를 감수할 만큼의 필요성을 중국 당국이 인식하기 어렵기 때문이다.

2)안의 제3국을 통한 한국 입국을 수용하기 위해서는 지금과 같은 선별입국이 아닌 전원 입국을 수용해야하는데 이는 대량탈북의 유인요인이 될 가능성이 높으며 현실적으로 남한, 북한, 중국이 동의하지 않는 방안이다. 왜냐하면 남한은 대량입국의 부담이, 북한은 체제불안이, 중국 역시 대량 탈북을 수용하는 부담이 있기 때문이다.

따라서 3국이 동의한다면 3)안의 절충을 통해 탈북자의 자발적 귀환을 유도하는 것이 현실적인 방안이 될 수 있다. 물론 이를 위해서는 반드시 선행되어야 할 전제조건이 있다. 그것은 탈북자가 북한으로 자발적 귀환했을 때 처벌을 면하거나 경미한 처벌을 보장해주어야 하며, 탈북의 원인이 되었던 경제적 어려움을 해결할 수 있는 여건이 마련되어야 할 것이다.

북한체제의 구조적인 측면에서 발생하는 경제적 어려움을 단기간 해소하기 어려울지라도, 우선적으로 북한에서의 경제적 자활이 가능하도록 남북한의 합의가 이루어진다면 탈북자의 노동력을 활용하는 공단의 설립이나, 경제적인 물품 또는 기술적 지원을 통한 농업의 활성화가 이루어져야 할 것이다.

독일의 경우 1963년 이래 비공개적인 거래를 통해 정치범의 석방, 이 산가족의 재회 등을 위해 일관되고 지속적인 정치 외교적 노력이 이루 어져 1989년 동서독의 통합이 이루어질 때까지 30만 명의 동독주민에게 자유를 찾아주었다.[43)]

이를 교훈 삼아 정치범 석방을 위한 노력까지는 차치하더라도 납북 자, 국군포로 석방을 위한 노력이 남한에서 북한으로 비전향 장기수를 송환할 때 함께 논의됐어야 했다. 지금부터라도 국제공론화를 통한 북 한 인권문제를 제기하여 명확하고 일관성 있는 원칙을 고수하고 실질 적인 정책으로 탈북자 문제를 풀어나가며, 필요할 경우 비공개적인 외 교를 인내심을 갖고 지속적으로 시행하여 유관국가 및 국제사회로부터 신뢰를 구축해야 한다.

현 시점에서 남북한의 정치적 이해관계와 중국의 '강제송환'의 일관된 정책으로 탈북자문제 해결을 기대하기가 매우 불투명한 상태이다. 최근에 는 탈북 브로커에 의한 탈북자 기획입국 시도 증가로 기획탈북 역시 하나 의 돈벌이로 전락해 사회문제화 되고, '탈북자 간첩'이라는 새로운 양상이 나타나는 등 남한 입국 탈북자가 6000명을 넘어 탈북자 1만 명 시대를 바 라보면서 다양한 문제를 야기하고 있다. 한국정부는 인식의 전환을 통해 주도적이고 적극적인 해결 의지를 표방하고 국·내외 비정부기구들 (NGOs)과 중국, 북한이 상생할 수 있는 방안을 절실하게 모색해야 한다.

---

43) 김성윤, "국가와 인권/독일 연방 공화국(이하 서독)의 대독일 민주 공화 국(이하 동독)의 인권정책 사례에 관한 연구", 『정책과학연구』 Vol.6, 단 국대학교 정책과학연구소, 1994, pp.40-42.

참고문헌

<한글 문헌>

1. 서 적

김명기, 『북한주민의 인권과 국제법』, 서울: 법서출판사, 2000

김병로, 『북한 인권문제와 국제협력』, 연구보고서 97-12, 민족통일연구원, 1997

김연철, 『북한의 식량난 실태와 대북지원전략』, 삼성경제연구소, 1997

노베르트 폴러첸, 『미친 곳에서 쓴 일기: 독일의사 노베르트 폴러첸의
　　　　남북한 체험』, 월간조선사, 2001

민족통일연구원, 『김정일 정권의 인권정책 변화전망: 연구보고서 95-02』, 1995. 9

박종철, 김영윤, 이우영, 『북한이탈주민의 사회적응에 관한 연구 : 실태
　　　　조사 및 개선 방안』, 민족통일연구원, 1996. 12

백영옥, 『북한이탈주민 대책 연구』, 세종연구소, 1998

북한 사회과학원 철학연구소, 『철학사전』, 도서출판 힘, 1988

스기하라 야스오(杉原泰雄), 『인권의 역사』, 한울, 1995

심혜숙, 『중국조선족 취락지명과 인구분포』,

　　　　연변대학출판사 · 서울대학교출판부, (1994)

안토니오 그람시, 이상훈 역, 『그람시의 옥중수고1: 정치편』, 거름, 1999

오중근, 『탈북자 실태 조사 보고서』, 남북나눔운동(연구위원회), 1998

유네스코한국위원회, 『인권이란 무엇인가: 유네스코와 세계인권선언의

발전과 역사』, 도서출판 오름, 1995

윤여상, 『제3의 동포 재외탈북자 』, 열린포럼21, 2001

이금순(a), 『북한이탈주민 문제 해결 방안』, 서울: 통일연구원, 1999

_____(b), 『북한 탈출주민 대책 연구: 해외사례를 중심으로』,

　　　　민족통일연구원, 1995

이영선·정우택 공편, 『탈북자의 삶: 문제와 대책』, 서울: 오름, 1996

이우홍, 『가난의 공화국』, 통일일보사, 1990

이우영 외 4인, 『북한이탈주민 문제의 종합적 정책방안 연구』, 통일연구원, 2000

이원웅, 『북한 인권문제와 유엔 인권제도』, 연구보고서 97-1, 현대사회
　　　　연구소, 1997

이종석, 『현대 북한의 이해: 사상·체제·지도자』, 역사비평사, 1995

전우택, 『사람의 통일을 위하여: 남·북한 사람들의 통합을 위한 사회
　　　　정신의학적 고찰』, 도서출판 오름, 2000

제성호, 『유엔인권소위원회의 북한인권 결의안 채택: 평가와 전망』,
　　　　민족통일연구원, 1998

좋은벗들 엮음, 『두만강을 건너온 사람들: 중국 동북부지역 2,479개
　　　　마을 북한 '식량난민' 실태 조사』 서울: 정토출판, 1999

좋은벗들 엮음, 『북한사회 무엇이 변하고 있는가: 북한난민 1,027명,
　　　　남한주민 500명 설문 조사』, 정토출판, 2001

최의철, 『미 국무부의 '2000년 북한인권보고서'와 통일연구원 '2000년
　　　　북한인권백서' 비교분석』, 통일연구원, 2000

최창동, 『탈북자, 어떻게 할 것인가』, 두리, 2000

카렐바삭 편, 박홍규역, 『인권론』, 실천문학사, 1986

통일부 인도지원국 편, 『북한 이탈주민 보호와 지원 현황』, 통일부, 1999

노베르트 폴로첸, 김주일역, 『미친 곳에서 쓴 일기』, 월간조선사, 2001

한상복·권태환, 『중국 연변의 조선족: 사회의 구조와 변화』,

　　　서울대학교 지역연구 총서 ①, 서울대학교 출판부, 1993

현대경제사회 연구실 편저, 『탈북자의 증대와 대책』, 현대경제사회 연구원, 1997

헤리 앤더슨, 「패배한 혁명의 이론을 넘어서」, 『안토니오 그람시의 단층들』,

　　　갈무리신서 11, 1995

http://prome.snu.ac.kr/~skkim/data/thinker/files/gramscil.html

UNHCR(1997), 『Collection of basic international concerning refugees』,

　　　장복희 역, 『난민 관련 국제조약집』, 국제연합 난민고등판무관 사무소, 1997

http://www.unhcr.ch/refworld/pub/state/97/box2_3.htm (2001-08-29)

『북한인권백서』 2000, 통일연구원

『북한인권백서』 2001, 통일연구원

『북한인권백서』 2002, 통일연구원

『북한인권·난민문제 국제회의』,

　북한동포의 생명과 인권을 지키는 시민연합, 1999

『제2회 북한인권·난민문제 국제회의』,

　북한동포의 생명과 인권을 지키는 시민연합, 2000

2. 논 문

곽해룡, 「중국에 있는 북한이탈주민 인권 실태에 관한 연구」, 『통일문제

　　　연구』 제12권 1호(통권 제33호), 평화문제연구소. 2000

김귀옥, "'귀향권 보장' 등 남북공조로 해법 찾자.", 『월간 말』 2004. 9.

김미림, 「난민 문제와 UNHCR의 역할」, 숙대 대학원 정치외교학 석사 학위논문, 1995

김병로(a), 「북한이탈주민 발생 배경 분석」, 『통일정세분석』 94-11, 민족통일연구원, 1994

_____(b), 「북한의 식량난이 사회통합에 미치는 영향」, 『통일연구논총』 7권 1호, 민족통일연구원, 1998

김상철, 「탈북자 인권문제의 실상과 보호대책」, 『21세기와 통일에 대비하는 인권보장 확립방안』 명지대학교 사회과학연구소 주최 1999년 한·불 국제학술대회, 1999

김성오, 「남북화해시대, 북한이탈주민의 의미와 역할」, 좋은벗들 주최 정책심포지엄 "남북화해의 시대, 북한이탈주민을 어떻게 바라볼 것인가?", 2001. 11. 23.

김성윤, "국가와 인권/독일 연방공화국(이하 서독)의 대독일 민주공화국(이하 동독)의 인권정책사례에 관한 연구", 「정책과학연구」 Vol.6, 단국대학교 정책과학연구소, 1994.

김수암, 이금순, "미의회 '북한인권법': 의미와 전망", 통일정세분석 2004-16, 통일연구원, 2004. 8.

김영수(a), 「북한의 정치문화: "주체문화"와 전통정치문화」, 서강대학교 정치학 박사학위논문, 1991

_____(b), 「북한이탈주민 한국사회정착의 과제」, 좋은벗들 주최 정책심포지엄 "남북화해의 시대, 북한이탈주민을 어떻게 바라볼 것인가?", 2001. 11. 23

김영자, 「중국 내 탈북여성들의 인권실태와 정책제안」, 『제2회 북한인권·난민문제 국제회의』, 북한동포의 생명과 인권을 지키는 시민연합, 2000

김영진, 「중국의 대 한반도 정책」 2000. 12. 9 국민대 학술세미나 발표 논문, 2000

김운근 「북한의 식량 수급 실태와 남북 농업 협력 방안」, 『통일경제』, 통권제 78, 2001. 11
http://www.nk-infobank.com/research/nrsch001_03.jsp?vPpub_cd=92&...

김일수, 「거주이전의 자유와 북한의 국외탈출죄」『생명과 인권』 '98 여름 No.8, 1998

김재철, "중국의 '등장', 균형정책, 그리고 한반도", 『중소연구』, 한양대학교 아태지역연구센타, 2004

김정님(a), 「북한난민의 강제송환과 처벌문제」, 『제2회 북한인권·난민문제 국제회의』, 북한동포의 생명과 인권을 지키는 시민연합, 2000

_____(b), 「북한 식량난민의 분포 및 인권실태」(좋은벗들 조사연구부장), 2001

김중태, 「북한이탈주민, 입국에서 사회진출까지: 탈북귀순동포들의 정착 지원 경험을 통해 본 통일대비의 길」, 통일 미래를 준비하는 대화마당 143회 제4기 강좌 2001. 2. 23일 발제문
http://www.jungto.org/gf/kor/daehwa4/02161.htm

김창근, 「북한 체제 위기의 본질과 김정일 정권의 변화 수용 가능성」, 한국국제정치학회, 1999 춘계 학술회의

김채수, 「북한 농업기반의 현황과 문제점」『1999 하계 학술회의 논문집』 4, 동국대 북한연구학회, 1999

김태천, 「대량난민사태에 대한 국제법적 대응: 특히 북한이탈주민문제와 관련하여」
http://www.humanrights.or.kr/HRLibrary/HRLibrary13-tckim1.htm

김학성, 「북한이탈주민(탈북이주자)의 남한사회 적응에 관한 연구」, 서울대 행정대학원 석사학위논문, 2000

김현호(a), 「탈북자 문제의 이해와 대책」, 『조선일보』, 2001. 7. 23

_____ (b), 「북한주민 탈북사태의 원인과 대책」, 『전략연구』 3권 2호, 한국전략문제연구소, 1996

김형곤, 「자연법 일원의 기본적 인권에의 수용에 관한 연구」, 경남대학교 법학과 박사학위논문, 1989

노현철, 「근대 인권개념의 한계와 대안적 인권개념에 대한 연구」, 고려대학교 정외과 석사학위논문, 1998. 12

다니엘 벨, 「서구적 인권체제에 대한 동아시아의 도전」, 계간 『사상』, 1996 겨울호

로이 R. 그린커 미국 조지워싱턴대 교수, 통일한국 기획대담, 「한반도의 미래는 한민족 손에 달려 있다」, 1998년 8월 5일 오후 7시 30분, 『통일한국』, 1998. 9

동용승, 「탈북자 증가현상에 대한 분석」, 『삼성경제』 57호, 삼성경제연구소, 1997

박근표, 「John Lock의 자연권에 대한 고찰」, 한국 외국어대학 정외과 석사학위논문, 1991

박미석, 「탈북가족의 남한사회 적응 시 겪는 어려움과 그에 따른 대처방안」, 36회 통일문제 학술 세미나 "남북한 서로 알기: 북한주민의 남한 사회 문화인식", 숙대 통일문제 연구소, 1999

박상봉, "중국 내 탈북자 현황, 정책 및 전망", 「새로운 차원에 접어든 북한 난민 문제의 해결과 접근」, 원재천 편, 한국해양전략연구소, 2003.

박정현, 「탈북자의 남한 사회적응 지원방안」, 『통일경제 통권』 제70호, 현대경제연구원, 2000. 10

백종만, 「탈북자 문제, 어떻게 접근할 것인가?」, 『사회과학연구』 제24집, 전북대학교 사회과학연구소, 1998

북한인권백서, 통일연구원, 2004.

성기중, 윤여상, 「중국 내 탈북자에 대한 전망과 해결 방안」, 『한국 동북아 논총』 제13집, 한국동북아학회, 1999

손주환(a), 「북한이탈주민 문제에 관한 연구」, 경남대학교 정치학 박사 학위 논문, 1998

_____(b), 「북한 이탈주민 지원정책」, 『계간 사상』, 1999 봄호, 사회과학원, 1999

송윤창, 「탈북자, 그들은 누구인가」, 월간 『북한』, 1999. 5월호

신수정, 「북한이탈주민 성격규정과 인권보호에 관한 연구」,

　　　숙명여대 정치학 석사학위논문, 1998

신율(a), 「인권의 개념과 북한이탈주민의 문제」, 한국국제정치학회와 영남대 학교 통일문제연구소 공동주최 국제학술대회 발표논문, 1999. 7. 2

_____(b), 「인권과 정치현안」, 『시대정신』 1999년 9-10월 제6호, 1999

_____(c), 「인권의 보편성과 북한인권」, 『"북한의 개혁 개방과 인권개선 을 위한" 국제 워크샵자료집』, 2000 12/8-9 원불교 청소년수련원, http://www.ntnet.org/index.htm, 2000

신상진, "중국의 대북한 정책: 정책 변화요인과 주요사안 분석",

　　　세계지역연구 논총 제13집

안승용, 「북한이주민의 노동시장 경험에 대한 연구」,

　　　고려대 사회학 석사학위논문, 2001. 8

안혜영, 「북한이탈주민의 사회적응을 위한 사회복지 서비스 역할에 관한 연구」, 『統一政策硏究』 10권 1호, 2001. 6(국립보건원) http://www.kinu.or.kr:50000/k4m/GetHStyle.asp?DID=4821&VER=0&UID...

양운철, "탈북자에 대한 미국의 시각" 「정세와 정책」 2002-07(통권72호).

앤드루 네이탄, 「중국의 인권문제, 어떻게 볼 것인가」, 『계간 사상』 1996 겨울호, 사회과학원, 1996

오기성, 「통일대비, 탈북자의 한국사회 적응문제 연구」, 『공안연구』 제9 권 제2호(통권 46집), 경찰대학 공안문제 연구소, 1997

오준교, 「탈북주민문제에 관한 이론적 고찰」, 고려대 정책대학원 북한 및 지역학과 석사학위논문, 1997. 12

오혜정, 「귀순북한동포의 남한사회 적응 실태: 사회·문화적 측면에서」, 서강대학교 정치학 석사학위 논문, 1996

우성대, 「수렴적 시각에서 본 남북한 통합모델에 관한 연구」, 고려대학 교 정치학 박사학위 논문, 1992

유영옥, 「북한 이탈주민의 적응 및 정착에 관한 연구」, 『극동문제』 2000년 5월호, 극동문제연구소, 2000

윤여상(a), 「국내 북한이탈주민의 사회적응 프로그램」, 영남대 대학원 박사학위논문, 2001

_____(b), 「북한이탈주민 실태와 지원체계: 중국지역을 중심으로」, 『통일연구논총』 제7권 2호, 1998

_____(c), 「중국에 있는 탈북자 실태 조사 보고서」, 『생명과 인권』 '98 겨울 No.10, 1998

_____(d), 「북한이탈주민 현황과 지원방향」, 북한이탈주민 지원 민간단 체협의회 심포지움, 부산대학교, 2001

_____(e), 「재외탈북자 지원방안에 대한 고찰」, 『시대정신』, 1999 7/8

_____(f), 「탈북주민 문제에 대한 개설」, 북한인권시민연합 주최 탈북 동포 돕기 대학(원)생 자원봉사자 수련회(1999년 7월 15일-7월 17일) 자료용 http://www.iloveminority.com

윤인진(a),「북한의 인권과 탈북자 문제의 해결 방안」, 2000년 제39회 통일문제 학술 세미나, 제1주제; "탈북자 문제의 실태와 분석", 2000년 5월 9일 14-16시 숙명여자대학교 통일문제연구소, 2000

_____(b),「탈북자 사회적응과 정책과제」, 2001. 7. 23『조선일보』, 2001

_____(c),「탈북자 문제의 실태와 분석」, 2000년 제39회 통일문제 학술 세미나 "북한의 인권과 탈북자 문제의 해결 방안", 숙명여대 통일문제연구소, 2000

_____(d),「탈북자의 자립정착을 위한 자조모델: 자영업 기반형성을 중심으로」,『아세아연구』 제43권 제2호(통권 104호), 2000

_____(e),「탈북자의 남한사회 적응실태와 정착지원의 새로운 접근」,『한국사회학』, 제33집 가을호, 1999

_____(f), "미국 하원의 <북한인권법안> 내용과 통과 의미-북한 인권 문제 주도권 확보한 미국",『통일한국』, 평화문제연구소, 2004년 9월호, 통권 제249호.

이금순(a),「해외체류 탈북자 보호 및 송환추진 방안」, 정책보고서 98-87 민족통일연구원, 1998

_____(b),「중국 내 탈북자 문제의 현실」,『정치학회보 News Letter』 1999. 11. 5

_____(c),「탈북자들의 법적 지위와 현실」, '99 서울 NGO 세계대회, 1999. 10. 10-16
http://www.jungto.org/gf/archive/korean/ngo/ngo3.htm

_____(d),「대북 인도적 지원의 성과와 한계」, 2000년도 교수 통일문제 세미나, "대북 포용 정책의 공과와 평가" 2000. 9. 22(금), 전북대 사회과학 세미나실(사회과학연구소), 2000

_____(e),「북한이탈주민 문제 해결 방안」,『연구총서』 99-02, 통일연구원, 1999

이기영(a),「북한이탈주민 정착지원을 위한 지역협력체계 구축의 방향성」, 2001 북한이탈주민 지원 민간단체협의회 심포지엄

_____(b),「탈북자 인권문제와 정부, 민간의 대책」,『북한』1999년 10 월호 "특집: 북한인권, 이대로 좋은가"

_____(c),「NGO와 정부의 연결 관계의 모색: 탈북자 정착지원의 경우」 『한국사회복지학, Korean Journal of Social Welfare』, Vol.37, 한국사회복지학회, 1999. 4

_____(d),「탈북자 지원 민간단체와 정부와의 파트너쉽(partner- ship) 연구」, '98 신진연구자 북한 및 통일관련 논문집『남북교류 협력(Ⅳ)』, 1998

이명근,「북한주민의 보건의료서비스 요구도와 질병형태」, 미발행 논문, 1999

이상만(a),「하나원 사회적응교육 프로그램 평가 및 개선방향」, 2000

_____(b),「북한이탈주민 사회적응 교육의 문제점과 개선방안」, 국회인 권포럼 제6회 정책심포지움, 1999

이성재,「국제법상 난민의 보호에 관한 연구」, 단국대학교 법학과 석사 학위 논문, 1997

이수원,「탈북자 정착을 위한 정책방향」, 경북대 행정대학원 일반행정 전공, 1997

이신화,「대량 탈북사태에 대한 조기경보: '환경난민'의 개념을 적용하여」, 『국제정치학논총』제38집 2호, 1998

이영화,「재중 북한난민의 실태 및 보호방안」,『북한인권·난민문제 국 제회의』, 1999

이영애,「북한의 인권상황: 존 로크의 자연권 개념을 통한 분석」,『정책 과학연구』Vol.6 단국대 정책과학연구소, 1994

이온죽,「탈북 동포 수용의 제 문제」,『북한학보』제18집, 북한연구소, 1994

이원웅(a), 「국제 인권 레짐의 특성 및 동태에 관한 연구: 비정부기구
      (NGO)의 역할을 중심으로」, 서강대, 정외과박사학위 (국제정치
      학 전공), 1996

_____(b), 「재외탈북자의 인권보호 방안」, 『통일로』 3월호, 안보문제연구소, 1998

_____(c), "북한의 인권위기: 국제사회 동향과 정책적 제언", 「통일문제
      연구」, 평화문제연구소, (2003. 11. 후반기).

이장호, 「북한출신 주민(탈북자 포함) 심리 사회적응 프로그램의 개발」, 1999

이정우, 김형수, 「탈북이주자 사회정착지원 개선방안」, 한국보건사회연
      구원, 『연구보고서』 96-08, 1996

이진영, "탈북자 기획망명 사태에 대한 중국의 반응", 「정세와 정책」,
      세종연구소 2002-07.

이호진, 「최근의 탈북자 현황과 정책」, 『(계간)외교』 제53호, 한국외교협회,
      2000. 4

임상순, 「북한이탈주민 지원정책에 관한 연구」 서강대 공공정책대학원,
      북한, 통일 정책학과 통일정책 전공, 1999

임태근, 「탈북자의 국제적 보소」, 『민주법학』 제17호, 민주주의 법학연
      구회편, 도서출판 관악사, 2000. 2

임현진·정영철, 「사회문화적 접근을 통한 남북통합의 모색: 현실과 과제」
      『연세대통일연구』 3-1, 1999. 10

장복희(a), 「유엔난민고등판무관(UNHCR)」, 『국제 인권법의 실천제도』,
      석암 장재식박사 고희기념논문집 간행위원회, 박영사, 1998
      http://www.humanrights.or.kr/HRLibrary/HRLibrary1-bhjang1.htm

_____(b), 「국제법상 난민보호와 그 문제해결」, 『국제법학회논총』 42권
      2호, 1997

_____(c), 「강제송환금지원칙의 국제법적 지위와 적용범위」, 『서울국제

법연구』 8권 1호, 2001

잭 도널리, 「인권개념의 보편성과 아시아적 가치」, 계간 『사상』, 1996겨울호

잭 렌들러, 「지상 최후의, 최악의 장소: 북한의 인권」, 『제2회 북한인
　　　권·난민문제 국제회의』, 북한동포의 생명과 인권을 지키는 시
　　　민연합, 2000

정안숙, 「중국 내 북한난민 문제에 대한 해법」, 2001. 2. 9 발제문
　　　http://www.jungto.org/gf/kor/daehwa4/02091.htm

정영화, 「북한주민의 대량 이주에 대비한 법정책론」, 『통일연구논총』,
　　　Vol.4. No.2 p.157-196 민족통일연구원, 1995

제성호(a), 「베트남 탈출난민에 대한 국제적 보호: UNHCR의 활동을
　　　중심으로」

　　　(b), 「북한인권개선을 위한 국제협력방안: 국제인권기구의 활용을
　　　중심으로」『국제인권법의 실천제도』, 배재식 박사 고희 기념논
　　　문집, 박영사. 1998

조서영, 「재외 북한이탈주민 인권보장에 관한 연구: NGOs 활동을 중심
　　　으로」, 서강대학교 사회학 석사학위 논문, 1999

척 다운스, 「동북아 지역의 정세변화에 대한 평가」, 『제2회 북한인권·
　　　난민문제 국제회의』, 북한동포의 생명과 인권을 지키는 시민연합,
　　　2000

최명숙, 「90년대 이후 조선녀성들의 가정에서의 삶에 관하여」, 『중국,
　　　조선, 한국의 동포녀성들의 삶』, 학술회의자료집(2), 연변대학
　　　녀성연구중심, 1999

최보선, 「탈북주민 문제와 이스라엘의 이주민 정책」, 『통일경제』 제26호,
　　　현대경제사회연구원, 1999

최성철, 「보편적 인권개념으로 본 북한의 인권」, 『통일연구논총』 4-2, 1995. 12

최의철, 김병로, 이금순, 「북한인권 개선 및 북한이탈주민 지원 대책방향」, 『통일정세분석』 97-05, 민족통일연구원, 1997

최춘흠(a), 「중국의 대 한반도 정책 전망 외교·안보 분야 중심으로」, 연구총서2000-30, 통일연구원, 2000

_____(b), 「중국의 동아시아 전략과 대북한 정책: 지속과 변화」, 연구총서 2001-20, 통일연구원, 2001

최태현, 「아태지역에 있어서 지역적 인권보호체제의 수립가능성에 관한 연구」, 『아태지역연구』 창간호, 1994

통일부 북한이탈주민 문서; 「북한이탈주민의 보호 및 정착지원에 관한 법률」 한상진, 「인권 논의에서 왜 동아시아가 중요한가」, 계간 『사상』, 1996 겨울호

홍성필, 「국제인권으로서의 북한인권: 탈북자 문제를 중심으로」, 『법학논집』 제4권 2p 4호 이화여자대학교 법학연구소, 2000. 2

3. 기타 문헌

MBC 『PD수첩』 1999년 9월 29일 화요일 방송

『연합뉴스』, 2002. 4. 19

『조선일보』 2001년 4월 1일자
(http://www.chosun.com/w21data/html/news/200104/200104010329.html)

『연합뉴스』 2000. 2. 25

『연합뉴스』 2002. 2. 27

『연합뉴스』 2002. 3. 19

『문화일보』 1999. 10. 6

『경향신문』 2004. 10. 1

『조선일보』 2001. 3. 23

『조선일보』 2000. 5. 22

『조선일보』 2001. 7. 13

『조선일보』 2001. 9. 25

『조선일보』 2001. 12. 25

『동아일보』 2002. 01. 30

『동아일보』 2002. 02. 15

『국민일보』 2003. 3. 18, 2001. 7. 2, 2002. 5. 21, 2003. 1. 21.

『동아일보』 2003. 4. 4, 2004. 8. 15, 2004. 10. 1, 2004. 10. 10.

『문화일보』 2002. 3. 15, 2004. 7. 28.

『서울신문』 2004. 9. 30, 2004. 10. 2.

『세계일보』 2004. 10. 2.

『연합뉴스』 2002. 3. 15, 2004. 10. 27.

『조선일보』 2001. 7. 23.

『한국일보』 2002. 3. 16, 2004. 7. 28.

「한겨레 21」 2000/01/06, 통일을 향한 21세기의 현안

「북-중국경 꽃제비들」, "북서 굶어 죽고…… 중선 추방…… 한국은 외면"

박주영기자: park21@chosun.com

「북한이탈주민의 보호 및 정착지원에 관한 법률」

「경남대 북한대학원 조중접경지역 현장조사 보고서」(2000년 7월 9일-16
　　　　일), 경남대학교 북한대학원, 2000년 7월 22일

「북한 '식량난민'의 생활상」
  http://www.jungto.org/gf/archive/korean/rep/41.htm

「제19차 중국 접경지역 답사 보고서」, 1999년 12월, 중국 길림성 연길시,
      북중접경지역(두만강변),
  http://www.jungto.org/gf/archive/korean/nanmin/0002.htm

「2000년 1월 국경지역 난민보고서」
  http://www.jungto.org/gf/archive/korean/nanmin/0001.htm(2001-01-06)

(사)좋은벗들, 「2000년 8월의 조선-중국 국경지역 난민보고서」

「2002년 북한 신년사 전문」(평화문제연구소)

「북한주민의 북한 사회 경제에 대한 인식 및 태도 조사 발표회」 2000.
      6. 29, 프레스센터, 좋은벗들 주최,
      http://www.jungto.org/gf/kor/mail.htm

「북한인권. 난민문제 국제회의(International Conference on North
      Korean Human Rights & Refugees)」, 1999 SEOUL KOREA,
      "북한땅에 인권의 빛을"

「미 국무성 1999년도 연례보고서」

「미 국무부 인권보고서 2001」

Korea, Democratic People's Pepublic of Country Reports on Human
      Rights Practices-2000

Released by the Bureau of Democracy, Human Rights, and Labor,
      February 2001

세계인권선언, 1948

OAU 조약, 1963

미국난민위원회(USCR)가 28일 인터넷 홈 페이지

(http://www.refugees.org)에 공개한 「2001년 세계난민실태보고서」

<영어문헌>

A. H. Robertson & J. G. Merrills, 「Human Rights In The World」, Manchester University Press: Manchester and New York, 1989

Alison Dundes Renteln, 「International Human Rights: Universalism Versus Relativism」, Frontiers of Anthropology Vol.6, Sage Publications: Newbury Park, 1990

Aliyah(유대인의 이스라엘 이주)(2000. 12. 15), http://www.mfa.gov.il/mfa/go.asp?MFAHOdj10

Aristide R. Zolberg · Astri Suhrke · Sergio Aguayo, 「Escape From Violence-Conflict and the Refugee Crisis in the Developing World」, New York and Oxford: Oxford University Press, 1989

Attracta Ingram, 「A Political Theory of Rights」, Clarendon Press · Oxford, 1994

"Democratic People's Republic of Korea Persecuting the Starving: The Plight of North Koreans Fleeing to China, http://web.amnesty.org/ai.nsf/Index/ASA240032000?O...\NORTH+KORE

Gila Menahem & Miri Lerner 「An Evaluation of the Effect of Public Support in Enhancing Occupational Incorporation of Former Soviet union Immigrants to Israel: A Longitudinal Study」 『Journal of Social Policy』(April 1, 2001)

Harald Maass, 「The Forgotten Refugees-North Koreans at the Chinese Border」, 『The 2nd International Conference on North Korean Human Rights & Refugees』, 2000, p.34

Hurst Hannum, 「Guide to International Human Rights Practice」, Second Edition, University of Pennsylvania Press Philadelphia, 1992

Jack Donnelly & Rhoda E. Howard, 「International Handbook of Human Rights」, Greenwood press: New York, 1987

Jack Donnelly(a), 「Human Rights: a new standard of civiliza- tion?」, 『International Affairs』 74, I(1998) I-24

_____ (b), 「The social construction of international human rights」, Tim Dunne and Nicholas J. Wheeler edited, 『Human Rights in Global Politics』, 1999

James T. H. Tang, 「Human Rights in the Asia-Pacific Region: Competing Perspectives, International Discord, and The Way Ahead」, 『Human Rights and International Relations in the Asia Pacific』, Edited by James. T. H. Tang, st. Martin's Press Inc,1995

Janet A. Weiss, 「Insights」, 『Journal of Policy Analysis and Management』, Vol.17, No.4, 697-705(1998)

Joan Fitzpatrick, 「TEMPORARY PROTECTION OF REFUGEES: ELEMENTS OF A FORMALIZED REGIME」, the April 2000 issue of the American Journal of International Law, v94, #2, 2000 http://www.asil.org/ajil/fitzpatr.htm

Korean Buddhist Sharing Movement 「The Food Crisis of North Korea 1,694 witnessed by Food Refugee」(6th phase of the research: 1997. 9. 30-98. 9. 15)

Joseph Chan, 「The Asian Challenge To Universal Human Rights: A Philosophical Appraisal」, 『Human Rights and International Relations in the Asia Pacific』, Edited by James. T. H. Tang, st. Martin's Press Inc,1995

Lee Sang Man, 「Resettlement Training for North Korean Refugees」, 『KOREA FOCUS』, January-February, Korea Foundation, Vol.9, No.1(2001)

Michael Freeman, 「Human Rights: Asia and The West」, 『Human Rights and International Relations in the Asia Pacific』, Edited by James. T. H. Tang, st. Martin's Press Inc, 1995

Ministry of Immigrant Absorption
http://www.mfa.gov.il/mfa/go.asp?MFAH00hu0(2001-08-11)

Park Heung Soon, (1999) 「Role of NGOs in Improving Human Rights in North Korea」, KOREA FOCUS, November-December Refugees Magazine-Europe: the debate over asylum
http://www.unhcr.ch/pubs/rm113rm11310.htm(2001-08-29)

Shin-wha Lee, 「Preventing Refugee crisis: A Challenge To Human Security」, 『Asian Perspective』 Vol.23, No.1, The Institute for Far Eastern Studies Kyungnam University: Seoul, Korea, 1999

Tim Dunne and Nicholas J. Wheeler edited, 「Human Rights in Global Politics」, 1999

UNHCR Country Profiles-VIETNAM
http://www.unhcr.ch/world/asia/vietnam.htm(2001-08-29)

UNHCR, 『The State of the World's Refugees』, New York: Penguin

Books, 1993

W Courtland Robinson, Myong Ken Lee, Kenneth Hill, Gilbert M Burnham, 「Mortality in North Korean migrant households: a retrospective study」, 『Lancet』; vol.354(1999)
http://www.thelancet.com/newlancet/reg/issues/vol354no9175/article29 1.html

Yitchak Haberfeld, Mosbe Semyonov, and Yinon Coben, 「Ethnicity and Labour Market Performance among Recent Immigrants from the Former Soviet Union to Israel」, Sociological Review, Vol.16 No.3, 287-299, Oxford University Press(2000)
http://www.cbs.gov.il/shnaton/st02-01_e.shtml);
http://www.cbs.gov.il/shnaton/st05-01ab_e.shtml
http://www.cbs.gov.il/shnaton/st05-03ab_e.shtml
http://www.mfa.gov.il/mfa/go.asp?MFAH00hu0

FAO/WFP, "Special Report: FAO/WFP Crop and Food Supply Assesment Mission to the Democratic People's Republic of Korea", October 30, 2003.
http://www.fao.org/documents/show_cdr.asp?url_file= /DOCREP/006/J0741E/J0741E00.HTM(검색일 2004. 11. 5).
http://www.kidoknews.com/old/china2001061901.htm (2005년 1월 31일 검색)

• 저자 •

• 곽해룡 •
郭海龍

• 약력 •

고려대학교 사범대학 교육학과 졸업
서강대학교 대학원 정치학 석사
명지대학교 대학원 정치학 박사

한국세계지역학회 총무위원 엮임
한국정치학회 , 한국국제정치학회 정호원
명지대학교 정치외교학과 강사

• 주요논저 •

「문학작품에 나타난 북한인민의 생활상 연구」
「중국에 있는 북한이탈주민 인권 실태에 관한 연구」
「북한이탈주민 현황과 문제에 관한 연구」
「재중 북한이탈주민에 대한 연구」
「재중 북한이탈주민 문제 해결방안과 캐나다의 인도주의적 외교」
「중국의 탈북자 정책연구」
외 다수

본 도서는 한국학술정보(주)와 저작자 간에 전송권 및 출판권 계약이 체결된 도서로서, 당사와의 계약에 의해 이 도서를 구매한 도서관은 대학(동일 캠퍼스) 내에서 정당한 이용권자(재적학생 및 교직원)에게 전송할 수 있는 권리를 보유하게 됩니다. 그러나 다른 지역으로의 전송과 정당한 이용권자 이외의 이용은 금지되어 있습니다.

북한이탈주민 현황과 문제

• 초판 인쇄 │ 2005년 10월 30일
• 초판 발행 │ 2005년 10월 30일

• 지 은 이 │ 곽해룡
• 펴 낸 이 │ 채종준
• 펴 낸 곳 │ 한국학술정보㈜
　　　　　　경기도 파주시 교하읍 문발리 526-2
　　　　　　파주출판문화정보산업단지
　　　　　　전화 031) 908-3181(대표) · 팩스 031) 908-3189
　　　　　　홈페이지 http://www.kstudy.com
　　　　　　e-mail(e-Book사업부) ebook@kstudy.com
• 등　　록 │ 제일산-115호(2000. 6. 19)
• 가　　격 │ 27,000원

ISBN　89-534-4060-2 93340 (Paper Book)
　　　　89-534-4061-0 98340 (e-Book)